U0929791

教育发现书系
Discovery

课堂问题与争鸣

KETANGWENTIYUZHENGMING

叶飞　编

山東文藝出版社

Discovery

《中国教师报》“教育发现”丛书编委会

一群理想主义者的执著

——为《中国教师报》“教育发现”丛书而序

雷振海

手头近期阅读的是“民国”的那批文人们。

熊十力、梁漱溟、蔡元培、李叔同、马寅初、傅斯年……他们有趣极了，或迂或狷或痴或狂，那些风雅和风趣，读来心驰神往，甚觉得好笑好玩，于欷歔之余，心便禁不住有被“戳”一下的感觉，脑袋里莫名冒出一个词汇，那个由人格与信仰铸成的、关于知识分子的“风骨”。

“全国教师自己的报纸”，“为教师说话，说教师的话，让教师说话”，“零距离贴近教师”，正是以此为圭臬，从而成就了一家教育媒体的气象。

教师兴，则教育兴；教育强，则国家强。正是怀有这样的信仰，才造就了《中国教师报》八年的坚守。为中国名校长成长摇旗呐喊，为中国教育家成长呼风唤雨，为中国名师成长鸣锣开道，为中国区域教育的发展架设彩虹。执著地热爱教育新闻事业，情有独钟到白头；全情投入，为伊消得人憔悴；潜心钻研业务，语不惊人死不休；为教育而鼓，为教师而歌，神圣使命肩上挑……正是在这样的理想驱使下，《中国教师报》一路走过，从弱到强。

八年转瞬而过，但这样一家媒体、一群人和一支队伍，却炼出了一种硬朗闪亮的风骨——打造一支有教育信仰的传媒铁军。我们坚信，有什么样的媒体人便有什么样的媒体。现在，我们总结八年办报所推出的这套丛书，就闪烁着一些特有的“铁质”——用心、用情、用智做事的结晶。这套丛书未必有那么高的学术含量，但却是中国教师报人心血、思考、汗水或者微笑的记录，就像母亲之于宝宝，它是八年成长的情感寄托，里面写满的全是或深刻或凝重的爱与被爱。丛书收录的文章，有许多篇什“好笑好玩”，“风雅风趣”，读这些文字，我相信你同样会和我一样——温暖而感动。当然，从出版价值上看，它是八年中国教育发展影像中的一段刻录，因为它的“史料性”而多了反思和审视价值。在这里，不仅可以读懂中国教育，而且能遭遇到你心仪的编辑记者：李炳亭、杨伟广、康丽、叶飞、翟晋玉、马朝宏、梁颖宁、高影、冯永亮、吴盈盈、解成君、郭瑞、韩世文、田华、宋鸽、康秋菊、陈盼、高日东、梁恕俭等，当然还有那些分布在各省的兄弟姐妹们，像刘文、林溪、刘婷、刘汶莉、周书贤等，也包括已经离开但却为《中国教师报》的发展做出过巨大贡献的编辑记者们，这份媒体的成长也浸透着你们的心血。

八年，对于我们，只是一个时期的总结，却也是另一个时代的开篇。从最初的“全国教师自己的报纸”到今天的“让中国教育因你而改变”，从“教师的报纸教师办”到今天的“打造对中国教育的领导力”，变化的只是气质和目标，没变的是服务和信仰。还记得《中国教师报》首任总编辑刘堂江先生留给我们的“传家宝”吗？让我们重新复述一遍——第一，创新无止境，办报不止，创新不止；第二，气势贯长虹，办报要有大家风范，大策划，大手笔，大泼墨大写意，大江东去，大江奔流；第三，重锤砸蚂蚁，注重细节，细节决定成败；第四，天塌不言败，百折不挠，永不言败。或许正因为有着这样的传承，才造就了《中国教师报》鲜明的媒体特色。

在中国基础教育界，《中国教师报》是作为课改的“代名词”而备受读者青睐的。发现典型、助推课改，与典型共同成长，如今杜郎口中学、兖州一中、昌乐二中等一批新名校喧嚣星空。《中国教师报》始终锁定如火如荼的一线教育教学，主张做力行的教育，2010年7月，本报首家总结发布了“高效课堂九大教学范式”，更是将新课改引入到了全面实践的深水区上。近些年，《中国教师报》还大手笔创意主办了一系列震动基础教育界的盛会，“中国名校长高峰会”，先是冰城论剑，后来会师井冈、相聚无锡、泉城品茗、京师论道、东北盛京亮剑、襄阳“隆中对”……

如今这套丛书就要和读者朋友见面了，作为一个报人，尽管我们一直在倡导服务与创新，比如“六大周刊”的推出就是在尝试“报中刊”的办报形式，但距离您的期望可能仍有不小的差距，但最后我想说的仍然是这句老生常谈的话——“希望在前方，我们在路上！”

（作者系中国教育报刊社副社长、中国教师报总编辑）

目录

三好学生评选制度，取消还是完善

据报道，不久前中国教育学会会长顾明远在银川召开的“宁夏中美教育研讨会”上再次发出倡议：废除在学生还没有成熟时就将他们分为三六九等的三好学生评选制度。顾明远说，经过20多年的评选工作，这种评选制度暴露了很多弊端。首先评选三好学生和教育方针是相违背的，教育方针是要每个学生都变为三好学生，而不是少数人；同时，少数人评上三好学生使大多数人的心理受到了伤害；许多学校在实际操作中，“三好”学生标准却变成了“一好”即学习成绩好；一些学生评上了“三好”，就有择校的权利，这对于大多数学生来讲，是不公平的。

实际上在全国各地，已经有许多学校在尝试改良或取消这一做法。上海从今年开始，已淡化三好学生的称呼，一般称为优秀队员和优秀团员；武汉市25中也取消了三好学生制度，取而代之的是“阳光少年”评价制度：不论学习成绩好坏，不论是否全面发展，只要学生觉得自己身上有优点，就可以申报参评“阳光少年”；抚顺市新抚区北台小学也取消了三好学生的评选制度，取而代之的是设立16个单项奖和3个综合奖；深圳市海湾小学用学生的一系列个性化评比取代了以往的三好学生评比制度，就连学生有良好习惯、身体健康和诚实守信也能获奖。新的奖励办法使全校100%的学生都得到了各种奖项，已逐渐受到家长和学生们的欢迎。

顾明远的呼吁，在包括学生及家长在内的社会各界人士中产生了极大的反响并再次引发大讨论——

对话小档案

赵桂海 山东省临朐县蒋峪中学

陈惠芳 江苏省张家港市沙洲小学

孙　宁 江苏省新沂市一中

顾文东　单红芳 江苏省高邮市临泽小学

朱　凯 安徽省濉溪县南坪初级中学

汪　强 江苏省如皋市第一职业高级中学

不可轻言取消

多少年来，三好学生评选激励着一代又一代青少年奋发图强，不断进取，为他们的健康成长注入了活力，为他们的人生追求增添了风采。笔者以为，不论教育如何发展，三好学生评选制度决不可轻易取消。

三好学生名曰“三好”，实际上在多年的实践中，不论教师还是学生早已把它看成了“先进”和“优秀”的代名词。三好学生实际上已经成为一种赏识，一种承认，一种激励，代表了对青少年进行思想教育的方向。三好学生评选制度作为对学生实施管理和评价的一种方式和手段，经过了几十年实践的检验，说明是有其积极意义的。

学生在成长过程中既需要有目标激励，也需要有榜样的带动，三好学生评选恰恰为他们树立起了一个看得见、摸得着的目标。在一段时期内被评选上“三好”的学生，荣誉感和成就感必定会激励他们更加奋发图强，促使他们进一步完善自己，向着更高的目标奋进。对于那些一时还没有成为“三好”的学生而言，“三好榜样”就实实在在地活跃在他们身边，向“榜样”学习，向“三好”看齐，同样会激发他们的进取精神。

正规的三好学生的评选一般都是由师生共同参与完成的，通过评议、投票等民主方式推选出来的三好学生，都是师生公认的先进分子，并不存在将学生分成三六九等的说法，更谈不上会对大多数学生造成心理伤害。另外，这种由学生亲身参与的评选过程，对于增强学生的民主意识，使他们学会评价与自我评价，形成正确的竞争观念等方面，都具有积极的教育意义。

最后，虽然个别学校在实际操作中有将“三好”变成“一好”（学习成绩好）的情况，但这毕竟只是个别现象，充其量只能说明他们对三好学生评选存在片面认识，而决不能一概抹杀在学生中评先选优的积极意义。

（赵桂海）

综合评价效果好

中国教育学会会长顾明远废除三好学生评选制度的倡议，无疑使现今的学生评价遭遇“尴尬”，很多领导、老师对此贬褒不一。回想起来，我校在四年前就取消了三好学生评选制度，而改为评选学生中的单项积极分子，一段时间实践下来，效果不错。现向大家简单介绍我们的做法。

四年前，学校开展了“让每个孩子追求成功”的省级课题研究工作。在实验中，我们努力营造一个让孩子追求成功的校园、社区、师生环境，采用多种教学手段鼓励孩子追求成功，传统的学生评价方式似乎阻挠了我们的课题研究工作，我们觉得有必要进行改革了。

学校经过慎重考虑，决定取消三好学生评选制度，取而代之的是设立一些单项奖，评选学生中的单项积极分子，在期末时进行表彰激励。为了使单项奖更好地得到贯彻和实施，配合单项奖学校推出了优点卡——其实它是一张小小的短文卡片。它及时记录着学生身上的闪光点，同时记录着老师对学生的鼓励与企盼，更记录了学生的成长轨迹。因此，优点卡的魔力太大了，每个学生都对它特别珍爱。当然，优点卡不是容易取得的，它必须经过一段时间的努力，发扬了那个优点，得到老师、同学的认可，老师才会帮他写这样的卡片。如果老师没发现怎么办，没关系，可以自荐，如果自己觉得哪个方面做得特别好，可以写上一张申请书，交给班主任；如果自己不推荐呢，别忘了同学之间也会相互发现的。这样一来，我们把终结性评价与阶段性评价有机结合起来，使学生一直处于努力之中。到了期末时，老师、同学根据优点卡的多少和平时的观察表现，就可以作为评比单项积极分子的依据。

学校不评比三好学生，而改为评选单项积极分子的做法使很多孩子眼睛一亮，因为他们也有了申请优秀的权利。孩子们的积极性高涨起来了。翻开沙洲小学孩子们的奖状，你还会有更大的惊喜：这些由我校自己设计的奖状颜色鲜艳，图文并茂，有粉红色的、有黄色的、有淡绿色的……很是吸引孩子们。

随着单项积极分子的诞生，学校继续进行更深层次的改革，创造了“快乐成果袋”——这是专门让孩子收集自己作品，感悟自己成长的一个成果袋。里面可以是孩子的一份作业、一份试卷、一张奖状、一个小记者证……这些都是孩子们进步的表现。学校为此提供了相互交流与学习的机会，每个教室的后面都有“快乐成果袋”的展览区，孩子们无论何时都可以欣赏到别人优秀的作品与人格亮点，学校还定期组织校级评比交流，让每个孩子分享别人的成果与快乐！就连每学期的家长会，班主任也会选择一些家长写的优点卡、家长写的学期评价进行交流。

自从有了优点卡——新奇的奖状——快乐成果袋，孩子们的积极性真的调动起来了。他们每天生活在阳光中，生活在老师、家长的鼓励声中，这样的综合评价改革，使孩子体会到："我很重要!"

有人说：教育最重要的功能之一，乃是帮助成长中的个体自我发展的内在动因的"发展"。是呀，这样的评价改革无疑也是与新课程所倡导的理念相吻合的!

（陈惠芳）

呼唤新"三好"

我觉得三好学生评选制度最大的问题是三好认定的内容和新时期、新课程不相适应。

我们是不是将公民道德品质如热爱祖国、遵纪守法、诚实可信、维护公德、关心集体、保护环境等作为三好的评定内容之一，或者叫——好公民；而将能与他人一起确立目标并努力去实现目标，尊重并理解他人处境和观点能评价和约束自己的行为，对生活、学习有着积极的情绪和情感体验，拥有自信、自尊、自强、自律、勤奋的品质，有学习的愿望和兴趣，能承担起学习的责任，能运用各种学习策略来提高学习水平，能对自己的学习过程和学习结果进行反思等等作为另一项内容，或者叫第二好——好学生；将尊敬长辈、热爱父母、同情他人、学会感恩等等作为一项内容，或者叫第三好——好孩子。

好公民、好学生、好孩子是对学生从三个维度上作出的不同的要求，是从三个领域对学生的表现作出引导。这样，传统的三好，就分解为好公民、好学生、好孩子了。这样好不好呢?

（孙　宁）

期待万紫千红

三好学生评选制度沿袭了几十年，其精英化倾向显而易见：名额限定，一般占班级人数的三分之一或更少；要求苛刻，德、智、体全面发展缺一不行；标准笼统含糊，许多时候不得不以考分论英雄。这使得三好生的评选成为与高考异曲同工的选拔手段。

时代面貌日新月异，三好生制度“朱颜依旧”。近年来，专家学者、一线教师都对之进行过质疑，不少学校相继对之或淡化或改良或取消。譬如深圳市海湾小学就用系列化“个性奖”取代了“三好生”，成为备受关注的尝试。慎重地聆听种种呼吁，考察各地的种种尝试，我们不难发现取消三好学生评选制度的时候到了。

对于学校而言，培养杉木之类的栋梁固然重要，帮助桃李榆柳茁壮成长同样重要。社会是个大的生态圈，对人才的需求永远是丰富多样的。评选“三好生”的初衷是典型引路、激励后进，事实上却依照一元价值观将涉世未深的学生人为分等，否定了多数学生的有价值存在。取消三好学生评选制度，最大程度给予每个学生价值实现的机会，提供每个学生多样化发展空间，有助于实现教育公平。

《教育——财富蕴藏其中》一书中指出：“教育的任务是毫无例外地使所有人的创造才能和创造潜力都能结出丰硕的果实。要从小培养学生的自信心、自尊心、自强心，使他们长大了能够不断地追求事业的成功。”中小学教育必须有利于促进全体学生的发展，必须是适合全体学生的教育。发达国家学校几乎都不搞三好学生“优秀学生”的评选。他们提出，“我们的孩子都是好学生”。但是我们的三好学生制度的前提却是只承认少数学生有发展，它是以伤害多数学生的自尊心和自信心为代价的选拔性评价制度。有调查表明，只有38.8%的中小学生认为“自己是一个好学生”，大多数学生不知道自己是不是好学生。我们不难在三分之一的选拔比例和38.8％两个数之间找到某种必然的联系。取消三好学生制度，将彰显教育的本义，激发每个学生的潜能，提升他们校园生活的质量，使校园成为每个学生的幸福舞台，帮助他们走向美好未来。

课程改革如火如荼，以生为本，建立一种以促进学生成长为目的，多指标、多体系的评价机制，显得刻不容缓。“世界上没有两片完全相同的树叶”，学生作为一个生命个体，他们在体貌、性格、禀赋方面多姿多彩，是一笔宝贵的社会资源。三好学生是个标准化的模具，用它来套所有的学生，势必制约多数学生的发展。取消三好学生评选制度，还教育丛林以自然生态，尊重每一位学生的发展差异，给学生一片展翅翱翔的天空，才能实现由“选拔适合教育的学生”向“创造适合学生的教育”的根本转变。

取消三好学生评选制度，让偌大的校园由“墙角数枝梅”走向万紫千红吧！

（顾文东　单红芳）

还三好学生以本来面目

现在的三好学生评选越来越变味了，评选过程再也没有过去“繁琐”的环节，校级三好学生，学校宣布了名额，在其他学生尚不知晓的情况下，班主任已在名次表上圈上了几位。如果是县市级三好学生，由于在升学考试中有加分照顾因素，早早就“名花有主”了。所以学生常说：谁是三好，要么你成绩好，要么你和校长好。每当听到这样的话，作为教育者的我心里很不是滋味。

看到现在的三好学生是这样评选出来的，不由得让我想起我上学时评“三好”的情况了。少年时代当选三好学生的情景给我留下了美好的回忆。

每到期末，学校都要评选本学期的三好学生。作为学校的最高奖励，它是每个学生都希望得到的，由于那时评选三好学生没有任何功利目的，主要是从德智体全面发展方面给全班学生起到一个激励、榜样的作用，所以无论老师还是学生都非常认真。评选的过程也是透明的，每一个参评的学生都要在讲台前向全班学生汇报自己的“优秀”，诸如品德怎样优秀，身体如何健壮，成绩怎样优异等等，然后让学生举手表决。评上的同学会“惜之如金”，没评上会暗暗较劲，准备迎头赶上。

虽然评出的三好学生只是少数人，但那种惊心动魄的场面着实让人难忘。当时拿着奖状奔回家的路上，不知换来了多少羡慕的目光。

一旦让三好学生的评选带上功利性，被评上的三好学生的含金量降低，使学生对三好学生评选有偏颇的认识，这样的三好学生评选制度也该到了尽头。所以我认为，要想重新恢复三好学生的“美丽光环”，关键是评选三好学生不要与升学考试挂钩，只有取消其功利性，才能还三好学生以本来面目。

（朱　凯）

为何我的侄子不想当三好学生

我这个侄子条件还是相当不错的。先说学习，他每次考试正常情况下总是在前五名内，特别是作文还真是写得不错，词汇丰富，语言生动，观察细致，描写逼真。字也写得好，虽是初一的学生，写的字不比高中生差，因而出黑板报的任务常常落到他的头上。他的身体素质很棒，也很懂事。按说当三好学生他不应该有问题的，三好学生可是许多学生梦寐以求的荣誉啊。可他为什么不想当呢？

我的侄子告诉我，在他们学校里要当三好学生，得有三个条件：一是学习好（其实是考得好），二是要听话，老师叫做什么就做什么，老师叫怎样做就怎样做，三是要有一点特殊的关系。这特殊关系就是指家长是本校的老师呀，是书记镇长呀。他还说，如果没有这些特殊的关系，你就必须拉关系。拉关系的方法就是给老师送礼。他说，这三条是缺一不可的。他唯一的不足就是他没有特殊的关系。父母是下岗工人，生活本来就十分艰难，到哪里弄钱送礼？

这些日子，我从网上看到中国教育学会会长顾明远废除三好学生评选制度的倡议，就告诉我的侄子，问他有什么看法。他想也没有想就说，早就该废除了。他还说，顾会长大约还不知道，能坚持用“一好（学习好）”代替“三好”的老师还是好老师，实际上我们这儿的“三好”已经变成了考得好，听话好，关系好，如果顾会长知道了这“三好”，那他的呼吁就会更强烈了。

（汪　强）

老师蹲下来，师生就平等了吗

在新课改过程中，许多学校为了改善师生关系，有的把讲台拆了，有的把讲桌撤了；有的允许学生在课堂上随便离开座位，随时打断老师、同学的发言来发表自己的观点；有的学校用“漫天飞”的表扬来“激励”学生……从而体现师生间的平等，体现学生学习的主体地位。最近长沙市某学校要求老师在课堂上蹲着、跟着跟学生交流……再次引发了师生关系的大讨论——

对话小档案

刘　祥　江苏省仪征中学

幸　福　江西省南丰县付坊中学

孙　宁　江苏新沂一中

理　想　河北省平泉县平泉镇中心学校

高明生　山东省临朐县朐阳小学

警惕新课改中的“伪平等”

据报载，长沙市某学校在开学前将该校数百名一年级学生家长请到学校，就即将在新学年开始实施的新的教学方案征求学生家长意见。

该方案中包含这样一条规定：“上课时，老师必须弯下腰与孩子们说话。给孩子们在教室上活动课时，老师还应蹲着、坐着或跪着与孩子们进行平等交流，与孩子们的视线保持一致。”

据该校负责人介绍，秋季开学以后，老师进入教室后就必须成为“一个既传授知识，也‘生产’亲情，更体现保姆式关怀的服务员”。“根据教学需要，老师甚至可以和孩子们一起跪着、蹲着讲课。”

上面的这种“革新”手法，构思者解释说是为了实现教学平等，认为此举可以消除因教师高高在上而产生的对学生心理的威压感。然而，让笔者感到困惑的是，决策者为何没有想到让所有的孩子都站着听老师上课，或者让老师坐着上课，这样不是也可以达到平等目的吗？怎么就想到了让学生端坐着，而老师要蹲着，甚至跪着？如果“平等交流”就解释成“视线在一个水平线上的交流”，那么这三种方式应该都被推行才是。

我无法知晓制订这个“平等交流”规则的人心目中，教育平等的终极含义是什么，但我却可以感觉到，他们在制定政策时，并没有把教师和学生真正地放在平等的位置上，或者说，他们并没有理解“平等交流”的真正内涵。

首先，教师所面对的教育对象，永远都是由无数个体构成的整体。课堂上，教师更是应该时刻关注全体学生的学习状态。“上课时老师必须弯下腰和学生说话”，这仅仅是进行个别辅导时所应该采用的一种姿势，如果一个班级只有一个学生，那么，老师可以始终弯下腰给他说课，但如果一个班级有几十个人，不知该如何个弯腰法？即使真的实行了这样的弯腰交流，那老师在和一个学生实行这种“平等”时，是否又构成了对更多学生的“不平等”了呢？

其次，“体现保姆式关怀的服务员”，更是一种荒谬可笑的“平等”妄语。众所周知的事实是，服务员和被服务对象间早已经形成了根深蒂固的侍者和上帝的关系。在这种服务与被服务的交流中，从来都是服务者只有绝对服从的权利的。不是很早就有商家提出“顾客永远是对的”的理念了吗？那么，作为服务员的教师，是否也应该吸收这样的理念，把学生的一切行为都看做是永远正确的呢？如果是，岂不又是违背了政策制定者所倡导的“平等交流”的宗旨。

第三，此种“革新”，表面看来，教师高高在上的身影是消失了，他们终于和学生处在了同一个“水平线上”了。然而，稍有知识的人都知晓，教育是一种创造性的劳动，它和简单机械化的生产方式有着本质的区别。教育的平等是必须建立在教师心灵深处自觉自愿基础上的，如果教师心中对此制度有反感，即使他们整天躺在教室的地面上，仰望着孩子们的张张小脸来上课，那也不会实现什么平等，随之而来的只能是更大程度上的不平等——一种知识期待和知识获取上的不平等。

通观这所学校整个“革新”的所有细节，我们看不见教师平等参与此项革新的内容，更看不出教师心灵深处自发生成的平等意识。我们看见的，只是对教师的行政命令，只是命令教师和学生平等。尝试的核心，仅仅是无限度地突出孩子和家长。这样的尝试，不过是讨好和迎合家长，迎合时俗的一种媚态。

由此，我们不难看出，此种仅希望通过改变外显形式来实现的“平等交流”，实际上不过是一种从想当然出发的主观臆断的产物。此举如果不是头脑发热而生成的没有经过科学论证的草率行政命令，那就是一种作秀和炒作。

教育是百年大计，它需要的是一种长久的发展理念。每一项教育改革措施的制定，都必须经过广大教育工作者的反复论证才可以实行。然而，当下相当多的教育改革，在征求意见时，注意了领导，注意了社会，关注了家长和学生，但却恰恰忽视了最为重要的教育实践者本身——教师。他们宁愿让无数的外行来探讨教育，指责教育，却不愿坐下身来倾听一线教育工作者的心声。深究其原因，恐怕还在于那些拥有决策权的“大人物”们不愿意弯下腰来吧。他们可以用行政命令来规定教师必须弯下腰来上课，甚至跪下授课，却不会弯下自己的腰，来征询来自一线的最为真实的声音。这不也正体现出一种对于教师的“不平等交流”吗？

（刘　祥）

蹲比不蹲好

在孩子面前，在身体上，老师占有优势，那是不言而喻的事。为了体现师生之间的平等，老师弯下腰、蹲下来或者跪着与学生进行沟通和交流是很自然的事，是应该被提倡的师生交流方式，没有什么大惊小怪的。

当然，蹲，只是形式，除了蹲下身子之外，像说话的口气，对学生的态度等等，也是体现平等意识、平等理念的形式。虽说要体现师生之间的平等，不一定就非蹲下身子不可，只要有这份“心”就可以了。但问题是，在我们这个强调老师权威成了习惯的国度，如果没有必要的形式上的规定，师生间平等的真正实现，还有一定的难度。

为什么我们的一些工作要强调必要的形式？因为没有形式，内容就难以得到体现，难以得到落实。而且，一般而言，形式越新颖，只要不脱离内容，就更容易为人们所接受。你有了平等的意识，总会以某种形式体现出来的，不体现在身体上，就要体现在别的什么方面。

其实，在体现平等理念的诸多形式中，身体这一形式更能够为人们所接受。我们知道，人通过视觉所接受到的外界信息，要远远多于其他形式所接受到的信息。在孩子的心目中，对于身体比自己高得多的老师，由于自己处于劣势状态，往往有一种惧怕心理，一种恐惧心理。因为人高马大，常常就意味着力量的巨大。佛教中的一些寺庙，佛像就很高大。比如浙江杭州的灵隐寺，大雄宝殿中的如来佛像，那么高，那么大，就给人一种威严感、威慑力，使人产生不得不拜倒在他脚下的感觉。我们可以想一想，如果把一个菩萨雕塑得和我们普通人一样高，威严感、威慑力还存在吗？

目前，一些学校把讲台建得与课桌一样高，把讲台高出地面的部分也统统拆除。为什么？为了体现师生间的平等。讲台老是高高在上，自然就拉开了与学生的心理距离，平等就很难体现。而讲台的重新修整，正是为了体现师生间的零距离交流，体现师生间的平等。

话也说回来，只要不是为作秀而进行的改革，都有它的意义和价值。那种为了体现所谓的平等而摧残老师的做法，也是有违于真正师生平等的。作秀式和摧残式的改革，都与真正的平等无缘！

所以，根本的问题，不在于蹲不蹲下身子，而在于有没有平等之“心”。因为，体现平等与否，还可以有其他的形式。但蹲要比不蹲好，因为它毕竟是体现平等之“心”的最重要形式之一；况且，如果与其他形式形成合力，师生平等的体现不是更彻底吗？何乐而不为呢？

所以，蹲比不蹲好。

（幸　福）

为什么不能跪

大家应该注意到，小学一年级的六七岁孩子，还带着一股奶香味呢。

我觉得撤去高高在上的讲台，呆板的课桌换成随时可以拼成各种图案的七巧板，这更有利于学生身心发展，适应学生的心理需求。我为这样的举措叫好！

面对小学一年级的学生，给孩子们上活动课，“老师还应蹲着、坐着或跪着与孩子们进行平等交流，与孩子们的视线保持一致”，我觉得这并不是什么伪平等，真正这样进行了，我觉得确实能拉近师生之间的距离。——请大家不要忘记：教师们面对的是一年级的小朋友，而不是高一、大一的大学生！何必大叫什么伪平等呢！

自然随和近距离的实施教育，其效果最好。一年级的孩子，六七岁，老师和学生一同游戏，这样做有什么不好？有什么虚伪可说？我觉得这是一种人性化的教育行为，不存在什么伪平等。大家想想，当我们自己和孩子一道在海边玩沙子时，当我们和孩子在地毯上、床上玩积木时，是什么样的姿势？不就是“蹲着、坐着或跪着”吗？和六七岁的孩子在一起，“蹲着、坐着或跪着”游戏，有什么伪平等可说？事实上，教高中的老师可能不知道，幼儿园的老师，不仅如此，还要为孩子擦屎把尿呢？教育要因人而异，教学也应因材施教！孩子毕竟六七岁啊！所以，如果对此还不理解，建议大家到一年级教室站一站，你就会觉得“弯腰”的理由了，那些孩子才多高呢？一位小学老师说：“面对小不点，你不想弯，也不可能！”

这个学校“从秋季开学起，教师都要变成学生的服务员”。这样的话大家可能觉得有点不舒服。其实，我们常常要求领导做我们的公仆，为我们服务。一旦要我们为一年级的小学生服务时，为什么就不能呢？美国的校园里，连教室的地面都是老师自己打扫的，这要比我们又该怎么说？知识经济时代，教育要走向市场化，学生资源就是我们的教育基础，教学服务就是我们的新的追求，请问，我们还什么理由要高高在上？

教育是一种合作，也是一种服务！对于一年级的学生来说，保姆式关怀的服务，有什么不好！美国船宝中学的艾利娜在给我们高中学生上课时，就是跪在讲桌上给学生讲棒球的接球的，我们并没有感觉有什么不妥！——要知道，她已经是60多岁的老太太了！

见到下跪就觉得是一种屈辱，见到下跪就心存芥蒂，那是我们被历史吓坏了，以至产生了下跪的恐慌！

如果能跟六七岁的孩子一道开开心心地学习，低年级的老师们啊，跪着又何妨！

（孙　宁）

学学方琼姐姐

河北电视台有个非常著名的儿童节目叫“超级宝宝秀”。在这个节目里，主持人方琼姐姐问小朋友问题时，不是蹲在地上，就是跪在地上。一次，一位小朋友看方琼姐姐跪在地上，也学着跪在了地上。方琼姐姐问：“你跪下，我怎么办呀?”那个小朋友调皮地回答：“你趴下。”

孩子们特别喜欢方琼姐姐。在孩子的眼里，方琼姐姐根本不是什么节目主持人，而是一位可亲可敬的大姐姐，是一位值得信赖、无话不说的大朋友。跟姐姐、朋友说话还有什么可拘束的呢？于是孩子在节目中什么也不怕，什么都敢说，童真、童趣表现得淋漓尽致。

我的孩子没上过幼儿园，我不知道幼儿园的老师平时怎样跟孩子交流。反正在小学校园里，我很少看到低年级的老师跟学生这样交流。见到最多的情形是老师很有派儿地坐在椅子上或居高临下地站在学生面前跟学生交流。

低年级的老师们，学学方琼姐姐，蹲下来跟孩子平等地交流吧。蹲下来跟孩子交流，你的心和孩子的心离得近了，孩子的心扉就会完全向你敞开，孩子的思维就会更加活跃，孩子的想象就会更加丰富。

你蹲下来了，虽然表面看矮了许多，但你的形象却在孩子心目中逐渐高大起来了。

（理　想）

不能“一刀切”

教育教学工作有其自身的复杂性、独特性和时代性，学生作为学习活动的主人是一个个能动的、富有个性的鲜活的人，教师作为教学活动的组织者、指导者、参与者同样是一个个有思想、有灵魂、富有个性的人。

学生的差异，教师的差异，学科教学内容的差异等等，导致了教师课堂教学活动必然是异彩纷呈的。“教学有法、教无定法”，本人认为在不违背教育教学原则的前提下，只要适合于教师个人，有利于班内全体学生最大限度地健康发展的教学形式，都应该是好的，值得肯定的。但世界上没有完全相同的两片树叶，没有完全一样的两个孩子，更没有完全相同的两位教师、两个完全一样的教学场景。值得肯定的教学形式不一定非得作为课堂教学活动的硬性规定，来要求每一位教师都必须遵守。因为一种课堂教学形式适合某一位教师，适合某一个班级、某一名学生，不见得适合于另一位教师、另一个班级、另一门学科、另一名学生。最佳的课堂教学形式只能是相对的，充满个性色彩的。

在新课改过程中，有的学校把讲台拆了，把讲桌撤了，让老师“走下”讲台，“走进”学生；有的学校允许学生在课堂上随便离开座位，随时打断老师、同学的发言来发表自己的观点……从而体现老师对学生的尊重与平等，体现学生学习的主体地位；对于这些做法笔者实在不敢苟同。我觉得实现师生间的平等交流，关键在于转变观念，扫除“心障”，并不在于教师站着、坐着、蹲着抑或跪着，而在于教师的“用心”、学生的“有心”，只要“真心”相对，师生自然会下意识地选择站着、坐着、蹲着抑或跪着的最适合的形式来实现师生间的平等交流与对话；要体现学生学习活动的主体地位，我们更应唤起学生的积极主动性，引导学生有序、文明、有责任心地投身于学习活动，真正做学习的主人；无原则的、“漫天飞”的廉价表扬，最终只能导致学生的麻木与浮躁，要真正发挥表扬的激励作用，我们不应该吝啬我们的“表扬”，但更应该使“表扬”有所值。

形式是为内容服务的，不一样的学生，不一样的教师，不一样的教学内容……确定了课堂教学形式的丰富多彩，但刻意在课堂教学形式上搞花架子，作整齐划一的“一刀切”的硬性规定，只能导致教学活动的浮夸、古板、生硬，甚至扼杀教师、学生的创造力。

走进新课程，直面新课改，我们更应该深刻领悟新课改的精神，洞悉新课改的理念，充分发挥教师的积极主动性和创造力，倡导教师实质性的个性化教学，真正实现教师教学行为的根本转变。也只有这样才能真正使教学活动符合新课程的要求，满足学生发展的需要，满足社会进步的需要，满足与时俱进的需要。

（高明生）

怎样才能不做无用功

在教师的日常教育教学过程当中，存在着许多做了无意义、老师不愿做但必须去做的一些工作。老师们把做这些工作称之为“做无用功”。本期话题——

对话小档案

张明文 山东省临朐县朐阳小学

金　燕 江苏省戏剧学校音乐科

周如俊 江苏省灌南县教育中心

沈小新 江苏省如东县栟茶中学

无用功，我们还要做多久

学期结束时，学校进行的各种材料的检查让我感到非常悲哀。老师们的各种材料绝大多数都是假的，包括备课、课题实验、课外活动等等；只有听课记录、作业存在的水分少。许多老师的备课只是把教案、教参上的东西不管有用没有用，统统抄到备课本上，有的一学期抄了四大本，都抄写得工工整整，得了高分。许多教师，每天除去上课的时间，都用来抄写这些毫无价值的东西。做这么多无用功，根本没有时间去学习，去钻研教材，去了解学生。我不知道做这些无用功对教师的专业成长，对学生素质的提高有什么用？我只是发现虽然已经进行新课改了，但课堂教学仍然是传统的方法，学生仍然在被动地死学课本知识，甚至课堂上的时间不够用，把所有的课外活动时间都占用到学科学习上，晚上还有一大堆作业等着学生去抄写；这些作业只能叫抄写，无非是一些字词、课本上熟记在心的练习题；自己的宝贵时间浪费了不算，也把学生本该用来玩耍、读书的时间白白浪费了，真是令人心痛啊。

基础教育课程改革的理念对于我们这些老师来讲，都成了一纸空文，毫无实际价值。我曾告诫一位关系比较好的老师，让他把这些无聊的工作改革一下，省出时间来学习学习，他的回答让我哑口无言，“你经常在报刊上发表文章，可以挣到考核分。我把教案抄得十分工整，考核组也能把我的分数打高了，我写文章不行，只有靠这些了”。听来真是难受啊！

还有学校的教研课题，根本就没有搞过，只是到了结题的阶段，让老师到处搜集资料，为了课题能够顺利通过验收，复印的资料比办公桌都高。课题通过验收了，学校的复印机却报废了。

哎！我不知道这样的无用功还要做多少，还要做多久！

（张明文）

检查是这样“炼”成的

一个偶然的机缘，我亲身体验了一次教案检查的全过程。

那次我到市教育局参加课改教研会议，某领导在总结发言中指出教师应该重视课后的回顾。这本来是教学的一项常规，是每个老师都能做到的。可县教育局的领导就不这样看了，他们认为应该采取实际行动来响应市局的最新指示，于是责成我把会议纪要加以整理，突出领导关于课后回顾的指示，以教育局文件的形式下发了教案专项检查的通知，并且制订了奖惩措施。

教案收上来以后，我被指派和几位教研员负责检查。事前我们商量了一下，打算重点看一看教案中关于课后回顾这部分的内容，据此来评定教案的等次。可是看了不到一半，发现老师们都已经做了充分的准备，所有教案的课后回顾部分都非常充实，有一些还带有明显的添补痕迹。不论是从量上看还是从质上看，似乎都还不错。

怎么办？

有位老师开玩笑似的提议，既然大家都注意到了课后回顾，那就看看谁的字写得好算了。大家商量了一下，觉得也只有这个办法了。接下来的检查就轻松多了，我们边翻看边评价，随手挑出自己觉得书法还不错的教案和内容比较单薄、书写比较潦草的教案来。送给领导审阅的时候，领导随便一翻前者，马上赞不绝口；一翻后者，马上拍了桌子。

奖惩的通告再次以文件的形式下发到了各个学校，并且附加了随时抽查的通知。

再到各个学校进行教学检查的时候，我注意到那些被批评的老师全都换了备课簿，从开学的第一课一直抄到现在，字迹工整得都可以做字帖了。

事情到此并没有结束，县局领导将这次检查的情况总结了一下，并从那些优秀教案中选了几本一同送到市局，市局领导看后当然也是赞不绝口，马上指示要进行推广，结果在全市都掀起了轰轰烈烈的备课热潮。

仅仅是因为市局领导的一个常规的教学提醒，就造成了这么一次大检查。在这一过程中，有多少老师的多少时间和智慧被消耗在了无效劳动中呀。

该怪谁呢？市局领导的指示有问题吗？县局领导的决策有问题吗？检查教案的我们认同书法好的教案有问题吗？

（金　燕）

从“无用功”中解脱出来

真正让我从写完整教案、继续教育考证等等这些无用功中解脱出来是“朱永新成功保险公司”。2002 年 6 月偶然在“教育在线”上看到一篇：关于“朱永新成功保险公司”的“开业启事”（“投保条件：每日三省，写千字评语篇。一天所见、所闻、所读、所思，无不可入文。十年后持 3650 篇文来本公司。理赔办法：如投保方自感十年后未能跻身成功者（名师）之列，本公司愿以一赔百……”）深深吸引！这可能吗？我怀着“试试看”心情开始上教育在线、K12、中国教师报论坛、成长网等教育网站，结果从此在网络教研和教育教学写作中越陷越深！

去年 4 月以来，我投保了“朱永新成功保险公司”，总是在忙碌的工作之余进行教育反思：教后想想，想后写写。认真思考教学得与失，如教学目标是否达成，教学情景是否和谐，学生积极性是否被调动，教学过程是否得到优化，教学方法是否灵活，教学手段优越性是否体现，教学策略是否得当，教学效果是否良好。并坚持每天挤出时间来写作一篇，来检测“朱永新成功保险公司”的许诺。其方式有：一是反思随笔——一种机动灵活行之有效的反思方式。反思随笔看似事小贵在坚持，日积月累就会达到从量变到质变的飞跃。二是反思日记——一种自我成长的教育反馈方式。在一天的教学工作结束后，要求自己写下自己的经验、教训或困惑并阶段性地与同行教师共同交流分析成败得失。三是反思教案——一种有益的思维活动和再学习活动方式。我的成长过程中离不开不断的教学反思这一重要环节。教学反思教案可以进一步地激发我终身学习的自觉冲动，不断的反思会不断地发现困惑。当然，上述网络教育教学反思，它不是一般意义上的“回顾”，而是思考、反省、探索和解决教育教学过程中存在的问题，它具有研究的性质。

说也奇怪，这种想想后动动笔，写中有学、学中有思的网络随笔或记录，虽不成“正文”，但几乎“每投必中”！在短短不到12个月时间内，在各类报刊上发表教学论文或随笔近六十多篇，教育教学水平也日趋提高，学生反映我教学内容鲜活了，教学方法变得灵活多样了。我在这种网上互动交流教学过程中、教学研究中真正尝到教科研的甜头，教研与写作水平也日趋成熟。2003年下半年《中国教师报》连续刊出我三四篇文章，2004年6月份《现代教育报》刊出我七八篇文章（其中有两篇被中国人民大学报刊复印资料索引）就是最好说明。凭着发表的这些论文，今年八月份我又顺利地评上中学高级职称。

（周如俊）

我没有做无用功

我是个参加工作时间不长的教师，我所在的学校近年来在教学上取得了很大的进步，今年高考，我们这所原来并不是很出名的学校竟然一下子考了全省第一的成绩！就我看来，就是学校的每一位教师没有做无用功的结果！我们的听课，无论是谁都可以听本组任何老师的课，而且听完课只讲缺点，没有老师会因为顾及对方的脸面不讲缺点，如果不讲，那下次就不好意思去听这位老师的课了，而且听了缺点的老师会因为对方的真诚而感激。一学期下来我的听课本就用了三本，备课本用了三本，很多老师也是的，学校不得不给每个人多发了两本听课笔记！而且学校领导经常深入课堂和老师一起研究最佳的教学方法，学校的指导思想很明白；就是扫地也要力争扫第一！老师的思想非常纯洁，在多次省市的调查研究中，很多专家感慨最多的就是，学校老师是在把教育当成自己的事业来做！学校的教师个体并不是很优秀，学生也只是二流生源，可是就是靠每一位成员的有效劳动，我们创造了江苏教育的神奇，新华日报就曾经专门报道过我所在的学校，本人也在这样的氛围下很快成长起来了！

教师不仅仅是埋头上课，除了上课，还有很多需要发展的领域。我喜欢我的学生，如果是因为自己的原因耽误了学生的发展，我会觉得自己很可耻，我很喜欢将自己的思维火花写出来和同仁交流。很多老师对中国教育的种种现状表示自己的见解，为我国的教育呐喊。但是我觉得，我们自己也应该为了教育的发展贡献力量而不只是挥拳呐喊！

也许我所说的这些许多老师会觉得不是出自内心的，但是，事实就是如此，有很多来我们学校学习的领导老师总会在听完经验介绍后加上一句话：你们的做法和思考很妙，但是恐怕我们学不到。是的，很多老师还停留在只将教育当成自己的职业的阶段，要他们改变自己目前的方式是艰难的，可是，如果我们任凭自己的时间浪费在做无用功来应付检查上，这是不是一种莫大的悲哀？（沈小新）

“抓两头，带中间”过时了吗

在长期的教育教学实践中，许多班主任和任课教师把“抓两头，带中间”奉为教育和管理学生的真理。可是，在素质教育和实施新课程的背景下，用人性化的教育观点进行思考，有许多人对这条被无数教育者奉为真理的教育方法提出质疑。本期话题——

对话小档案

康荷云 河南省开封市求实中学北校校长

王玺玉 黑龙江省肇东市教师进修学校

江　强 四川省西昌一中

王群丽 新疆鄯善铁路中学

张宁海 江苏省南京市陶吴中学

徐大扣 江苏省宿迁市耿车实验学校

质疑“抓两头，带中间”

所谓“抓两头”即：抓“前头”的和“后头”的。前头的，是好学生，就是学习好的学生；后头的，是差学生，就是学习差的学生。“中间”就是学习不好也不差的大众学生。这种方法从来被认作一条经过无数前辈、先哲的经验积累的经典总结。可是，用人性化的教育观点进行思考，我不能不对它提出质疑——这是一种违背师德的行为。

质疑一：学习好的学生，品质一定好吗？我们说的学习好，一般是指考试分数高的学生。这些学生中，并不见得品质都好，心理都健康。马加爵和刘海洋事件都说明了这一点。老师的这种评价，反映了老师对自己所从事的教育事业认识的偏差和错位。“教书育人”首先是“育人”，其次才是“教书”。可是，一到具体教育教学实践中，立即出现了错位：认为，学习好（就是分数高）就是好学生，分数低就是差学生。只要学习好，就不管他是否热爱劳动，是否关心集体，是否团结同学，是否孝敬父母……那么，这么不好的同学却可以享受和好学生同样被“抓”，是不是一种荣耀呢？当然不是！

质疑二：对“两头”的学生一视同仁吗？在实际的教育教学中，对两头虽然都是“抓”，然而“抓法”却是截然不同的。对“前头”的同学的“抓法”是百般宠爱，给笑脸，给表扬，给奖励，给面子，犯了错误不批评。如果老师批评了这些学生，这些学生立即会给老师一个“脸儿”看看。而老师看了这类学生的“脸儿”反而会称赞他们“有个性”。而对于学习不好的“后头”的学生，则百般提防，百般限制，给冷脸，给批评，给训斥，犯了错误大加训斥。但这些学生从来不记恨老师的批评教育。其实不少老师都有过这样的感受：有些自己常常“训斥”的“后头”的学生毕业后再见到老师总是分外亲，而有些好的同学反而视老师如陌路人。但是，老师们依然一如既往地这般“抓”两头。

质疑三：可怜的“中间”如何“带”？中间的学生其实常常是被老师“遗忘”的角落。他们不会给老师带来教育教学成果的“辉煌”，因此，不能吸引老师眼球的“青睐”；他们也不会调皮捣蛋，让老师气冲斗牛，因此，也不会招来老师的“白眼”。他们是默默无闻地跋涉在师生情感沙漠中的可怜的孩子。

学生是一棵棵幼小的树苗，需要老师的细心呵护。无论是“前头”、“中间”还是“后头”的学生，都需要我们细心地呵护。可是，我们的老师却把自己的阳光和呵护都给了那一班几个、十几个“前头”的孩子。大多数孩子享受的不过是这些“前头”的孩子享受了的“余光”而已。

老师会说：“谁说的？我们呵护的阳光不是‘带’给中间的学生了吗？”是，我想说的是这个“带”应该是“带动”！带动的关键，对于老师来说你是“带”了没有，如何“带”的。对于学生来说，老师应该关注到他们“动”了没有。老师应该时时注意的是这个“带”不能是“捎带”。但是，多少教师不是“捎带”呢？

（康荷云）

“抓两头，带中间”何错之有

有人质疑“抓两头，带中间”，其实那是一种误解。

“抓两头，带中间”是就整体而言的，不单指学生的成绩。单就学生成绩而言，也完全适用，因为抓了前头的，树立了榜样，中间和后头的就会近有所学，远有所比，努力奋进，迎头往前赶。这不是一种“带”吗？不抓前头的就等于不要榜样，这大概有悖事理。另一方面，抓后头的，后进向前了，对中等生和上等生也是一种促动，这种“促动”不也是一种“带”吗？

诚然，现在有人只抓前头，不抓后头，但是，这并不是“抓两头，带中间”的错。这是教育质量观和教育评价机制使然。义务教育旨在提高全民族的素质，单就学习成绩而言，不允许大量学生成绩不及格，如果在要求看优生率的同时，还要看巩固率和及格率，此事落到实处，提到日程上来，你不抓后头的行吗？你的学生大量不及格，校长答应吗？你的学校大量学生不及格，教育局答应吗？怕是不狠抓都不行！要看你的平均分数，你不“带中间”行吗？你遗弃中间，校长答应你吗？家长答应你吗？

一个班级，几十名甚至上百名学生，每个学生的道德表现如何，学习成绩如何，不是一下子就能全面掌握的，而两头的学生往往显而易见。如果对显而易见的见所未见，闻所未闻，不着力去抓，那么，还何言去抓隐蔽在中间的大多数呢？

任何事情，总有一个先后。没先没后，普遍去抓，没有重点，必定无从下手，肯定抓不好。教育行业，即使不先抓两头，也得先抓中间，事实上，中间人数多，比较隐蔽，更不容易抓。但是，也并不是说没有抓中间的时候。教学中的“面向大多数”“面向中等生”等等，就是在抓中间。这种表面上的抓中间，其实质仍是在抓两头：让下等生能跟得上，让上等生学得更扎实。

有人说让人文阳光洒向每一个学生，教师要关爱每一个学生，这完全正确。从“面向大多数”，到“面向全体”，就是这一思想的具体体现。但是做事总得有一个先后，不可能一下子全都“洒到”，不可能一下子全都“关爱”到，不可能一下子全都“装在心里”，总得有一个先后顺序。“面向全体”也不是没有起点的，这起点就是两头，抓了两头，中间被带起来了，也就面向全体了。这就是最大的人性化。正因为有了这样的先和后，有了这样的起和止，它才普照了大地，而“抓两头，带中间”这种工作方法，恰恰告诉我们要从哪儿抓起。

（王玺玉）

中间生是容易被遗忘的群体

现在有许多学校都在搞学习与行为困难学生（即传统意义上的“双

差生”）的分层优化相关的课题，使“差生”也开始受到教育的关注和重视。而各学校对高考上线人数的追求，使成绩优秀的学生成了学校间争夺的稀有“资源”，所以优生长期以来都是我们老师呵护的对象。然而，我们的教育者却常常把学习和表现都处于中间的学生给遗忘了。

事实上，许多老师肯定都有这样的感受：每教新一届学生时，很快就认识了班上成绩优秀的学生，也很快就熟悉了班上调皮的学生，当我们对这两类学生的优点和缺点达到如数家珍的程度时，我们却对班上那些成绩平平又循规蹈矩的中间生所知甚少，有的甚至过了一年还连名字也叫不上来。而对于班主任来说，大多数精力都花在教育和转化调皮的学生及保持优生上，只要中间生不出问题，他（她）们就很少能受到班主任的关注。

曾经有一位学生给了我深刻的警醒，使我从此把更多的目光投向了中间生。高考前的一次晚自习，一个成绩中等的女同学小马把我叫到教室外边，递给我一份报纸说希望我看看里边的一篇文章，然后哭着跑回了教室。原来那篇文章说的是一个学生考试考差以后，看着班主任老师把一个个学生叫到教室外边谈话，这个学生心里盼望着下一个就要轮到自己，最后却失望了。想到那段时间我正在和诊断性考试成绩不理想的同学谈话，而小马这次考试比上次有长足的进步，不属于我既定的谈话人选。于是我马上明白了小马的意思。通过与她交谈我才明白：根据她多次的考试成绩，我只是把她定位为能够上一般本科线的“种子选手”，所以觉得她这次已经考得很好了，而她的心目中打定主意是要上重点大学的，就觉得自己的成绩离既定的目标还很远，所以心里一直希望我与她一起找找原因，其实我知道她实际上还更希望得到老师的安慰和鼓励。后来她真的考上了重点大学。

我想说的是：我们真的不够关注中间生，其实我们真的还不懂中间生！我们不仅应该关心他们的学习，更应该了解他们在想些什么，他们希望我们做些什么。如果我们对他们足够地重视，有的就会成为优生，否则有的还会沦为“差生”甚至“双差生”。其实，有的中间生常常会因为不满意老师对自己的冷落而故意犯错误以引起老师的注意，而大多数中间生则可能因为老师的遗忘形成负面心理暗示：自己是一个很一般的人！从而缺乏自信，降低对自己的要求。在提倡教育教学要面向全体学生的今天，更没有理由不关注中间生了。

（江　强）

反思不一定是否定

抓两头带中间，是大多数班主任的工作方式，班主任的精力总是有限，特别是刚接班的时候，采取这种方式无可非议，我们在这里反思这个问题也并不一定是否定。分数不是一切，好坏和中间的衡量不能仅仅凭成绩而定，其实老师之所以抓两头不仅是成绩的需要，更是建立班级良好秩序的需要。

但如果长期如此，就会形成班级的灰色地带，有一部分人会成为被遗忘的角落。一部分同学默默无闻，心情抑郁，一部分同学会故意做出惊人之举，引起老师的注意。所以当班级工作稳定走向正常的时候，我们应该让爱心的阳光洒遍角落。我们老师总是能迅速地认识班级两头的学生，但中间的学生常常无法留下深刻的印象。于是我常常将那些不熟悉的名字写成纸条，课堂上给予更多的关注。同时，常搞一些诗文推荐活动，让每一个学生上讲台。记得班里有一个弱智的学生，小学升初中的时候语文数学加起来只有四分，但他上课从来不说话，非常安静，成了被老师和同学遗忘的角落。举行活动的时候，我还是鼓励他走向讲台。当他背诵出李白的《静夜思》时候，全班给予了热烈的掌声，我看到了他脸上久违的笑容。尽管他无法学会所学的东西，但他感受到了集体的温暖，孩子的性格多少有点活泼了。

只要心里有全体的学生，抓两头没有错，带中间需要我们更多的关注和努力。让心灵的戈壁洒满鲜花，是我们教育工作者义不容辞的责任！

（王群丽）

抓好！带好！

多年来，“抓两头”是我们教师的实际教育行为，“带中间”一直是老师的良好愿望。现代教师仍在重复往日的故事。确实教师的精力是有限的，两头已经把教师整日忙得团团转，中间不是不想带，实在是心有余而力不足。新课程理念犹如当头一棒，才知这么多年来，我们罪过不小：关爱了少数人，放弃了大多数。现在想起，诚惶诚恐。

“抓两头，带中间”这个做法本身没有错。仔细想想，抓两头是必要的，因为两头无时不在扰着你的心，揪着你的肺，他们的一点点变化都直接关系你的教育教学成败。带中间更是必要的，谁拥有了大多数，谁就赢得胜利。生态是平衡的，平行的班级两头应该没有太多的差别，一个好的教师、好的班主任，应该在“带”上多做文章。此时，质疑“抓两头，带中间”我认为是应该的。我们多少老师为了升学率，已经是：抓一头，放一头，中间望天收。东一榔，西一棒，工作做给领导看。在“抓”和“带”上没有下工夫，或者工夫下得不够。关爱每个学生的成长，关心每个学生的发展应该是新时期教师的职责，抓好两头，带好中间是一门艺术。两头的学生个性特征比较明显，他们在班级里都有着很大的影响力、牵引力。管理班级好比划船，船将划向何方，两头非常重要，必须控制好。中间的学生大都比较内敛，他们不够自信，也渴望有人来带（指导、关心）。作为老师，对他们更应多一点呵护、多一点耐心、多一点办法、多一点热情，因为你的投入，好比冬天里的一把火，温暖了他们，也照亮了自己。

（张宁海）

一个美丽的谎言

“抓两头、带中间”是一个美丽的谎言。事实上，我们抓的是成绩优秀的“尖子”，而所谓的“差生”只是不让他们“出事”，为数众多的“中等生”则往往是被教师遗忘的角落。

一直以来，我们的许多学校不是着眼于每一个学生的发展，而是给学生“分等”、“排座”。在平时的教育教学中，只关注那些成绩突出的“尖子”，那些被“定性”为没有希望的“差生”一族，则永远打入“冷宫”，就连为数众多的“中等生”也常常成为被阳光遗忘的部落。有些学校以前只关注少数的“大学的苗子”，现在考取大学已经很平常了，“北大、清华的苗子”又应运而生。每年高考尘埃落定，便在那些考取北大、清华的学生身上挖空心思大做文章：重金奖励、媒体宣传、横幅高挂……到处吹嘘四处宣扬八方炫耀，似乎考取别的高校根本不算大学。然而，无数事实告诉我们：站在成功人生领奖台上的不都是那些高考“状元”，而是那些德才兼备、身心全面发展的人才。曾经引起社会各界广泛关注的“第十名现象”和有关高校对高考“状元”的跟踪调查就是生动的证明。

记得看过这样一个报道：在哈佛大学350周年校庆时，有记者问学校最值得自豪的是什么。校长回答道：哈佛最引以为自豪的不是培养了6位总统、36位诺贝尔奖获得者，而是让所有进入哈佛的“金子”都在毕业之后发出耀眼的光芒。

每一个学生都是“金子”，关注每一颗，让每一颗“金子”都闪闪发光，这就是哈佛的魅力。我们的教育、特别是我们的基础教育，不应该焕发出这种魅力吗？

（徐大扣）

班干部拿工资合适吗

深圳市某小学有一个特殊的班级，学生干部通过公开竞聘带薪上岗，并受到所有被服务人员的监督与公开评定，薪酬按不同的岗位从5元到1元不等。据班主任解译，此举一方面是希望通过这种方式拉近同学之间的距离，消除他们的阶层概念，树立起平等的服务意识；另一方面是希望通过薪酬的方式，让学生真正体会和理解“一分耕耘一分收获”。本期话题——

对话小档案

申屠待旦 浙江师大附中

昆山玉 高密市补习学校

苏　秦 江苏省沭阳县龙庙中学乒乓球协会

高兴福 山东省临朐县蒋峪中学

江　强 四川省西昌一中

孙华丽 山东省潍坊科技职业学院（西院）

王永飞 辽宁省建平三家中学

夏祖瑞 湖北省武穴市教研室

蒋　毅　南京市砂珠巷小学

珠　子　某校

服务意识不是靠钱教育出来的

采取带薪岗位的动机是好的，但扩大了钱的作用，没有看到带薪岗位制度存在的负面影响。对于学生来说，其教育权是相等的。在现实中，班干部与普通同学在班级中威信会有不同，这不等于是阶层上的差异。作为班干部首先要以班集体为重，要为同学服务，当好班主任的有力助手。这种服务应该以自愿为前提，它区别于社会上服务业的服务。社会上的服务是以获取经济上的报酬为目标，而学校里的服务是以创造更好的班风、学风为目的。因此，我们应该提倡互相服务，大家都是班级的主人，当班干部不是获取报酬的职位，而是服务同学、锻炼自己能力的机会。而选好班干部、培养好班干部，应该是班主任教育学生的有效途径。班主任应该让大家都有这个机会，不能因某某学生成绩好、能力强就拥有了这个机会，而对那些成绩差、能力差的学生，就剥夺了他们的机会。

带薪岗位制度虽然能促进学生努力履行班干部的职责，但这是在发挥钱的刺激作用，它削弱了班主任教育的作用。带薪岗位制可能减轻了班主任教育所花费的时间与精力，但它不能真正培养出学生的服务意识。在社会生活中，也不全是有偿服务，作为一个社会的成员，所需要的服务意识不是因为有钱才服务，无钱就不服务。如果说为了培养学生的服务意识，更需要培养的是没有任何经济报酬的服务，这种服务是为了公益的事业，为了集体的利益，为了社会的精神文明。服务意识的本质是一种奉献，而不是与金钱的等价交换，所以说，服务意识并不是靠钱来培养的。

同学之间的关系从根本上说也不是服务与被服务的关系。在班集体中，需要培养的是科学精神、人文精神，而不是经济意识、服务意识，同学间最需要的是真诚纯洁的同学情谊，而不是通过用钱换来的服务。

（申屠待旦）

学会劳动　体悟人生

我认为这一做法值得提倡，因为这会帮助学生树立正确的劳动观念，从而体悟人生的真谛。

在许多人的心灵深处都有这样一个幻梦：不工作而能有钱。不少人曾满怀羡慕地跟我说：你们当教师真好，周末不上班有钱，暑期长假有钱；哪像我们，哪天不干，哪天没钱。说这些话的有农民，有工人。这句话背后的深层含义就是，最理想的人生乃是不干工作赚大钱。

这一错误的劳动观（其实也人生观），可能源于中国人穷怕了，养家糊口不容易。在这一错误观念的诱惑下，许多人当了官以后，为“实现”这一幻梦，滥用职权，贪污腐败。还有的人，靠钻国家法律之漏洞，投机发财，由于钱来得容易，因此就随心所欲地乱花，吃喝嫖赌；还有其他一些消费方式也在腐蚀社会，毒害青少年。

正确的劳动观应该是，人活着就要劳动，靠自己的双手和大脑合法地获取财富。这样得来的钱，才能化到自己所期望的而且是社会所接受的地方，从而既实现了自己的人生价值，也获得了社会的尊重，这样的人生才是有意义的。

深圳的小学生通过“实习”为他人服务，挣点所谓的工资，以此帮助他们真正理解劳动的意义，树立正确的劳动观，进而加深理解人生的意义，树立正确的人生观。

（昆山玉）

自己挣的钱更懂得珍惜

孩子“带薪工作”可以说是学校管理措施中的创新方法，在条件成熟的地方，值得借鉴与提倡。学校是社会的一分子，不是桃花源，不能脱离社会存在。学校的做法与社会越是接近，那么从学校里面出来的孩子也就会更快地融入社会。

所谓的“带薪工作”只是一种手段，并不是最终目的，这儿的薪很少，一种象征性的，与我们成人所谓的薪还是不一样的。孩子的生活，还要靠我们做大人的作后盾。这样做，主要是想培养孩子的独立、当家、珍惜意识，明白一粥一饭当思来之不易的道理，对于培养孩子正确的价值观、人生观、金钱观，是有很大好处的。

在整个过程中，老师也不是脱离于局外的，会对这些孩子进行合理的引导。当别人需要资助时，你想想，一个孩子能用自己挣来的钱来献爱心与一个靠向家长要钱来献爱心的孩子相比，哪一个更懂得献爱心的意义呢？带薪在班级工作，并不是视钱为至尊，并不是唯利是图，并不是否定乐于助人、富有爱心等优秀品质，更不是让孩子满身沾上铜臭味，这样的孩子能更快地与社会融合，早日自立，懂得感恩。

（苏　秦）

莫丢了教育的魂

我们中华民族源远流长，几千年的积淀造就了底蕴深厚的东方文明。仅就无私奉献来说，远的有大禹治水，三过家门而不入，有范仲淹“先天下之忧而忧，后天下之乐而乐”；近的有千千万万为了民族的独立和解放事业而置生死于度外的共产党人，有为人民鞠躬尽瘁死而后已的焦裕禄、孔繁森……这些人，这种精神，难道不再需要学生去学习、去继承、去发扬光大了吗？学生干部无偿为班级、为同学服务，不仅仅是为了锻炼他们的组织和协调能力，更重要的在于从小培养他们这种以为他人服务为荣、为他人奉献而为乐的高尚品质，进而为其他同学做出榜样，带领、影响着整个班级，乃至整所学校形成一个积极向上的精神氛围。而深圳一小学变学生干部无私奉献为有偿服务，无疑会使他们变得更加追功逐利，在小小的心灵深处埋下名利的种子，这在精神上，不是正与教育的初衷背道而驰吗？

不注重精神培养的教育是没有灵魂的教育。教育，决不能在改革中为了迎合时代潮流而丢失了灵魂。

（高兴福）

在培养唯利是图的意识？

这件事使我联想起两件看起来似乎不相关的事情。

其一：每年高考结束以后，没能考上理想大学而成绩优秀的学生成了各中学争夺的稀缺的补习生源：因为谁争取到了他们，明年就多了一个上重点线的指标。有的学校干脆每月给到该校补习的学生两到三百元的补贴，导致有的学生今天在这所学校补习，明天又到了另一所学校上课，为什么呢？因为先选择的学校给的补贴没有后来那所学校的高。更有甚者，某学校有一个学生在该校从高一读到高三，在老师们的“精心”培养下，成绩非常优异，考清华、北大绝对没问题，学校满怀希望地盼望着靠这个学生放一放“卫星”，增加点学校的知名度，使将来的生源状况更好一些。高考前，这个学生却突然“失踪”了：原来是某地的一所学校以几万元的“价格”把他给“买”走了。

其二：这些年，各省市的高考招生录取分数线相差很大，于是某些录取分数线较低省市的某些“名校”想尽办法在外省市招尖子生。公开的信息表明：要取得这些城市的一个户口要花五万元甚至十万元以上！换句话说，这些“名校”以相当于以五万以上的价钱和自己省市相当有吸引力的天时、地利条件在挖其他省市学校的尖子生！

从表面上看这些事情，深圳这所小学的班干部拿“工资”，是“从小树立学生的民主意识”；而上面这两件事情，也可以用“正常竞争”来解释。然而，中学生正处在世界观、价值观的逐步形成时期，我认为这样的做法对学生思想品德的影响将是极为有害的。如果小学生为同学服务和帮助班主任做一些工作就要领取“酬劳”，那么一个学习成绩优秀的高三学生当然可以不顾自己良心的谴责抛弃培养自己多年的母校，为了几万元钱而去给别的学校争光。当一个人一切都是为了钱的时候，他可能随时都会为了更大的诱惑忘了父母的养育之恩、甚至背叛自己的祖国。

综观古今中外成就大业的名人，他们都不仅拥有渊博的学识，更拥有堪为楷模的人格与人品！而一个唯利是图的人往往因其是反面教材而“著名”。我常常在思考一个问题：我们的教育究竟是怎么了？深圳某小学的这个做法是不是恰恰忘了教育更重要的任务是培养健全的人？

（江　强）

不要谈钱色变

在对学生的管理上，一谈到钱立刻会招来很多老师家长的强烈反对，甚至有些谈钱色变。我却觉得完全没必要大惊小怪，我们每个人都应树立对于金钱的正确观念，当然也包括孩子。在我们大人的世界里，多劳多得，有劳有酬为什么一到了孩子那里，就认作是变味了呢？关键还是我们的观念中孩子就是孩子，他们的世界与我们的世界完全不同，但我们却忘记了，孩子迟早要长大，他们早晚要进入我们的世界，为什么非得把孩子的价值观与我们的价值观对立起来呢？作为一种激励的手段，几元钱真的那么可怕吗，那么大学生的奖学金，我们又如何看待呢，难道也散发着铜臭吗！

用一点钱，更何况只是象征性的几元钱，来激励孩子的管理服务意识，我觉得完全有它存在的合理性，绝不可能因而就会使孩子沾染金钱至上的价值观。让孩子觉得，只有付出了才能有回报，用自己的勤奋换取的钱是干净的，那有什么不好？

（孙华丽）

充满铜臭气

随着市场经济的发展，“有偿服务”越来越多，从市场的角度看这无可厚非，但这种观念拿到学生干部身上来，则是对教育的一种玷污。为学生干部开工资的学校想法是好的，钱不在多少，贵在鼓励，同时也是对学生干部工作的一种肯定。但我觉得每个学生干部面对的任务，都是其分内之事，不具备开工资的条件。一旦开了工资，同学之间的这种服务就成了一笔交易，其中必然充满铜臭气，此时，也许学生看重的是钱，而不是为同学服务。

近几年来我们实施新课程，倡导学生进行“自主、合作、探究”式学习，我想学生干部的工作，也是一种与同学、与教师之间的一种合作。如果这种合作变成了有偿服务，必然影响学生情感态度与价值观的正确形成。这种“团队合作”意识与行为是当今知识经济和信息社会对现代人才提出的时代要求。学生干部与其他学生之间的关系，绝不是一种支配与领导关系，而是一种团队合作关系，我们应该从小培养学生这方面的素质，绝不能让眼前的功利影响学生的健康成长。

（王永飞）

奉献精神不能丢

我们承认现在的社会是讲个人存在价值的，用钱来衡量个人价值已成为一种价值观念。学校是社会中的学校，班级也是一个小社会、但学校不同于社会。学校是传承人类美好传统文化的阵地，是育人的摇篮。引入市场经济机制，学生干部带薪为同学们服务，这种有偿服务可能在一定程度上会刺激学生工作的积极性。但透过成人式的有偿服务的背后，我们看到的是我们把学生当成一个不折不扣的社会人看待。我们不久就会发现，学生平等意识、维权能力的增强，奉献精神的退化。难道那些出钱请同学替自己打扫卫生，替自己做作业的学生还少吗?

无论在什么社会，无论在什么时代，无论经济怎样发展，中华民族的乐于奉献的精神都不能丢。乐于奉献的精神品质要从小培养，内化直至成为做人的本色。只有这样，我们的社会才不会被世俗、势利所淹没。

（夏祖瑞）

培养民主精神的好办法

与“人人有官做”相比，深圳这位班主任的做法显然要来的技巧与实际许多。这让笔者想起著名教育家陶行知先生提出的“生活教育”，他的生活教育内容博大无比，是动态的，因生活的变化而变化，因而也是全面的，由此而开展的教育是有利于受教育者的终身的。对于孩子来说，虽然他们现在还是学生，在接受教育，但这并不是代表他们是割裂于生活单独存在的，学校教育是人终身教育的一部分。既然当官不可避免，我们就要正面地健康地教育孩子，为什么要当官，怎么样当官。

在笔者看来带薪服务理念的实践化，让孩子从自己的行为中感触到人人有机会做官，但不是做官享受，而是要服务大众。你的行为要接受监督，因为你的薪水是全班同学经常参加一些勤工俭学活动的劳动所得。同学们选你，是信任你。这种教育方式，远比一些所谓的教育理论要来的实际许多。在这种班级干部管理模式已经渗透了民主选举、民主管理、民主权利的影子。学校是“圣地”但不是“神地”，社会尊重学校，但并不代表社会与学校是两个个体。人们必须清醒地认识到，学校始终是社会的一部分，学生始终要走向社会，与其让学生走向社会后才建立民主观念不如将民主观念在学校渗透，毕竟民主的思想、民贵官轻的思想不是平地起高楼的！

（蒋　毅）

付出就应有回报

针对班干部是否要带薪服务的问题，我对学生进行了调查。调查的结果显示，80%的同学认为，班干部带薪服务可行。因为付出就应该有回报，这也符合现代社会的行事规律。甚至有同学说，我们班级什么时候能对班干部“发工资”？那样干起来才更带劲，服务的质量会更好。

现任班长如是说：老师为了培养我们自我管理能力，班级大小事务都交给了班委会，而班委会的具体工作都由我来安排。大家都知道，班里最忙的就是我，小到监督门窗是否关好，大到调解同学矛盾等等，时间丢了不说，重要的是付出那么多，却什么也没得到。大家看了都认为是理所当然的。处理好了还行，处理不好还遭同学怨老师怪，真是出力不讨好。有时候为了应付学校检查，到食堂都吃不到饭，还要花更多的钱到外面去吃。不是说为人服务不好，只是觉得我们几个人亏了些。如果能像工厂上班一样，付出了就有回报，拿点薪水，至少我们会认识到自己工作的价值。当然，这只能是我们自己想的，真要没有薪水，我们还是要干下去的，毕竟班里要有人服务。

一部分同学认为：其实班干部确实很辛苦，既要忙班里的事，还要管学校的各项检查。他们牺牲了自己的学习时间不说，他们的工作还很难得到他人的认可。这也是很多家长都不愿孩子当班干部的原因。如果利用有限的班费，适当发给他们一些补贴，全当对自己牺牲的补偿，相信大部分班干部的服务意识会更强，服务的效果也会更好。

听了同学们的一番言论，我打算适时也要这样去做，让班干部带薪为大家服务，因为他们付出了，当然应有回报。

（珠　子）

新课改一定要废教参吗

今年是新课改推行的关键一年，新课程将在小学和初中全面推开，部分地区的高中起始年级也将开始推行新课程。随着新课改的大面积推广，广大教师对于课改中出现的一些热点难点问题的讨论也越来越热烈。本期话题——

对话小档案

王永飞　辽宁省建平三家中学

夏祖瑞　湖北省武穴市教研室

韩艳红　河北省秦皇岛市海港区东港里小学

程建华　江苏省金坛市尧塘中心小学

高永萍　山东省寿光市台头一中

陈惠芳　江苏省丹阳市教师进修学校

王群丽　新疆鄯善铁路中学

存在的虚无　某校

教参是一种课程资源

新课程改革的重要任务之一，就是要转变学生的学习方式，倡导学生“自主、合作、探究”式学习，教师的施教方式也要随之改变，这样的学习必须依靠丰富的课程资源才能完成。过去那种只依靠课本和教参就能完成教学任务的做法，已不能适应新课程发展的需求，但这并不意味着新课程改革一定要废除教参。

现在的教参，多与教材配套发行，是由教材编写者编写的一种教学参考书。这样的教参在教材分析、基础知识的拓展、历史背景等方面的参考价值还是比较高的，在教学过程设计的针对性、新知识、新信息、新理念、新的教学方式等方面则显得不够。废除教参的想法说明我们面对教参已不再盲从、迷信和崇拜，开始反思，开始理性地审视教参的作用。

我们可以换一个角度看问题。从新课程理念出发，把教参看成是一种课程资源，我们就会感到，教参不但不能废除，而且还要大力开发。把教参当成一种课程资源去开发利用，教参的含义就不再是狭义上的教参，而具有广义性。无论是学科知识、学科历史、学科思想、还是学科教学理念、方法、学生的生活经验等等都可以随时进入我们的教参。这就需要教师充分利用图书、报刊、互联网等相关信息，还要同学生一起关注日常生活和生产实践的发展，获取第一手资料和切身体验，以此来丰富和发展我们的“教参”。教师只有在使用过程中，与教材结合起来，与自己的学生结合起来，与自身的教学水平结合起来，把握教学重点、难点、方法，才会有自己的见解，教学中体现出来的风格才是自己的而不是教参的。有了广义的教参，又有了科学的使用方法，参考的价值才能体现出来。

“生活即教育”，那么生活即“教参”，社会即“教参”，有字书是“教参”，无字书也是“教参”，我们这个世界的方方面面都可称之为“教参”。到此，教参的参考价值才是永恒的、鲜活的。提供给我们的应是这样的教参，我们去寻觅的也正是这样的教参。

当编写教参的人和使用教参的人都去努力开发这种重要的课程资源时，教参就会促进我们的新课程改革的顺利实施。

（王永飞）

李鬼惹的祸，找李逵？

从事一线教育多年，如今又在从事教育教学研究工作。从一个教师和一个教研员的双重角色出发，对于教参，笔者深有体会。

我们无法否认，在教学实践中，有许多教师依赖教参，甚至完全依赖教参。教师成了他人教学思想的代言人。特别是由于受市场经济的影响，不少教参质量低下，教师在课堂上不加分析地照用，可以想到，带来的后果将是多么的沉重：一不利于教师的专业成长，二是有害于学生的终身发展。

试想一下，如果每个教师都有自己的主观意见，面对教参的诱惑，仍然不为所动，追求自己的教学特色，教参还能有它的市场，以至于在学校泛滥吗？我们承认，人人都有惰性。但自己有了惰性，造成了后果，还要把账记在别人头上吗？

实施课程改革，最关键的是人的思想观念的深层次的变革。面对问题，如果人人不从自身上找原因，而总是一味的迁怒于别人，这是典型的李鬼惹的祸找李逵。现在提倡学术争鸣，我想，教参还应存在，只是要对低质量的教参进行封杀。

（夏祖瑞）

教学之梯不能废

有人说，老师手里有教参，眼睛就盯着教参，自己不去思考，缺乏创新。应该废除教参，逼迫教师去思考，去学习。其实这样的观点，只是见了“群山”之“一峰”。让我们放眼市场，除了教参，还存在各种各样的参考资料，如《优秀教案选》《备课助手》等等。当我们打倒“教参”的同时，也能打倒那样的一片吗？一旦废除教参，那些“民间教参”肯定很快兴起，成就了一次“商机”。其实，“罪”不在教参，而在于利用教参的“人”。会用的，能创造性地用，教参在教学上还是“有功之臣”。

我曾经参加过教参的编写工作，可以说为了一篇文章的分析、解读就要查上许多的资料，反复推敲，没有些时间是万万不能透彻地感悟那些文章的。如果没有了教参，只给教师一本教材，那么教师就要去做教参编写者所有做过的工作。试问，当今的教育状态下，老师们能有那样的时间和精力吗？

所以，一旦教参消失，老师在上课的时候就会更抓不住“头脑”，云里雾里了，课堂效果会大打折扣。要不，教师就会千方百计寻找“民间的教参”，以找到教学中的“抓手”。

鉴于此，教参不可废，而是要进行改革。教参“居高临下”的口气要改，教参中面面俱到的模式要改，教参作为“应考”的标准要改……教参要变成能启迪教师创新思想的一颗火种，变成开阔眼界、增长知识的宝库，变成通向成功教育的坚实阶梯！

（韩艳红）

为教而参

教参虽不是放之四海而皆准的宝典，却提供了一种具有相当价值的参考，这正是教参的本义所在，抑或为新手参考，亦或由“老手”参照，不同的教师对教参价值的利用也不尽相同。当然，教参的作用必将随着时间的推移，教师实践智慧的增长而日益淡化，它毕竟是一个拐棍，一个辅助，丢开它是一个必然，所谓“尽信书不如无书”，又所谓“学而自损不如无学”。

对于教参的参考作用，刚接触时，应引起足够的关注，加强学习与借鉴。一旦教师成熟以后，则应保持应有的警惕，剔除依赖心理，一切从自身的实际出发，批判吸收，扬长避短，才能“带着教材走向学生”，创造性地开展教学。记得著名特级教师孙双金介绍自己的备课经验时说过，他每备一节课，必把教参搁在一边，先独立备课，然后再参考教参，进行必要的增删削减。一个特级教师尚能不断从教参中汲取养料，更何况普通教师呢？

（程建华）

让教参真正成为教师的参考

新课程教育理念已经深入人心，教参却仍在低水平徘徊。于是人们就对教参说“不”。也难怪，素质教育已经成为教育进步的趋势，而教参却仍不能发挥它应有的作用，不仅不能提高教师执教的水平，无助于教师的进步，甚至左右着教师的教学，制约着教师对于教材的生动解读、个性解读，同时也间接地左右着学生的阅读。这不能不说与教参一点关系也没有，而一味去责怪教师，责怪学生。

现行教参，阻碍了教师的进步，禁锢了教师的思维。教参实际上是悬在教师头上的一把刀，如果不按照教参上的去教学，总会有你的苦果子吃。很多时候，教参作为出题人手中的尚方宝剑，让教师望而生畏，不敢越雷池半步。教学参考书在一定程度上做了它不该做的事，既然是参考，就不能过多地做定性分析，而应是多提一些建议、意见。可实际上，教学参考中却总是被这样那样的定性分析所充斥。这样的结果就会使教师过分地依赖教参，根据教参中的条条框框去进行课文解读，去为结果找理由。教师的思维被限制了，学生的思维又怎么能活跃呢?

教学参考书，让学生的主体地位得不到体现。这本经书不好念。教参是老大，谁还敢争第一？教参是标准，谁还敢有别的想法？学生的自主理解，得不到很好的尊重。这也不能怪学生，学生总要去面对考试，去面对决定他们命运的升学。如果你的孩子因为有自己的想法，而不是教参上的标准答案，使得成绩降低，甚至影响升学，你还敢有别的想法吗？正因为教参决定了教师和学生对教材的解读，因此，学生只有乖乖地听话，听教参说话；而教师也就不会让学生说自己的话了。这样一来，学生的主体地位怎能得以落实。

可以说，现行教参是使了力气不好看。教参要改，要让教参真正成为教师的参考。

（高永萍）

欲加之罪，何患无辞

曾去多所学校聆听多位教师上课，在很多教学条件薄弱的学校里，教师手头也就能拥有两样东西：教材和教参。教参是他们进行教学的唯一参考，引领着他们不至于在教学的过程中偏离教学中心。在听课的过程中，看到一些教师在教学一篇课文时是脚踩西瓜皮，滑到哪说到哪，随心所欲，什么中心，什么难点，什么价值取向，都是自己想怎么说就怎么说，好好的一篇课文上得支离破碎。问其原因，他压根就没有认真去读读教参，去想想教参提供的教学建议，而那些能认真看看读读教参并运用到课堂中去的教师上的课都还在谱上。由此可见，教参不能废除。

现在很多教师能从更多的渠道获取教学的信息，这些教学信息大大开阔了他们的视野，冲击着他们的思维。当这些教师把这些多彩的信息跟教参一对比，马上就感觉到了教参的种种不足，感受到了教参的枯燥，这不是什么坏事。新课标要求教师能创造性地使用教材，做到用教材教，而不是教教材。对教参，教师也需创造性地使用，在教参的基础上，加入自己的思考和积累，丰富教参的内涵。教参对每篇课文都进行了基本的分析，剖析了教材的重点和难点，提供了教学的一般思路，这些都是难能可贵的。如果教参编写得过于详细，只会限制我们的思考，就如画面会抢占孩子的想象一个道理。教参给勤于思考的教师留下了足够的空白、足够的空间，让我们创造性得使用它，并且超越它，从而在我们教学的过程中完美得演绎它。

现在，新一轮课改已经进入了关键期，所有人的目光都在关注着它如何进一步深入。在这个非常时期，我们更需要冷静，冷静地思考影响教育改革进一步深入的瓶颈是什么，如何来突破这个瓶颈，而不是胡子眉毛一把抓，看哪个不够合理就呐喊着要废除，从而乱了方寸，坏了改革之大计。就如教参，要改良，而不是废除！

（陈惠芳）

教参，不仅仅是一本书

记得学校教导室曾经废除教参，不给老师订阅。出发点是好的，但八仙过海各显神通，层出不穷的各种资料、多种多样的教学参考书和教学杂志，丰富的网络资源让人应接不暇，教师们纷纷拿着自己买的各类参考书去报销（每人每年可以报销100元的书刊费），学校无奈，不知什么时候又恢复了教参的订阅。

其实，不能把教参仅仅看作一本书，更不能把它看作教学的拐杖。它仅仅是一种备课的平台，面对不同的学生需要我们精心的设计。名优特级教师的教案并不能包打天下，如果我们的着眼点在学生独特的个体身上，放在综合能力的发展上，不仅仅是传授死的知识，那么教参就仅仅是一种工具，有了更先进的工具，它会自动地更新换代。已有了校园网络电子备课的教师，谁也不会只翻阅所谓的教参这本书吧。当然对于偏远地区来说，教育资源的配置本来就少得可怜，师资力量相对较弱。如果不给老师必要的参考书，一味的凭自己对教材的理解，也难免有井底之蛙的嫌疑了。因此，教参的存在与否，只能视实际情况来定。

（王群丽）

一定要废除教参

我们喊了多年的教育改革，又是新的课程标准，又是不同版本的教科书的不断推出，似乎形势一片大好，但实际上到头来却总是问题重重。为什么？我们似乎都忽略了一样东西，那就是教参。不废教参，教育改革难以深入。

为什么这样说？因为有了教参无论你水平再高也都要照着上面讲，亦步亦趋，不得越雷池一步，即使一些比较开明，敢于进行改变的老师，也都是建立在教参基础上的改变。至于一些水平比较低的教师，更是只要对着教参搬就可以了，反正考试总不会错。一些素质不高，在教师队伍中滥竽充数的人，无心教学，照样拿着教参可以上完一节课。因此教参限制了教师的发挥，遏制了教师的灵性，扼杀了教师的创造性劳动。

学校走掉一个人，只要教参在，一切好办，随便找个人即使不同学科也没问题，照着教参总能顶一阵子。

我们几十年来实际上不是在教课本，而是在教教参。以语文为例来说，每个老师拿到一篇课文，并不会自己想着怎么理解它，而是先要看看教参是怎样写的。给学生讲时，也会以教参为准，不管学生理不理解，都拉到教参的说法上来。而有些比较传统的经典课文，更是几十年传下来都是教参上那套讲法，没有什么新的东西，也没有人去质疑。所以实际上中国万万千千的老师和学生学的知识，只是编教参那几个人的。试想，这样如何还能够自主，如何还能够有创新。学来学去都是一个模子，一副腔调，大家都是围绕那本书和编书的那几个人的看法发表意见。所以实际上中国的教育不是老师在教学生，而是教参的编者在教万万千千的人。这就是中国的教育为什么得不到提高，得不到根本改变的原因。学来学去，都是教参在掌握着话语权，课本再改，课程标准再新，有教参在，一切都还是老样子。老师和学生根本不需要去发挥主观能动性，真正的教学实体老师和学生的灵性被扼杀殆尽。

因此，我们呼吁——要想使教育改革真正推向深处、落到实处，要想培养出一代真正有自己思想、有创造力的人才，要想使教师成为专业的技术人才，一定要废除教参，把教和学以及考试的主动权下放到真正的教学主体上去。

（存在的虚无）

班主任，是天使还是魔鬼

“从大学毕业就做班主任，十几年几乎没有中断过。回头看，我发现自己不自觉间发生了两个变化：一是心越来越硬了，一是在学生面前笑容越来越少了……”这是一位网名为“随想 123”的老师在网上发布的帖子，随即引起了一场关于班主任是天使还是魔鬼的讨论。本期话题——

对话小档案

姜新华 黑龙江省七台河矿区教育集团第二中学

韩艳红 河北省秦皇岛市海港区东港里小学

陈科澜 湖北省武穴市实验小学

王　亮 山东省寿光台头一中

陈进好 山东省高密市柏城镇柏城小学

丁德兴 浙江省东阳市黎明补习学校

遥知不是雪 某校

雪在飘 某校

莒　子 某校

既是魔鬼又是天使

许多优秀的班级，其班主任都是极其严厉的，而那些和蔼可亲的老师，往往带不好班，这是许多教师的感受。现实生活中的优秀班级，在中考（升重点高中）还是最高指挥棒的今天（我仅说初中），一个优秀班级最有说服力的就是升重点高中的人数。如何做到这一点呢？（我不想以偏概全，但这样的班主任真的很多）那就是必须让学生怕你，你说一，学生不能说二。近三个小时的晚自修，你得提前半个小时到教室学习，双休日要补课等等。有许多学生说班主任从来不会笑，他们管理班级的方法简单而粗暴。而那些具有更多人文关怀的班主任的班级成绩往往比不上这些班级。大多数教师都得承认这是事实，至少说明“严厉”有一定的作用。应该说严厉的班主任往往就是一个强烈的磁场，学生的行为大都在教师的掌控之中。只要教师满怀对学生负责的心态，那学生就会在比较好的轨道上运行，因为“魔鬼”老师不许他们胡来。对学生“也要采用一些严格的方法来训练，毕竟良好学习习惯的养成是要通过反复练习才能形成的”，这样的班级自然会成为一个“常规”意义上的优秀班级。

严厉对学生成绩的提高有一定的作用，但对学生的心理也有一定的影响。我曾看到在严厉的班主任管理下的学生，在放学的路上极其放肆地骂人，在与人的交往中要么见风使舵要么唯唯诺诺。所以班主任在班级管理上要“严而有度，亲而无害”。我们既不能总是板着脸，也总不能整天都笑嘻嘻——其实只要用心去爱学生，真正地去尊重、关心、信任、呵护学生，就无所谓严与不严。有位网友说得特别好：“严者，畏之者远；慈者，亲之者近；远近，乃距离之差。距离，会产生美，亦会消除美！唯有适度，方可美得永久！所以，我赞成爱，爱得仁慈，又爱得严厉！”

（姜新华）

有爱就没有魔鬼

只要我们的老师心中是爱孩子的，即使再严厉，在孩子们的心中根本就不会把老师当做“魔鬼”。学生也有自己心中的一把尺子，他们知道老师的一言一行的意义。在我的班级里，有个小男孩特别调皮，经常和别的孩子打架，作业也很少按时完成。当我刚接手这个班级，他就成了我的攻坚“对象”。只要他不写作业，我肯定留下他，除了批评教育还要补做。刚开始他还和我“对着干”，让他写，他就是不动一下手指头，在那站着。有一些老师劝我放弃，可我属牛的，也有牛的犟劲：只要你不写，我能陪你从天黑到天亮！于是他开始“动摇”了，能在我的监督下写点作业了。有一次，我问他，是不是感觉老师有点太“狠”了，这个顽皮的孩子笑着摇摇头，送我了大家最熟悉的顺口溜“打是亲，骂是爱，打骂不够用脚踹”。那个时刻我突然明白了：只要是真心爱学生，学生总会感受到的！

（韩艳红）

做一个天使般的魔鬼

魔鬼的背后是什么？通常，我们会看到，当班上学生的学习、纪律与学校领导的要求还有一段距离时，班主任为了争取到自己在学校教师中应有的地位和尊严；当班上的学生学习成绩掉在平行班级后面时，班主任为了让自己的学生与平行班学生齐头并进，甚至要超过去，等等；为了实现这些目标，许许多多的班主任不遗余力，不惜让自己成为魔鬼。

班主任教育智慧与能力的不同，由此演绎出的教育方法各种各样，展现给学生的班主任形象不尽相同。拥有教育智慧的班主任会遵循教育科学规律，在“巧”与“妙”上做文章；一般的班主任只会在时间和汗水上下功夫，不断地给学生加压。于是，学生没有了自我的空间，一切任由教师支配；缺乏教育能力的班主任不从科学上寻求教育方法，一味“威”、“逼”学生。

付出总有回报，哪怕仅仅一丝。但智慧的班主任带给学生的是心情愉悦、智慧增长、能力发展；一般的班主任也会让学生的学习进步，但学生感到压抑；蛮横的班主任也会让学生的学习在一段时间里朝自己的目标发展，然而，这些是建立在学生学习兴趣的泯灭、创新精神的摧残上。

教学生三年，要为学生负责三十年，甚至一生。班主任在学生的成长过程中是学生心灵和智慧的导师。任何时候，我们都要抱着终生育人的教育理念。其实，神话中的魔鬼也有其善变的一面。在追求教育目标的实现过程中，班主任要从自身下功夫，给自己加压，多多提高自己的能力，脸上依然阳光灿烂，教育方法变幻多新，“引诱”学生向前发展，做一个天使般的魔鬼。

（陈科澜）

我们为爱去伤害

看过这样一个故事：在一个学校，有这样一位高三学生，他已经复习了两年，然而却仍然不知道认真学习，在学校里我行我素，经常违犯学校的规章制度，在班里也造成很不好的影响。他的班主任也找过他好多次，可总没有效果，他认识到，一般的批评说教对这位学生不起作用，要想改变这个学生，必须要对他做心灵的手术。有一天，这个学生又犯错误了，这位教师就当着全班同学的面对他说，你如果能考上大学，我就头朝下走给大家看。这句话深深地刺痛了这位学生的心，他发誓一定要考上大学，让侮辱自己的老师头朝下走。事情的发展与我们预想的一样，这位学生终于考上大学。后来过了许多年，同学告诉他，高三时的那位班主任去世了。刚开始，他露出一脸的不屑，甚至有点幸灾乐祸。他的同学又问他，你还记得教师对你说过的话吗？老师那样说，就是要激起你的上进心，不让你继续堕落下去，老师也担了很大的风险，就是你有可能恨他一辈子。

在那位学生的眼里，这位班主任一定是“恶魔”！但这是不是一种爱呢？当然是，可这样的爱有几个老师乐于付出？有几个老师敢于付出？有几个老师愿意付出？如果这种的“带着伤害的爱”不会被学生得知，而永远是一个秘密，谁还能知道这是爱而不是伤害呢？可谁也不能否认，这种带着伤害的爱，能让他们的人生更加精彩。

我说这个故事的目的，并不是要讨论我们能不能以另一种不被人理解的方式去关爱学生。我是想告诉大家：有时候，教师的爱是和风细雨；有时候，教师的爱是一种伤害。有时候，我们为爱而去伤害。

（王　亮）

天使般关爱，魔鬼般要求

天使与魔鬼的角色，在班主任身上并不像水与火那样至死不能相容，而像嘴唇与牙齿那样紧密相依，和睦相处。比如，在关爱学生时应该是天使，在要求学生时就应该是魔鬼。

关爱学生时是天使，就是要求老师要有天使般的爱心。爱是浇灌学生心灵的甘泉，没有爱，学生的心灵将是苦涩的。用天使般的爱心关爱学生，是对老师的基本要求，也是师生交流的基础，更是教学得以顺利进行的保障。

要求学生时是魔鬼，是说老师对学生的要求要严格，学生该做到的一定要其做到，学生该执行的规定一定让其严格执行，就像魔鬼那样容不得讲条件。俗话说，不依规矩，不成方圆。学生的各种行为习惯正处于无意识阶段，如果老师没有魔鬼般的心，对学生的各种不良行为习惯不加以严格约束，势必会给其学习及今后的工作生活造成不好的影响。因此，魔鬼般的要求是学生一生幸福的保证。

当然，天使般的爱并不是溺爱，魔鬼般的要求也不是苛求。否则，都是打着“为了学生”的旗号自觉不自觉在害孩子，只有将二者适时适事地定位，才能保证学生的健康成长。

（陈进好）

我很欣慰我不是魔鬼

我是一向反对班主任是“魔鬼”的说法！因为自己十多年来的教育经验证明，一个优秀的班主任绝不会用“魔鬼”般的手段去“治”学生的。

一个魔鬼班主任的短期效果是立竿见影的！但是，魔鬼班主任主宰学校，则是学校教育的一种悲哀，是学校教育的耻辱！

我很欣慰，我不是一位魔鬼班主任。暑期里，在我的第一届毕业生的同学会上，一位学生的真诚问候，更坚定了我不当魔鬼班主任的信念。记得15年前，这位同学被别的同学检举偷了同学与老师的很多书，藏匿于自家床底下。调查后，我没有“魔鬼”般地去“整”他，而是非公开地处理了这事，因为与他谈话后我发现他偷书是因为酷爱看书。现在，他正在北京读博士学位，是班级中唯一一位读博士的同学。细想，如果当年我以严肃校规校纪为由，对他进行严肃处理，也许这位博士早就被

“魔鬼”打入“地狱”了。

我很欣慰，我不是一位魔鬼班主任。最近在浙江大学读大四的10年前当过他一个学期班主任的学生（还不知名，虽然他发来过一张照片，但我记不起他的名字）找到了我的QQ，联系时第一句话就是“因为我听了浙江大学郑强教授的报告使我想起了您，我认为您的做法与他的演讲内容很像”。他说：“您是唯一一位把老师与学生之间的距离和鸿沟填平的老师”。我很欣慰，十年前当过他们一个学期班主任的我学生还能记得，说明我的教育是长效的，是对学生的成长能有些积极作用的。

作为一名教师，让我们给学生的成长和一生带去点有益的东西，不要被眼前的所谓成绩锁住手脚。也许十年二十年后，我们会收到令人惊奇的回报的，而这种回报绝对不能用金钱或一般的荣誉所能衡量的。

（丁德兴）

七分天使三分魔鬼

我们同事见年轻女班主任在批评学生时，常打趣：快看！那么漂亮的一个女孩子，现在“横眉冷对千夫指”，太可怕了，她男朋友见了，恐怕都不敢娶！

很多时候，老师是人不是神，要面对学校对班级的各种考核（有些考核本身在合理性上有商榷的地方），班主任不硬起心肠还真不行。

而有时，学生处在叛逆期，太给面子会产生“有三两颜色就要开染坊”的感觉，不摆出点师尊来，学生会“欺负”老师。学生是正在成长的人，不可能像影视里那样理想化，学生不都是那么可爱，也有顽劣的时候！

因此，老师有时是“天使”，美丽、拯救一切！老师偶尔也要扮演“魔鬼”，刹刹学生的威风！

只是，别做一半是“天使”一半是“魔鬼”，做七八分的“天使”二三分的“魔鬼”，似乎更恰当，因为“世界毕竟是美好的”，也别过分在乎学校的考核，要在乎孩子是不是真正能健康成长！

（遥知不是雪）

我不是天使也不是魔鬼

随着年龄和阅历的增长，越发地感觉到许多班主任在工作中存在着弊端，越来越感觉到有的班主任有时候简直不像个老师，气急败坏的时候就像一个疯子。这样的心态怎么能教好孩子？孩子在这样的熏染中会成为什么样子的人呢？

于是，我努力学习，努力地去改进工作方法，同行的经验在自己的工作中潜移默化地得到了应用，朋友们的教训在自己的工作中有效地避免了。有的时候，遇到事情马上会联想到自己看到过的案例，会把别人的经验加上自己创造性的想法，这样，工作中取得了良好的效果。

不敢说自己在向“天使”走近，但起码让自己远离了“魔鬼”。可是，有的时候，许多不得不做的工作，太多的无奈，让自己觉得自己还是好可怕的。

还拿冬令营的事来说吧：报名的前两天，我们班只有 9 个学生带来了钱，可是平行班，一个交了 19 个人，一个交了 16 个。于是，自己就感觉工作没做好，用了近一节课的时间让去过夏令营和冬令营的孩子说他们参加活动的见闻、心情、还想不想再去等等，以引起没去过的学生的兴趣。其实，自己心里何尝不知道这些孩子哪一个不想去呢？只是家庭条件不同，着急也没有用啊！但是为了不要比别的班级差得太多，不得不这样违心地去做。结果，我们班成了全年级，乃至全学校参加冬令营的人数最多的班级。

这是为了自己那一点点可怕的虚荣心，一点点一己之私，牺牲的是什么？我不敢深究。

如果，给我们班主任少一点压力，也许我们不会有那么大的脾气；如果给我们班主任一点自由，也许我们不会把学生管得那么没有生气；如果给我们班主任一点空间，也许我们会把学生放飞得更高；如果……

我不是天使！但我也不是魔鬼！我是在现行教育体制中游走在天使与魔鬼之间的一个班主任，游走在痛苦与渴望边缘的班主任！

（雪在飘）

学校要求我变成魔鬼

我是一个性格温和的人，对学生很友好，学生也很爱戴我，师生之间嘻嘻闹闹，其乐融融。

但正是这种温和与随意给我带来了不少麻烦，因为我的宽容与友好，所以学生不怕我，天天“狂得很”，但是在我眼里这确是一种孩童的天性。我反感学生的“狂”，因为我能读懂学校墙上的一句标语“常拿自己的昨天比比学生的今天”，这么一想一比，不论孩子们如何闹腾，我都能宽以待之。

但是对于学校的大环境来看，并没有宽容的氛围，我们还生存在一个“严管”的时代。于是我班的学生们屡屡出格，比如：下了课不做操先去厕所、在走路的时候追逐、在下课的时候高喊等。这些不受约束的行为遭到了校方的严重反感，学校领导们说：你看看你班的学生炸狂的，哪像个学生的样子？我心想：我班的学生最像学生的样子了。

学生终究应是个什么样子呢？在学校的眼中应是一副“囚徒”的样子，应小心翼翼、唯唯诺诺。“常拿自己比学生”是学校写在墙上的标语呀，为什么一个性格温和的老师能读懂，学校反而就读不懂了呢？

面对学生们的“狂躁”，学校一再要求我：你太温和了不行，要严、要狠些，你放松他一尺，他就放松一丈。

因无法将班管理成“监狱式”的，我的压力也很大。如何将学生变成“囚徒”，我心中有底，只要按学校的要求“魔鬼”一番就行了。那样的话，还是别让我做班主任吧，我真的不想变成魔鬼呀。

（莒　子）

学生上课看课外书怎么办

学生在课堂上看课外书几乎是每一位教师都碰到的问题，如何处理这件事，老师们的办法各有千秋。但哪些办法是遵循了教育规律的？哪些办法是符合新课程要求的？本期话题——

对话小档案

田伶俐 重庆市北碚区朝阳小学

高明生 山东省临朐县朐阳小学

孙华丽 山东省潍坊科技职业学院（西院）

侯长缨 河南省濮阳中原油田机关一小

王永飞 辽宁省建平三家中学

cksdsg 某校

一本书的“较量”

在六（五）班上英语课时，我的余光突然发现，坐在窗户边的黄某正拿着一本课外书，津津有味地看着。我走下讲台。“把书给我好吗？”

他突然惊了一下，条件反射地把书扔进自己的抽屉里，埋着头静静地坐在那里。我见他没有想拿书的意思，又轻声地重复着说：“请把书拿出来。”可我连说了几遍，他都无动于衷。“那老师就自己拿了？”我有些生气了，欲伸手去拿，他忙用手轻轻挡在抽屉边，不让我靠近。此时，我感到自己的话语似乎缺乏力量。“那我就请班主任刘老师来拿吧。”他依旧不动声色。顿时，我有些紧张了，没想到借助班主任的威力对他也产生不了效果。于是，我步步紧逼，威胁着说：“好吧，我现在就打电话给你爸爸，请他来拿这本书。”他还是默不作声。我的情绪真的有些按捺不住了。是的，倘若我继续以给家长打电话相逼，他依旧不把书给我，我该如何收场？我的威信靠什么来支撑？更何况，我根本就不知道他爸爸的电话。不过，我还是本能地边想边慢慢从包里摸出手机，就在我快要按键的一瞬间，他迅速从抽屉里扔出一本书来。尽管他扔出的那本书不是我想要的，但我的眼前骤然间闪过一缕阳光，而这光则来自他父亲的威力。于是，我紧紧抓住这缕光，继续为赢得威严“较量”。“对不起，刚才你看的不是这本书。”我冷静地说道，随后就开始假装拨打电话，我一个键一个键地按着号码，但脑子里却是一片忙乱，“他会把书拿给我吗?”这个疑问一直在纠缠着我。兴许是他看我动真格的了，终于败下阵来，流着泪很不情愿地拿出了刚才看的那本畅销书《奥兹国的巫师》。这时，我才在如释重负中松了口气。

作为科任老师，其实，只有我心里最清楚，今天的“较量”我是险中获胜。因此，我认为对小学高段的学生，在课堂上不要与他们当面交锋，给自己留有余地，把“较量”放在课后，在与学生单独的交流中来解决，这样学生会感到老师给他面子，这样不仅能化解矛盾，而且更能树立教师在学生中的形象与威信。

（田伶俐）

一次“偷听”后的改变

那是一个周一的早上，我们班承担学校的升旗任务。我早早地来到了学校，还没到教室就听到我的“得意门生”——中队长和两个护旗手在谈论自己。

“……你觉得我们新来的高老师怎么样?”“我觉得高老师哪里都好，就有一点不太好。”“哪一点?”“不问清楚，就没收同学们的东西。上次，……同学，在上课时随手翻了一下刚刚借来的《格林童话选》，被高老师发现了，什么也没说就给没收了，他只好打算向爸爸要钱买一本新的还给同学。”“那一次……也被他毫不客气地没收了……”“我们都懂事了，要是高老师能好好跟我们说说，谁还能那么做。”“可不是吗，我听……同学讲，他打算故意带几本旧连环画书在高老师上课时看……”“不过，这么做也不好，不管怎么说，高老师都是为我们好……”我悄悄地转过身，回到办公室把“上任”以来“没收”的课外书连同其他学科的练习本、小玩具等一一整理好。班会上，我坦白地向学生承认了自己的“错误”，把课外书、练习本等一一发还给他们；同学们也都认识到了上课看课外书、做小动作、玩玩具，尤其在课堂上做其他学科作业的弊端。我趁热打铁，同学生“约法三章”：今后学生上课要全神贯注，尽量不做与上课无关的事情。如果有的同学实在“坚持不住”，在课堂上看课外书或做其他学科作业等，要注意老师的暗示，然后自行改正。（我顺便说了几种简单的暗示“信号”）如果“不在乎”老师的暗示，那时老师就会“不客气”的。学生们听了，竟然欢呼起来。

从此，课堂上很少发生有同学看课外书、做小动作和在课堂上做其它学科作业的事情。

（高明生）

教室不是战场

那是初一时候的一节数学课，趁老师暂时离开教室的机会，我偷偷地拿出桌洞里的小人书，迫不及待地看起来。沉迷于其中的我，当然发现不了正于窗外悄悄“侦察”我们行为的数学老师，直到老师走进教室，把手伸在我的面前，挡住了我的视线，我才猛然惊醒过来。那个年代的我，还绝对没有敢跟老师较量的胆量，而是像正在行窃被逮个正着的小偷，乖乖地把书放到了那张摊在自己面前的大手中。可能是因为那个年代书籍的极度匮乏吧，说来可怜，当时的我，虽然也为在办公室里罚站了一上午而感到恼羞，然而更心痛那被扔进办公室熊熊炉膛里的小人书。这心痛又一点点变成了对老师的怨恨，于是，站在那里的我暗暗发誓，再也不“为数学老师学”了。后来，我真的开始和老师较量，上课时，他讲课我低头不听，课下挖空心思为性情粗暴的他起外号。这位老师教了我们整整两年，这场较量中，惨败的当然是我，数学成绩曾经在年级遥遥领先的我，到中考时，数学已绝对成了弱科，而我那曾经有过的数学兴趣更是无法寻回。

这段经历是我求学生涯中一块永远的痛，但当我踏上讲台后，却因之多了一份警醒。我常常反思，假如那可以称作“较量”的话，我当然是失败者，难道那位老师就是赢者吗？不但不是，也许他输的更惨。在学生面前，老师该赢的到底是什么呢？“亲其师”方能“信其道”，对于一个老师来说，难道还有什么比获得学生的亲与敬更重要的吗？而对于学生来说，难道还有比学生的自我教育更难得的吗？当学生犯错时（何况有时是教师的行为导致他的错误，譬如在这件事上，我们也许该自问课堂是否缺乏吸引力），教师居高临下的指责批评往往会把学生从愧疚感中解脱出来，而使其失去自我教育、自我反思的机会。因此，惩戒不是教育的目的，宽容却是教育的最高境界。蚌能够宽容沙子，所以成就了美丽的珍珠，为何不让学生的错误化为他成长的阶梯呢？当学生出现课上看课外书或其他违犯课堂纪律行为时，教师给以必要的暗示，或眼神提示，或从讲台上走到其身边稍作停留，甚至可以来个幽默的激将——“看来有的同学，发现了更有趣的问题，是不是让他与我们分享呀？”既能让该同学心领神会地改正错误又不浪费课堂时间，就可以了。相反，一发现学生错误，就如发现敌情一般，立刻想到的是该如何施展自己的威力，拿出最具杀伤力的武器，那么即便看上去你赢了，那你赢得的也绝不是教育所需要的胜利。

（孙华丽）

拍拍肩如何？

昨天，已经上了大学的学生小 A 来学校看我。那是一个在小学里比较调皮的孩子，教他的时候没少让我操心。他回忆起上小学的时候说：“我以前从来不做家庭作业，是您教我五年级之后我才开始做作业了。因为以前的老师总是叫家长，越叫家长我就越不写，我这个人很犟的。您就不一样了，总拍着我的肩膀做我的思想工作，让我心服口服，没做的作业还得在学校补上，所以后来就开始做作业了。”这样的细节能在孩子的心灵驻足，真让我感动。

我已经记不清当时是怎样做他的思想工作了，但喜欢拍着学生的肩膀或摸摸孩子的脑袋和他们谈心成了我的习惯。老师在学生的心中是有权威性的，能让老师亲热地拍拍肩膀和自己说话，是学生梦寐以求的事。我小时候就有这样的感觉，老师摸我的小脑袋的时候，自己感觉全身都美极了，恨不得叫老师一声妈妈。

如果发现孩子在课堂上看课外书，不妨走到他的身边拍拍他的肩膀。

喜欢看书的孩子都是很聪明的，他一定知道您的意思，会把课外书收起来的。下课的时候再和他聊聊这本课外书的内容，如果老师看过就和他聊聊其中的情节，如果老师没看过，等学生看完了向他借过来看看，顺便告诉他上课的时候看课外书不妥。我想这样做，既加深了师生之间的感情，又达到了教育他的目的。

老师教育自己的学生方式有四种：一种是用拳头，一种是用语言，一种是用眼神，一种是用心灵。您属于哪一种呢？

（侯长缨）

让自己的课更有吸引力

今天上课时，涉及一个如何善待野生动物的问题，我就介绍了在最近发生的海啸。在这次海啸中，死了很多人，但至今人们没有发现一头大象的尸体，甚至连一只野兔的尸体也未发现，为什么？难道动物们有先知先觉？……我的学生们听得非常专注。这就是我上课时的一种特点，总是把学习内容与当前的生活、社会、科技等紧密地联系起来。

我上课时，有一点必须保证，就是要吸引学生的注意力，想溜号，没有机会。这也是我在经历了类似“一本书的较量之后”，通过反思逐步摸索出来的经验。上课时，学生看一些与上课无关的书，无论采取什么办法制止，都只能是暂时不看了，学生的精力并没有真正集中到所学内容上来。我在从事教学工作一年多后，回忆课堂教学情景，哪些课学生最集中注意力？凡是我讲的内容是课本外的，与现实紧密相连的，这时学生听得最认真，从学生的坐姿、面部表情，可以看出学生此时心系一处。从此以后，我在教学中总是坚持这样一个原则，课堂上一定要满足学生的好奇心，要开拓学生的视野，尽可能将每一堂课的内容与现实生活、生产实践、科技发展、社会新闻有机结合起来。除了讲的内容要有吸引力以外，我还注重给学生在课堂上创造参与学习的机会，尽可能让每一个学生都从心里认识到，参与到学习中去才有乐趣。

由此可见，老师较量的对象，不是那些上课看课外书的学生，而是自己上课没有吸引力。也许我们处理上课看课外书的学生办法很多，但最根本的办法还是要提高课堂教学的吸引力，不给学生看课外书或做其他与上课无关的事情的机会。我们没有必要去与这样的学生较量，要把更多的精力用到备课上，提高课堂的吸引力才是根本。

（王永飞）

因书而异

想起笔者刚工作时，由于年轻气盛，遇到类似的情况，一般都是二话不说，走到学生跟前，也不管什么书就一把夺过来，不问青红皂白，哧哧地把书撕个粉碎，通过“杀鸡骇猴”，学生们都领教了我的“厉害”，上课看课外书的现象基本杜绝。可随着教龄和阅历的增加，自己已深深地懂得，我这种做法是多么的简单、粗暴、残酷！仅仅是因为看课外书，我的这种做法给学生造成的心灵伤害至今让我羞愧在心！

后来，我逐渐摸索出了一套“对付”学生看课外书的方法，而且在实践中行之有效，那就是要因书而异。1. 对看其他学科书籍的，我发现后，会走到看书的学生身边，也不明令禁止，也不批评，只是一边讲解课文，一边用眼光扫视他，让他知道错误后收起书来即可。课后不再多加批评，而是认真反思自己的课堂教学，是不是讲解得不够清楚，学生听不明白？是不是讲解得不够精彩，学生听来索然无味？经常这样的反思，以期不断改进自己的教法，吸引住学生，让其融入自己的课堂教学中来。2. 对看带有不健康内容书籍的，我依然会毫不留情地把书没收，课堂上不丢学生的丑，课后把他叫到办公室里，单独与他交谈。严厉的批评后，与学生一起探讨看此类课外书的危害，举几个现实生活中的例子，以示警戒，让学生意识到问题的严重性后保证不再看类似的课外书。
3. 对看与学习无关的其他书籍的，我会在没收后给学生讲明白上课看课外书的得与失，以及与学习相比孰轻孰重的道理，教会学生合理分配学习与看课外书的时间，让其走出一味痴迷课外书的误区，全面、健康、和谐地发展。

要指出的是，不管学生看什么样的课外书，我都会在没收一段时间之后将书退回，让学生自己去处理课外书，要让他意识到，老师对自己看课外书这种错误行为的理解、信任和宽容。有时还会在还书之前附加一个条件——不再看课外书或者学习有进步方可退回。这样做，学生既认识到了错误，有时还能将错误变成学习的动力，用来效果很好。

（cksdsg）

奖励式惩罚可行吗

没有惩罚的教育是不完整的教育，但如何对学生实施惩罚却是一门高超的育人艺术。本期话题——

对话小档案

衣奎伟 山东省临朐县朐阳小学

刘 跃 **田家荣** 山东省微山县韩庄一中

杨 雷 湖北省老河口市实验小学

钟筱红 广东省惠州市光彩小学

李文强 山东省淄博齐陵一中

田海霞 广州市越秀区知用中学

时均琪 山东省枣庄三中西校

老师让他写篇蚂蚁爬树的文章

一天早上检查家庭作业，一名学生大声说："老师，吕学谦的作业没有做!"我一听，头嗡地一下大了，自己费了九牛二虎之力，才使家庭作业完成情况有了根本好转，吕学谦竟然没有做，这还得了！

我怒气冲冲地把吕学谦叫到眼前，正想高声训斥，忽然想起了前不久我向学生所作的承诺：绝不再大声呵斥任何一名学生。我差点要失信于孩子们！我深深地吸了口气，使自己平静了下来，用手抚摸着惊魂未定的吕学谦，问他："昨天的作业你都会了吗？"他回答说"没有"，"那昨天的作业你都不会吗？"他说"不是"，"那为什么一个字也没有写呢？"他犹豫了很长时间，看到我真没有发火的意思，慢吞吞地说："老师，我，我忘了！"这时同桌站起来说："老师，昨天我看见他放学后在家门口看蚂蚁爬树，我提醒他先做作业，他说不急！"噢，我明白了。吕学谦就是这样一名学生，上次上课的时候拿着一张小纸片都玩了一节课，这次让蚂蚁耽误了作业也是在情理之中。但是怎么在全体同学面前下来这个台阶呢，我实在没有两全其美的办法了，干脆把皮球踢给孩子们。我说："你们说，吕学谦没有做作业，应该怎么办？"我们的小智囊张华站起来说："老师，让他写篇蚂蚁爬树的文章！"

我问吕学谦愿意接受同学们提出来的要求吗？他很诚恳地对我说："老师，我愿意，我愿意把我看到的蚂蚁爬树的情景写下来。我也向您保证今后要按时完成作业，请老师和同学们监督我！"

事后，我又想起苏霍姆琳斯基一段话，他说："请你记住，在每一步路上，儿童的面前都可能展现出某种新的、未知的东西，这东西使他入了迷，占据了他的全身心，他不仅顾不得想别的事，就连时间的流逝也感觉不到了……你不要大声斥责他，不要把他当着全班同学的面搞成不注意听讲、坐不安稳的坏典型——你要做的完全不是这样的事。我劝你轻轻地走到他跟前，握住他的双手，把他从他那童年的美妙的独木舟上引渡到全班学生乘坐的认识的快艇上来。"

是啊，在孩子们的眼中，大自然中有许许多多奇妙的事情，这些奇妙的事情会使孩子们忘记一切。我们做老师的不能一味地斥责他们，奖励式的惩罚也是一种不错的育人方法。

（衣奎伟）

数生十过不如奖生一长

学生有了过错，老师应如何对待呢？著名教育家陶行知“四块糖”的故事给老师们树立了一个榜样。这就是“长善救失”的教育原则，即用激励学生长处的做法，去克服学生的短处。俗语说“数子十过，不如奖子一长。”对学生也应这样，“数生十过，不如奖生一长。”学生都有上进心，包括缺点较多的学生，都希望受到老师的肯定、表扬和赞许。奖励学生的长处，会使学生在精神上得到满足感，情绪上产生愉悦感，心理上获得成就感，从而增强自信心、自尊心和上进心。这种积极的情感体验会使学生在思想上受到鼓励，从而产生再做好事、继续进步的欲望，这样做有助于学生良好品德的形成。所以在学生犯错误、出现过失时，不要一味地埋怨批评，要弄清事情的前因后果，从中找出在这个过失中学生哪怕是一丁点的长处、好处，也要加以鼓励，以增强其自信心。这种处理方式，绝不意味着无原则的忍让、迁就、放任自流，而是心灵交流的默契。它往往比简单粗暴的批评、指责和惩罚效果要好得多。在一次“我心中的好老师”的问卷调查中，对“老师应宽容理解学生”持赞成意见的达93％。因此，老师要学会赏识学生，用欣赏的眼光对待每一位学生，多一些赞美表扬，少一点求全责备。

（刘　跃　田家荣）

可行的育人方式

我校四（5）班有几个特别调皮的学生，其中有个叫胡杰阳的男生，脾气暴躁，动不动就好动手打人，班上五六个同学都被他打过。其中一个同学的头还被打破流血了。虽然老师多次批评，仍不见好转，因此同学们一个个谈“胡”色变。我了解情况后，首先与该生的家长交谈，了解到该生三代独苗，养成了我行我素的坏习惯，父母亲也很痛苦，但也找不到更好的办法。

因此，我对该生采用的就是奖励方法。一是特别关注他的言行举止，发现他的闪光点，就及时在全班进行表扬，让同学们对他产生认同感，让他自己逐步树立“我还行”的自信。二是对他委以重任，担任卫生委员，负责室内外的卫生检查工作，但是由于该生长期形成的不良习惯，不能过度放手，因此我经常有意识地和他谈话，对他思想上帮扶、管理方法上指导；给其一定的管理任务，既能增强他的自律意识，更能转移他的过剩精力。三是当着学生的面与家长及时沟通，表扬孩子，提出不足，让该生感受老师对他是真心的关爱，让家长增添了与学校一道培养孩子成才的信心。一学期下来，该生行为习惯有很大转变，在期末的学生荣誉评定会上，被授予了“行为习惯进步奖”。

爱如潮水挡不住，情暖学生春意浓。奖励也罢、惩罚也罢，只要是真心为了学生成长，我们都不妨去多尝试。只要自己的教育方法多一项选择，学生的顺利成长就一定少一些障碍。

（杨　雷）

只能是美好的愿望

我认为奖励与惩罚是两种不同的教育方式，根本无法相互代替。我们学校有这么一个女同学，由于家里经营非法生意，父母又成天吵架、打架，无暇顾及孩子的教育。这孩子从小就养成爱打扮、贪图享受的习惯，小小年纪就梳时髦发型，穿怪异衣服。在她心中，没有纪律观念，也不懂尊重别人。哪位老师批评她，就想方设法整治哪位老师。学校、老师都拿她没办法。今年，接她班的是一位经验丰富的老教师，这位老师决定换一种方式教育她。老师知道她在同学中有一定的号召力，就大胆让她当班长。开始似乎成效显著，她把学生管理得服服帖帖的。哪里知道，她在班里一方面用零食、小饰物笼络同学，一方面又欺负弱小的同学；对她言听计从的同学，她充当“保护者”，对不服从她的同学，她就孤立、戏弄，完全是社会上“大姐大”的派头。前几天，因为排队放学时班里几个同学与另外两个班的同学斗嘴，她当即打电话给上中学的姐姐，她姐姐带领几个中学生等候在路上对那些参与斗嘴的同学大打出手。几天来，这些班主任都在忙着处理此事呢。这位经验丰富的老师想用奖励的方式教育顽劣学生，结果还是失败了。

至于作为经验的文章中讲到，有老师用奖励曾拿同学东西的学生带教室钥匙的方法改变了学生不良行为的案例，那也是因为这学生还没有成为惯偷，他的不良行为只不过是偶然迷失方向。况且，在这学生内心，他并没有像老师想的那样，把让他带钥匙看成是对他的奖励，他仍然会看成老师对他另类的惩罚的。所以，我认为用奖励的方式惩罚违纪的学生，达到教育学生的效果，只能是老师的美好愿望。

（钟筱红）

救他，就把他抛进海里

在学校教育中，绝大多数人都认为：奖励比惩罚好、表扬比批评好……我认为，在学校教育中不能将奖励与惩罚的作用混为一谈，具体的教育案例更应区别对待。

有这样一个故事。一个国王和一个波斯商人同坐一条船。那位波斯商人从来没有见过大海，也没有尝过坐船的苦，所以一路上总是哭哭啼啼的。

大家百般安慰他，他仍然继续哭闹。国王被他扰得不能安静，心里很烦。大家始终想不出办法让商人停止哭泣。船上有一位哲学家对国王说："您若允许我试试，我倒可以使他安静下来。"国王说："那太好了，这是功德无量的事啊。"这位哲学家立刻把那位波斯商人抛进了大海里。商人在大海里沉没了好几次，人们才按哲学家的要求抓住他的头发把他拖到船边。他连忙双手紧紧抱住船舷，人们把他拖到船上。他上船以后，老老实实地坐在一个角落里，不再作声。

国王很高兴，便问哲学家："你这方法奥妙何在?"哲学家说："原来他不知道在海里的灭顶之苦，想不到坐在船上的可贵。一个人，总要经历过忧患，才能知道安乐的价值。"

所以，我认为当前流行的"奖励式惩罚"不利于教育的长久进行。既然是惩罚，就要让学生感受出自己因为违反纪律而应该承担的责任。让孩子因为惩罚变得更好，这才是教育的初衷。诚然，教育的方式多种多样，我们不排除采用"良药甜口"的方法对孩子进行教育，但是，必须认识清楚的是，不适当的奖励会造成学生混淆是非、心理脆弱等恶果的产生。

（李文强）

应因人而异

我原来有一个学生，平时寡言少语，人很朴实，也很勤奋好学，给人感觉很老实善良。星期天晚上上晚自习，按校规，住宿的学生是应该全部返校的，结果我到教室一查，发现这个学生没来，我原以为他在家，于是打电话去问，但他家人却说周末他根本就没回去。我一听就急了，主要是担心他出事，便找来他宿舍的同学一个个问，但他们都说不知道他的去向，又再打电话问他家里人城里有没有亲戚，又说没有。等到晚上九点半左右，那个学生回来了，我马上把他叫到办公室追问他去哪里了，他告诉我回家了。我按捺住脾气，好言好语对他说，我打电话去他家了。他这才告诉我去同学那里了。我又继续问他为何要撒谎，他这回又是“徐庶进曹营——一言不发”。我也急了，声音提高了八度，狠狠地训导他，并要他马上给我写一份检讨，这也是我制定的班规之一。说完，我就坐在他对面看着他写，然而他并没有动笔，而是低着头坐在那里，与我进行心理“拉锯战”。一会儿，他竟然椅子一拉，起身走出办公室，把我一个人晾在那儿。其实后来一想，只要这学生安全回校了，就没必要给他上纲上线，兴师动众，如果当时对他少些指责，温和地进行说理式批评，告诉他我因为他的缺席而很担心，或许更能为这个学生接受。

因此，我认为无论采取怎样的方式对学生实行惩罚，都应因人而异，即使是奖励式惩罚，肯定也只是适用于个别学生，如果用滥了，只会起到纵容学生的负面效应。从心理学角度来说，惩罚是一种负强化，目的是通过这种刺激使学生对自己的错误行为产生厌恶感，从而使这种行为减退或消失。而奖励则是一种正强化，与惩罚初衷相反。但不可排除的是有些学生可能更乐于接受这种方式，因此需要教师把好学生的“脉”，对症下药。

（田海霞）

奖励式惩罚好

我有一个学生叫徐俊惠，爱看武侠小说，好迟到，学习老是上不去，我跟他苦口婆心地谈了多少次都没有用，我就利用他的特长来惩罚他。他口才不错，因此我给他约法三章：从现在开始，你再迟到一次，再在教室里看一次武侠小说，我就让你上讲台演讲一次。第一次违反了，我给他出了一个“遵守纪律与实现理想”的题目，他作了一番努力，在台上讲得很不错，同学们拼命给他鼓掌，他很高兴，我也表扬了他。但是我话题一转，徐俊惠同学讲得不错，但做得不好，他这次演讲就是因为违反纪律被罚的，口是心非的人不是我们希望看到的人，我们希望看到说话算话的人。他羞得满脸通红，在大家的笑声中走下了讲台。从此他老实了好长时间。后来他又违反了纪律，我给他出了一个“祖国建设需要我”的标题让他讲，他准备得很充分，讲得抑扬顿挫，慷慨激昂，真正动了感情。我不吝溢美之词，狠狠表扬了他，并稍微地指出其缺点，用诚恳的口气希望他改掉毛病。历来大大咧咧的他竟然红了眼圈，看来真是触动了他的灵魂，趁热打铁，我又让他到邻班讲了一次作为示范，这一次是真正的奖励了。从此他真正改了。

奖励式惩罚这个育人方法真的管用！

（时均琪）

家长会如何改革

家长会是学校工作的重要组成部分，是提高学校工作质量的重要载体。但现在的家长会却让许多学生不愿意，许多家长不高兴，他们认为现在的家长会变了味了，成了“告状会”、“批评会”、甚至“羞辱会”！他们认为现在的家长会必须进行改革。本期话题——

对话小档案

韩艳红　河北省秦皇岛市海港区东港里小学

王永飞　辽宁省建平三家中学

高咏梅　广东省珠海容闳学校

鲍国富　福建省晋江永和中学

杨奎斗　山东省潍坊科技职业学院（西）

LUEXUE　某校

让家长会生动起来

当我成为家长的时候，我才了解到了家长去开家长会时的紧张心情，感受到了在家长会上听到表扬自己孩子时心中的那份喜和被点名批评时的那份痛。于是，我再开家长会时，我就进行了改革，让家长会以新的面孔出现了。

家长会变成“展示会”

家长会上我安排了学生的才艺表演，几乎每个孩子都能在家长会上展示自己。当家长看到了自己的孩子学有所长，都非常高兴，看学生的表演也非常投入。更可贵的是很多家长在看到别的孩子的长处时，也发现了自己孩子的不足，并主动来和老师交流。这样的家长会，增加了教师的亲和力，让家长更信任教师，让学生更爱戴教师。

家长会变成“故事会”

我针对一些家长总是对孩子期望太高，进而失望的情况，搞了一次座谈会，在会上我只讲了两个小故事。故事的大概内容都是父母如何在孩子成长的历程中去鼓励孩子，使孩子走向成功的。也许做语文教师的我擅长讲演吧，两个故事讲完，台下爆发了热烈的掌声。这掌声告诉我，这次家长会是成功的，我所讲的故事触动了家长们的心灵。

另外，我还把“家长会”变成过“交流会”，互动式的，请成功家长介绍经验，一些家长谈困惑，大家一起解决孩子成长中遇到的问题；还把“家长会”变成过“联谊会”，在家长会上搞一些亲子活动，让我们这个班级有“家”一样的氛围。

家长会尽量不要搞成说教形式的“一言堂”，要让家长会如山间溪流，叮咚悦耳，变得生动起来！

（韩艳红）

把家长会开成对话会

近几年来，我校对家长会进行了改革，从范围上分成全校性家长会、年级家长会和班级家长会。从方式上分两步，先集中进行，总体说明本次家长会的主要内容，主持人从宏观上解析学校与家庭互动教育的策略。然后分散进行，重点是教师、家长、班主任和学校领导互动对话，以解决具体问题。在这个基础上又成立了家长会，一些共性问题、突出问题和疑难问题，可由学校和家长会协商解决。如今家长与学校沟通融洽，学生在学校和家庭表现有了明显进步。

开家长会的最终目的就是为了家庭和学校形成合力，共同教育好学生。多年来，由于片面追求升学率，很多学校的家长会成了批评会、加压会，学校、班主任和任课教师可以对家长发号施令，目的只有一个——提高学生的分数。而实际上，把提高分数强加给家长来做是违背教育规律的事情。学生的学习主要是在学校完成的，学习成绩不理想的主要原因也不在家长。家长在教育孩子方面的主要职责是引导孩子做人，养成良好的行为习惯，但这些并不是多数家长能通晓的。辅导孩子学习，更是多数家长为难的事情。这样一来，家长会就是学校与家长共同探讨如何教育孩子的无可替代的途径。如果家长会成了学校批评家长的一言堂，家长怎能很好地领会教育孩子的方法和思想？家庭教育质量如何提高?

首先，是面向班级全体的家长会。这样的家长会每学期至少召开两次，而且必须作为一项制度，坚决执行。所有的学生家长都有知情权。这样的家长会，最主要的内容就是向家长汇报学校工作情况、班级建设情况，及时传达关于教育的最新信息，为家长准备“家长学校”材料，作一些关于家庭教育的指导等等。这样的家长会因为涉及人数较多，所以往往是班主任主持，一个人或几个人发言而已，所以有很多的局限性。于是，专题家长会就成为了又一种需要。

召开专题家长会，源自于一位名班主任的成功经验。在多年带班过程中，我召开过这样一些专题家长会：家教成功的家长交流会、个别学科如数学不理想的学生家长会、班干的家长会、有某项专长的学生家长会、课堂效率不高的学生家长会等等。这些家长会多则十几人，少则七八人，大家面对面地交流，有建议直提，有意见照说，有问题大家商量，效果非常好。有多位家长表示希望这种小范围交流的家长会能经常召开。

这两类家长会都是由教师负责筹划，还有一类家长会由家长筹划。我们在学校的网站上开设了一个讨论版，让学校领导、教师、学生、学生家长、社会人士都可以参与到教育之中来，充分发挥社会教育资源。这其中，学生家长可以提议就某一问题召开家长会，只要有一定数量的家长跟帖表示愿意参加，学校就可以考虑，根据问题选择时间提供给各位家长交流的场所。如果家长表示希望邀请学校领导或教师参加，学校也会根据实际情况安排，尽可能满足家长要求。

（王永飞）

我这样开家长会

家长会上要明明白白说成绩，清清楚楚讲做法，诚诚恳恳谈问题，具体而真实的东西才能打动人心。尽可能地说到每一个学生的名字，因为在家长心中，最关心的就是自己孩子——这唯一的一个焦点。

开门见山，首先向家长通报这次家长会的主要内容，让家长们做到心中有数。比如谈到“爱学习”，我是这样汇报的：“爱学习是第一个关键词。101班的每一个学生都能够做到主动学习，积极学习，把学习当做一项很重要的事情。作业不仅主动完成，而且字还写得非常漂亮。像×××等同学不仅完成老师布置的作业，还自己主动找题目来做。住宿学生×××每天回到宿舍，都会自觉看课外书。闲暇空余，每个同学都会静静地坐在走廊上阅读。临时请假看病的学生，也会尽快地赶回学校，担心耽误了课程，比如说×××等等同学。比如说崔××同学生病两个多星期，不能来学校，是一边治病、一边学习，自觉主动地完成学习任务。刚刚上一年级的学生，经过了三个月的学习，每个人都可以轻松完成写一句话的作业，写出的句子通顺流畅。像×××等同学可以写到一百多字，内容更加丰富生动，这是一个很了不起的成绩。”通过具体的学生、具体的事例来汇报，家长怎么会不信服呢？

把家长当做自己的合作伙伴，做到平等尊重，切忌说大话、空话、废话。比如说培养学生爱惜学习用品的好习惯，我的建议是“作为老师和家长，要……”，教育就是家校协同的事情，不是哪一方的事情。现在教育最大的问题就是把家校分割，我们在家长会上要尽可能地把家长纳入自己的教育同盟。

利用多媒体为家长会服务，突出重点，多方调动家长感知，既反映出一个现代老师的必备素质，也加大了家长会的信息量。另外印发一些资料，既节省时间，又加大家长会的容量，这个办法简单易行。

家长会根据内容可以分成班主任工作汇报会、学科老师工作汇报会、家校沟通会、特长展示会等等；从形式上划分可以有汇报式、座谈式、交流式、学生表演式多种呈现方式。任何一种形式都是为内容服务。不管是什么主题、什么形式的家长会，都应当服务于“有利于学生的成长”这个大前提。

（高咏梅）

以家庭教育讲习班代替家长会，如何？

家庭教育的滞后，严重拖了学校教育的后腿。因此，我建议将家长会改成家庭教育讲习班。

首先，家庭教育讲习班的目的是为了改变家长教育子女的观念。家庭教育讲习班定期举行，如每月一期。讲习的内容是由学校组织一批老师或者社会志愿者，研究家长的错误教育子女观，有针对性地与家长谈话，通过日常生活中的一些事例说服家长，使家长更新教育子女的观念，与学校统一对学生的教育思想，从而避免家庭、学校在学生教育目标上的误差。

其次，家庭教育讲习班真正地拉近了家庭和学校的距离，家校沟通机会的增加，能使家校双方从更多的角度正视学生的成长环境及成长心态，更能从不同的方面做好学生的思想工作，让学生得以安心读书。

最后，以各个学校为单位，组成家长俱乐部。俱乐部的组成，由学校牵头，定期举行。让家长有一个固定的活动地点和时间，在一起交流教育子女的心得，或者在交流中获得灵感，以便更好地教育子女。家长俱乐部还能更好地将学校与社区的工作联系在一起，形成一定的社会影响。

新课程改革已经有四年时间了，它已经改变了教育主管部门、学校、教师的教育观念，也进一步更新了部分学生的学习方式，但我感觉这还不够，我们还应大声呐喊，使家长们的家庭教育观念也得以更新。

（鲍国富）

希望中的家长会

儿子今年上小学五年级，作为家长我参加过三次家长会。前两次是坐在儿子的座位上听广播——校长动员家长捐款给学校上微机；第三次是在儿子的座位上闷坐了一个晚上，没有老师搭理，教室内的正副班主任只与有问题的学生家长单独交流。不管我有多忙都按时参加学校召开的家长会，非常迫切地想知道自己的孩子在班内、年级内各方面处于什么样的位置，新课改的教育教学方向朝向哪个方位，家长怎样做才能配合学校的课改与学校俱进，现在孩子学的知识与家长做学生时学的内容、教法有何异同……但是我们总是乘兴而去，败兴而归！

"三八"期间，学院妇联在全体女职工的强烈要求下，特地聘请当地知名小学的知名人士做了《家长怎样辅导孩子的数学》讲座，会议室内座无虚席。通过听讲座，知道了原来我们生活的周围无不是孩子需要的知识，如：领孩子逛商店选购商品时，应教孩子学会认识、比较商品的价格、保质期、生产日期、各成分的含量；买回商品后，与孩子一起做多一个是几个，少两个是几个，分成相等的两份、三份时每份各有几个的游戏；选购蔬菜时，教孩子认识、比较各种蔬菜，学会称重，学会重量单位的使用；散步时，与孩子一起数走了多少步，约有几米、几里、几公里；42 除以 2、52 除以 2 须学生自己动手分小木棒来得到并理解竖式的计算……倾听者对新课改下数学方面的教法、学法有了一定的认识，在孩子家庭教育方面也有了明确的引导方向，真可谓受益匪浅。

作为家长，我希望孩子所在的学校也举办类似的讲座，能真正满足家长上述的愿望和需求，真正做到家校互通。

（杨奎斗）

家长学校好

"家长会"，我们已经改叫家长学校。家长学校分为三大块。

第一块：一学期一次的家长学校开课。学校统一组织，通过校园广播面向全体家长进行。学习内容以新课程改革内容为主，宣传课程改革的意义、方法，以此转变家长的观念；其次是现代家庭教育方法的传授，家校共同学习育子科学方法，并邀请儿童教育专家讲课。全校集中的第二项就是向家长汇报学校在这一学期取得的成绩。

全校集中学习结束后，分班进行班级成果汇报。老师们将本学期学生取得的成绩以书面形式、作业展示、节目汇演的方式进行，主角不仅有任课老师，还有大量的学生，往往把班级成果汇报会变成一台小型演出。成果汇报后，由各科教师把本学期学习要点、难点告之家长，请家长予以帮助。如果有些需要个别谈话的家长，则等到最后，单独交换意见。所以，只要家长学校开课，三个小时根本不够用。有一次家长学校开课从 2:00～6:00，直到华灯初照，家长还与老师们在交换意见，我们都催促“欢迎再来”，家长还不肯离去。

第二块以学段课堂教学展示为主。每学期，我们都分年段向家长进行课堂展示。家长在展示期（一个星期）随时都可进入课堂，随堂听课，课后与教师交换意见，让家长看到真实的课堂教学，以此促进家校的交流。

第三块是特殊学生的家长学校。如新生一年级家长学校开课，一般是在新学年开学的第二周。新生家长学校开课主要是向家长讲解我校的办学目标、学校的常规工作和要求、家长与学校联系方式、小学与幼儿的衔接等等。通过新生家长学校开课，家长能很快适应小学的要求，从而将一年级学生迅速地带入小学学习生活。

又如，农民工在我校就读家长学校开课。这部分家长属于流动人口，生活艰苦，家庭教育非常不到位。我们召开这部分家长集中开课，主要进行家庭教育的新观点、新做法的传授，并向家长们宣传我校落实流动人口子女读书的政策，不仅拉近了学校与家长的距离，也使家长更能理解学校，并更加注重家庭教育。

家长学校的召开，是学校、家庭、社会三位一体的重要措施，是全方位培养学生的一条重要途径。

（LUEXUE）

孩子说谎为哪般

最近有媒体报道，在学校里，不仅“坏”孩子说谎，好孩子也说谎，并且孩子说谎的本领越来越高，越来越难识破。那么孩子为什么要说谎？如何识别孩子的说谎？面对孩子的说谎该如何处理？本期话题——

对话小档案

丰国富 江苏省如皋市九华镇龙舌初中

史　峰 山东省莒南县路镇一中

余育楠 广东省汕头市澄海永新小学

贺　杰 江苏省苏州工业园区新城花园小学

李祖明 广东省广州市华南师大附小

贾相忠 山东省枣庄市立新小学

不当育人方法留下的“伤”

事实证明，孩子迟早会对你说谎。孩子愈大，谎话越多也越高明。那么，孩子为何要说谎呢？

说谎的原因大致有以下几类：

取悦师长。孩子做事时不仅想做好，很大程度上也想让父母、老师高兴，从而得到更多奖励。成功难度较大时，为了不让父母、老师失望，只好“说谎”：“这次考试成绩还没有出来”“考得还可以”。

逃避事实。有时小孩子为了不愿意做或不能做某事时，便叫头疼呀、肚子疼呀，用各种谎言去欺骗父母或教师。这种谎言又往往得到父母或教师的同情，因此以后便也常以说谎去推诿了。

畏惧惩罚。孩子对周围的一切都感到好奇，所以也就特别容易做错事，这时孩子内心紧张而恐惧，害怕家长的训斥和打骂，内心会受到一种压迫，担心受罚而诱发其说谎。

骗得自由。看动画片正在兴头上，父母开始催促：“该写作业了!”于是孩子顺口说：“写完了。”因为说“不想做”往往不被接受，而随口一个谎话倒容易搪塞过去。

错误模仿。师长的行为对孩子的成长有直接而深刻的影响。老师和家长说谎作假的行为会让孩子认为作假说谎很正常，师长的谎言导致孩子说谎。

从以上五点分析中不难发现师长育人方法确实存在一些问题。如果我们能很好地教育孩子正确对待成败，胜不骄败不馁，在他们成功后给予表扬，失败后给予鼓励，不因孩子一两件事的成功和失败而给孩子的“好坏”定性，那么孩子们的虚荣心也就不会强到要在他人面前说谎了，也就会正确对待自己的面子问题了；如果我们能很好地把孩子的第一则谎言识破并加以正确的引导的话，可能孩子们也就品味不到说谎所带来的“甜蜜”了，也就不会再有说谎的尝试欲望了；如果我们能科学地对待孩子的错误，友善地帮助他们认识和改正错误，而不是一味地惩罚批评，可能他们也就不会因为畏惧惩罚而不肯与我们交流了，我们也就会及时发现他们的错误，因为错误还没有被谎言所掩盖；如果我们能科学地安排孩子的学习与休息的时间，能尊重他们的选择，不总是以自己的意愿来左右他们的言行，可能孩子们在我们面前就不需要躲躲藏藏了。

所以说，无论是学校还是家庭，对孩子的教育影响都是细微而又深刻的。不论是教师还是家长都应对自己的教育行为进行认真的研究与思考，再不能随心所欲了。孩子的“说谎”，其实也就是教师、家长们在育人方法上的疏忽所留下的“伤”。

（丰国富）

说实话挨打

“说实话挨打”并非是一句笑谈，而是真实地存在于我们的教育过程中。我曾遇到这样的事件：某班的一块玻璃碎了，老师查是谁打碎的，肇事者主动承认，却被老师一顿臭训，外加“碎一罚十”。这就是说实话的后果，“说真话”不但没有现实收益，反倒赔了本。既然说实话无法给自己带来利益和保护，那么，学生就只有走上另一条相反的道路：“说谎话”以求自保。当然，说谎话的风险也是很大的，但这种风险可以随着“谎言程度”而降低，越是“天衣无缝”的谎言，越具有安全性。为了追求最大的安全性，学生自然要挖空心思地进行“谎言编造”。在一次一次的成功中，或是在一次次的失败中，学生“编谎”的能力渐渐得到提高，最后达到炉火纯青的程度，谎言就难以识破了。

要改变这种现状，就需要我们在教育过程中制造“说实话不挨打”的氛围，给学生以说实话可以得利、可以获得保护的待遇，这样可以最大限度地保护学生说实话的积极性，打消学生制造谎言的念头，将说谎获利的可能性降到最低。

（史　峰）

教育者的态度

谈起“孩子说谎”的话题时，我想起不久前看过的一个故事。

一位叫杰森的16岁少年第一次开车载着父亲去18英里外的一个地方，他把父亲送到了目的地，说好下午4点再回来接他父亲，然后他去了附近的一个加油站，把车停在了那里。因为他还有好几个小时的空余时间，就决定去加油站附近的剧院看电影。然而，他完全沉浸在影片的情节之中，以至于忘了时间。等最后一部影片结束的时候，他看了看手表，已经下午6点了。整整过了两个小时！他想，如果父亲知道他一直在看电影的话一定会很生气，肯定不会再让他开车了。他决定告诉父亲车出了一些毛病，需要修理，于是花了太长的时间。当他把车开到了他们约定的地点，父亲正坐在一个角落里耐心地等待着。他首先向父亲道歉，然后按计划撒了谎。

“对于你认为必须对我撒谎这一点，我感到非常失望，杰森。”他父亲说。

“噢，你说什么呀？我讲的全都是实话。”杰森仍然强辩着。

父亲又一次看了他一眼。“当你没有按时出现的时候，我就打电话给加油站问是否出了什么问题，他们告诉我你一直没有过去取车。所以，你瞧，我知道车根本没有任何毛病。”杰森无奈地承认了错误。

父亲了解了事情的真正原因之后，又说：“我很生气，不是对你，是对我自己。你看，我已经认识到，作为一个父亲，我其实是很失败的，如果这么多年你仍然感觉你必须对我撒谎的话。我很失败是因为我养了一个甚至不能跟他的父亲说真话的儿子。我现在要走回家去，并对这些年做错的一些事情进行反省。”

说完，他的父亲开始沿着尘土弥漫的道路行走，根本不理睬他的道歉、他的追悔、他的抗议，沉默着，思索着，脸上写满了痛苦。

看着父亲遭受肉体和情感上的双重痛苦，杰森深感这是他所面对过的最令人难过和痛苦的经历。然而，这却是他生命中最成功的一课。自此，他再也没有对父亲说过谎。

我之所以不厌其烦地把这个故事复述一遍，是因为我在现实中经常看到：当孩子有错时，我们往往是责怪孩子，而不是自我反思。

其实，教育者的自责，是教育者成熟、自信的表现，它蕴涵着教育者真挚的情感与理性的智慧，它更有力量！它对被教育者是一次心灵的震撼！

如果杰森的父亲像大多数父亲一样，对儿子臭骂一顿，或是扇他一个响亮的耳光，那么我想，留在杰森的心灵深处绝不是他“生命中最成功的一课”，也许是对父亲的仇恨记忆吧？面对撒谎越来越“高明”的孩子，但愿这个故事能够引起教育者的思考。

自责，不仅是教育者的一种策略，更是一种态度！

（余育楠）

要具体问题具体分析

撒谎，我一直认为是人的一种自我保护行为。两三岁的孩子，应该说很单纯，可是他们也会撒谎。当我们犯了错误的时候，我们马上想到的是如何撒谎，其实撒谎简单地说就是自我保护或者寻求逃避的方式。在如作业忘了做了很可能会撒谎说作业本放在家里了，因为他知道如果告诉老师没有做作业，他肯定会挨批评。还有的学生为了逃避上课而说肚子疼。我一直认为前者是可以容忍的，而后者是不能容忍的，而后者要注意处理方法。怎么做呢？

比如说肚子疼，通过前面的观察，如果确认他是在撒谎，我们可以说：要不这样，我带你到医生那里打针好吗？既让学生感受到了你的关心，同时因为害怕打针或谎言被戳穿而改变初衷。

比如上厕所，要撒尿。对于这样的孩子，我们可以派一个班干部随行，不是真的随行，而是告诉他你要是骗人就要挨批评了，保护了孩子的面子，同时也处理了事情。

当然，对于一些通过撒谎来骗钱的孩子就要严格批评了；当然，不是当面，而是背后让他明白家长赚钱的艰辛。撒谎是一个社会性的大问题，我们不能急，急也没有用。面对撒谎，关键是要我们找出合适的方法，同时也要我们整个社会培养一种良好的风气，不能全怪孩子！

（贺　杰）

防学生说谎有几招

作为已有一定经验的班主任，我有几招可以防学生说谎。

表明态度。任何时候接手新班，我都要尽早表明自己的观点，喜欢什么、厌恶什么我都会旗帜鲜明地告诉学生，让学生知道如果想在同学中树立威信就应该有所为也有所不为。诚信是我做人的准则，我也要求我的学生力求做到。

揭露高招。当班主任久了，早已练就了一双火眼金睛。学生一旦撒谎，必被揭穿。一个学生考试没考好，不敢让家长看试卷，拿来家长以前的签名来搪塞，结果，用笔的不流畅立刻被我注意到了，我不动声色，与家长通过电话后，当着同学们的面笑着揭穿了他的作假。我虽没太重说他，他却已经涨红了脸，一副无地自容的样子。从此，他再也不敢哄老师。这样的当众被揭穿有过两三人次后，我班学生骗老师的情况也就逐渐少了，他们私底下说班主任有一双鹰一样的利眼。

找准位置。我比较尊重学生，师生间关系融洽，我经常对学生说：

“关起门来我们是一个大家庭，老师永远跟你们站在一起。”我用真心赢得了学生的信任，我在教育教学中找到了自己的位置。没有了敌对的师生关系，教师也就不需要花心思与学生斗智斗勇了，学生也就不需要当着老师的面撒谎了。有了问题，大家一起正视问题，师生共同寻找最佳的解决办法。

我们都做过学生，多站在学生的角度思考问题，就会少些责难，多些理解。对学生的过失宽容以待，也应该是一个好教师的教育信念。

学生对老师说谎，其前提是对老师的不信任；说谎是缘于害怕什么、逃避什么。如果没了师生间的不信任，没了需要学生害怕的后果，他们还会撒谎吗？

（李祖明）

实施诚信教育的几个注意事项

道德必须在实践中学习并在实践中得以体现。诚信教育的关键是要教育学生正确对待诚信的人和学会做诚信的人。在教师的教育下，学生在实践交往、处事中养成诚信习惯，同时在实际生活中诚实守信地对人、对事，体现诚信品质。也只有这样，学生才会深切地体会诚信的重要意义，更深切地理解诚信，在实践中不断地加强和提高学生自身的思想道德修养，不断地提升诚信品质。也只有这样，才会取得较好的诚信教育效果。

善于分析，区别对待，澄清学生说谎的真实目的。

学生说谎的目的是多样的，有的是为了躲避惩罚而采取的自我保护措施，有的是为了对不公平的反抗和叛逆，有的则是借机报复，有的则是追求虚荣、模仿嬉戏。因此只有弄清楚学生说谎的真实目的才能有的放矢，采取不同的教育措施。要注意一点就是区别想象和说谎。想象是人类特有的一种智慧，每个人都有想象，尤其是孩子想象力更是丰富。但有时教师往往把孩子的各种想象和说谎混为一谈，而责怪孩子，这是很不公平的。因为这时的孩子还分不清想象的情景和现实之间的界限。遇到这种情况时，教师千万不要随便责怪孩子，以免压抑了孩子的想象力，并且还会妨碍孩子的心理发育。

认识诚信教育的长期性，在反复中强化。

学生说谎行为的矫正绝不是通过一两次教育谈心就能实现的。一种不良习惯的清除，一种良好行为的养成，往往经过多次反复才能真正转化成功。因此，对于说谎的学生要有充分的思想准备，坚持教育的连续性，耐心转化，持之以恒。

（贾相忠）

三板凳砸中了什么

重庆市江津教师王真理被打事件经由本报和其他媒体披露后，引起社会巨大反响，尤其是在教师群体中，针对这一事件的讨论和反思尤为热烈。本期话题——

话题小档案

史　峰　山东省莒南县路镇一中

冒继承　江苏省如皋市丁堰小学

李双峰　广东省深圳市龙华中学

陈孝花　山东省青州市北关初中

唐爱华　河北省秦皇岛市海港区新一路小学

陈玉驹　江苏省张家港市乐余高级中学

姜新华　黑龙江省七台河矿区教育集团第二中学

温州好老师　某校

“尊严”之斗

“初三学生三板凳砸昏老师”的报道看过之后，很愤恨学生的所为，更为老师的遭遇悲伤不止。这一事件不由得使我想起了十年前某学校发生的同一性质，后课却要严重得多的事件——一名学生给女生写“情书”，被老师发现后，经多次教育不改，被老师通知了家长，双方的家长到校之后，知道了事情的真相，各自对孩子进行了严厉的管束，并要求孩子们不准再来往。男生怀恨在心，第二日将老师的妻子刺死。警方审问时，他的理由是：老师让我没有老婆，我就让他没有老婆。

今天的“三板凳”又砸到了“教育事业”的痛处——我们进行的教育一直是“管束式”的。很多悲惨事件的发生都是因为“管束”。在“管束式”教育状态下，学生是被管理者，教师是管理者，教师管，学生被管，都是被制度认定的天经地义。从人性的角度出发，单纯的“管束式”教育是有缺陷的。“管束式”的教育让教师有绝对的权利要求学生应该如何做，应该做什么，不应该做什么，教师的尊严也只能在“管住学生”的过程中得到体现。学生则在“管束式”的模式下身心受到相当的压抑，他们的心情得不到舒展，心理郁积的不满和不安得不到及时的疏导，最后必然以爆发的形式突破“管束”。老师需要在管束学生的过程中得到尊严，学生则需要在突破管束的过程中得到尊严，任何一方追求尊严的要求都是必然的，所以冲突就会发生，而这种冲突一旦累积到“鱼死网破”的地步，悲剧就发生了。

“三板凳”后要法办谁？那是司法机关的事。作为一名教师，我想还是客观地做一下反思。我发现在这一事件中师生的冲突是一个“管束”与“抗管”逐渐升级的过程，任何一方为了争得尊严，都不可能退后一步，这是由于“管束式”的教育模式所决定的，有点宿命吧。

如果，仅仅是一个假设——我们一直处于一种“引导式”的教育模式中，我们任何一个人就会养成一种相互尊重、相互宽容的心理状态，学生和老师就不用在“管”与“抗管”的争斗中获得尊严，那么这一场小小的冲突也绝对不会演变成“尊严”之斗。

“三板凳”又打在了教育的痛处，我们一直在喊“严管厚爱”，实际上“严管”是有着人文缺陷的。正是在这种缺陷中，经过长期的积淀，老师和学生都形成了一种错位的心理状态。如果教师的尊严仅能从“管住学生”过程中得到体现，那么这样的悲剧还会不断发生。

（史　峰）

压力导致悲剧

这场悲剧，不仅仅是王真理老师的个人悲剧，更应该是我们教育的悲剧。古人有“亲其师，信其道”之说，现代有“爱心教育”的理论，但是，这一切，在应试教育的背景之下，变得那样的软弱无力。整个教育都被急功近利的思想笼罩着，来自于应试的沉重压力，必然会导致暴力的释放：学生逃学、对抗、自杀、出走甚至是对老师大打出手；教师对学生体罚现象时有发生，这是教师沉重压力释放的必然结果。可以这样说，如果这种沉重的压力得不到合理的释放，这样的悲剧还会继续。

救救孩子，救救教师，救救教育！

（冒继承）

从教师被暴打看教师的胸怀与智慧

对王老师的遭遇我是深感气愤、同情和痛心，痛心之余又为王老师庆幸和惋惜，庆幸其没有遭受更大的莫名灾难，也为他缺乏教师应有的胸怀和智慧而惋惜。

关爱学生也是保护自己

关爱学生也是保护自己，不关爱学生有时就会给自己带来莫名的灾难。我想讲一个我经历的真实故事：高一学生吴某人高马大，是我曾经工作的学校的某老师的亲侄儿。当年我刚刚参加工作，教他高中化学。所有老师都向他叔叔反映吴某每一节课总是有一半时间在打瞌睡，老师多次教育都没有好转。有一天学生吴某突然在寝室里莫名其妙地死了，在家长和学校的要求下经法医鉴定：学生吴某系脑里长巨瘤致死！

听到这个消息后，我们几个刚刚参加工作的年轻老师想起都后怕！如果我们有一次因为其打瞌睡敲打他一下，这一敲打如果刚好让他的病发作，那么世界会……我现在想，如果王老师遇到的是这样一个学生，他简单粗暴的行为是不是会遭受更大的莫名灾难?!

正因为有这个经历，我这身高 185 厘米、体重两百多斤的大汉从来没有体罚过学生！我对犯错误的学生一般都是耐心说服教育，面对屡教不改的“钉子生”除了利用其闪光点把他往好的方面引导以外，当他犯较大错误时就是把他叫到办公室，气愤地死盯着他，让他知道他犯的错误让爱着他的老师在对他生很大的气，让他感到内疚。

面对学生的犯错，教师应有胸怀和智慧

智者不惑，勇者无惧，诚者有信，仁者无敌。即使年幼的学生有意犯了错误，我认为我们教师也要有一定的胸怀和智慧。

教育是一门科学，教育更是一门艺术，科学与艺术都需要智慧。后汉的边韶（字孝先，陈留浚仪人），在课堂上睡觉，弟子私下嘲笑：“边孝先，腹便便，懒读书，但欲眠。”边韶听到后非但没发雷霆之怒，反而含笑反问学生：“边为姓，孝为字，腹便便，《五经》笥。但欲眠，思经事，寐与周公通梦，静与孔子同意，师而可嘲，出何典记?”边韶的胸怀和智慧让嘲弄他的学生羞愧不已。按照当时的社会环境，他有资格大发虎狼之威，绝对不用担心有人告他违法侵权和遭报复，反而会感激他管教有方。但是他还是没有这样做，只是用他的胸怀坦然面对，用他的智慧巧妙化解。

一千多年过去了，沐浴着现代文明的教师，胸怀和智慧为什么反不及古人？

（李双峰）

请还老师一份尊严

片面地强调师道尊严、无视学生情感和人格的做法固然不对，但过多的甚至是无原则的重视学生的所谓情感而忽视老师感受、践踏老师人格的做法，又何尝不是一种错误？当社会舆论越来越多地偏袒学生，当学生和家长越来越多地懂得用法律维护自己的“权利”时，又有谁来为辛勤工作的老师发出一声呐喊？

让社会满意，让人民满意，不等于让人人都满意。对于一些有着“恶习”的学生，对于一些一味溺爱孩子而不自知的家长，作为园丁的老师，所做的一些“修剪”工作，势必会触及到他的身体和心灵而产生伤痛。学生由于忍受不了这种伤痛所产生的一些行为就有可能殃及老师自身。难怪有的老师说自己的工作是在“走钢丝”。

一个被剥夺尊严，整天小心翼翼、战战兢兢面对学生和家长的老师，一个在自己尊严被侵害却没有人为之大声疾呼、自己只能忍气吞声的老师，又怎能坦然、自信而又充满神圣感地去履行自己的职责？

正如没有教师的快乐就没有学生的快乐一样，如果没有教师的尊严，又哪来学生的尊严？都强调老师的言传身教，一个没有尊严的老师又怎能向学生诠释尊严的内涵？请不要白白浪费这份教育资源。要让每一个学生都有尊严地生活在学校里，请先还老师一份尊严！（陈孝花）

让学生学会感恩

作为中学生，他完全明白自己在知错犯错，更清楚三板凳的后果，可是他竟然把板凳砸向无冤无仇的师长。我觉得问题的根源不是老师行为欠妥，不是学生性格暴戾，而是学生缺少一颗懂得爱的、会宽容的心。不久前的一次班主任工作研讨时，我们谈到了学生情感冷漠的问题，有两个例子我记忆犹新。一名四年级男生，课上和同桌吵架，在教师批评制止时，竟然攥起了拳头，令那位为他倾注无限爱心的班主任伤心不已；另一位五年级的班主任，在下大暴雨的时候，没有去幼儿园接自己的女儿，而是在下班后将学生们一个个送走，可是，却没有一个孩子说过谢谢，更没有人问过老师怎样回家。我们不禁要问，孩子们怎么了？在他们的辞典里为什么没有爱？在蜜罐里泡大的孩子，对家长、老师的付出，更多的被视为理所应当，却没有一颗感恩的心。而家庭教育的简单粗暴、家长的过分溺爱、学校教育的软弱缺失，使有些学生任性妄为，对他人的点滴失当，也难以包容。

（唐爱华）

惩罚是必需的

记得一位同行曾给我讲过这么一个故事。他说他刚做教师的那一年，批评了一位上课玩手机的赵同学，批评的言辞也不激烈，批评之后，也没放在心上，但那位学生却打电话给他的父亲，说老师如何如何伤害了他。“爱子心切”的父亲跑到学校，指责学校管理不力，弄得这位教师很被动，也很茫然。“幸亏当时我没体罚他，否则，后果还不知道会怎么样呢?”同行甚是庆幸。从此，我的那位同行再也不敢批评那位学生，更不要说惩罚他了。两年后，那位同学进入高三，那位同学的父亲竟然闯进课堂，莫名其妙地打了他儿子几个耳光，吓得师生都不敢说话！后来才知道，该同学已经沉迷于电脑游戏而不可自拔，其父已怒不可遏了！“这个案例成了我今生永远的痛！”同行如是说。带完高三，我的那位同行便辞了职，不做教师了。

不能体罚学生是对的，不能伤害学生的自尊也是对的，但是教育却不能没有惩罚；没有惩罚的教育是不完整的教育，没有惩罚的教育，“受伤”的不仅是我们的学生，还有我们的家长与老师，甚至是我们的民族。

（陈玉驹）

学生行为应规范，教师素养须提高

随着《未成年人保护法》的颁行，随着对教师行为的约束，体罚现象逐渐淡出校园。废除体罚，教师可以寻求更有效的更富有深度的教育策略；学生们随着自主意识的萌发，可以爆发出无穷的创造力，可以更好地成长。这其实是要求教师的角色由主宰者转为服务者，而且还要求教师必须提高自我的教育教学能力，目的是为了学生在这样的氛围中自由、正常、快速、全面地发展。但事实又怎样呢？

先说有些学生，“四十年的媳妇熬成婆”，终于可以“翻身得解放”了，于是就把注意力放在寻找老师的失误上，然后就伸张自己的权益，不是出现过学生及其家长冲进学校对教师大打出手的事件吗？所以，对于侵犯教师正当的人身权利的学生一定要严惩！使之明确哪些是正当权益，哪些是违纪、违法行为，从而使这种“学生为本”的管理发挥最大的效益。

再说有些教师，当上级部门禁止体罚等不合理行为后，就采取不负责任的态度：“那我还不管了呢！”致使一些学生肆无忌惮，开始由学生向“混混”的过渡。其实，作为教师，应该认识到教育发展的趋势，转而认真学习教育教学理论和先进的育人方法，切实提高自己的专业能力，并把自己修炼成师德高尚的人。到那时，哪个学生能欺侮你！又有哪个学生不敬佩你！

（姜新华）

教育，要以“尊重”为前提

据报道里讲述，在午休时间，值周老师王真理见男生景景（化名）在班级的讲台上玩“打板”游戏，三次招呼，见他仍在玩，就把他叫住批评。王真理话没说完，景景扭头往座位方向走。“站住!”王真理说，景景没停步。学生们看见，王老师用教鞭敲打了景景的背。又一声“站住”响起时，景景仍未停步。这次，王真理迈步上前拉景景“要去办公室”。接下来，学生们看见景景从讲台边抓起一根板凳吼“你再打老子”……

先不说“我校中午要求午休，学生在教室内外都不许吵闹”是否过于违背了学生的天性，就从上述的这些细节便可以看出王老师处理问题简单化了。三次招呼是怎样招呼呢？假如就是用“管束”的口气，一切要听我值周老师的“命令”的态度，即便王老师十次百次地招呼，对这个男生也会是同样效果的；再说后来的“批评”，要是胆小的学生，王老师就胜利了，但这种胜利也是用教师的“权”来压制的，学生心里还是不舒服的，有些学生可能就会侧面攻击，在背后偷偷骂老师；一旦碰上胆大的，尤其是逆反心理强的学生，像报道中的这个男生，王老师让他感到难堪，他也会让王老师难堪——既然做老师的这样粗鲁地对学生，没把我当人看，让学生没了“自尊”，学生还有必要尊重你这个所谓的老师吗？“你能打，我就不能打吗？”这是典型的“报复”心理。学生为什么要报复，除了学生本身的性格问题和家庭影响外，重要的是王老师的所作所为点燃了这个导火线！

得学生之“心灵”者，得教育之“精髓”——怎么得学生之“心灵”？尊重最为重要，有尊重才有平等，才有民主，才有对话和沟通……当然，面对上述的这类学生，也并不是让教师不要批评，不要恰如其分的“规章制度”的限制，让学生胡作非为，而是要求教师在批评和“限制”时，要以尊重为前提。当学生知道你尊重他时，他才会接受，批评才有效。怎样体现批评的“尊重”？那就是要注意批评的方式和场合，尤其是教师说的话和说话的口气，以及“限制”的手法不要有侮辱人格和挑衅的味道！比如同样的事件，当着大家批评和到办公室私下里批评，学生感受是不一样的，前者是让学生难看难堪，后者让学生觉得老师照顾到他的面子。比如一个人犯罪了，可以被判刑，但不可以被警察虐待和殴打，这个道理看看美军的虐俘事件就明白了。

或许最简单的办法就是最好的办法——尊重，做到了就简单了；做不到或不去做，事情就复杂了。

（温州好老师）

当课堂遭遇意外时

在课堂上，总有一些意外是我们备课时无法备到的。恰到好处地处理这些“课堂意外”，不仅需要高超的育人技巧，更考验教师的综合素质和能力。本期话题——

对话小档案

武　陵　湖北省宜昌市伍家岗区白沙小学

马丽凤　山东省寿光市王高一中

李祖明　广东省广州市华南师大附小

张春荣　山东省寿光市台头一中

刘　成　江苏省常州市新桥中学

唐爱华　河北省秦皇岛市海港区新一路小学

王梅弘　内蒙古通辽市保康一中

清明节的鞭炮声

那天是清明节，教室外的山上不时传来鞭炮声。

“又是一年清明时，校外山头人连人。噼里啪啦鞭炮响，哭声震天故人去。”当这张写着“打油诗”在教室里飞传的纸条不幸落在我手上时，我用余光瞟了一眼几名“犯事”的学生，只见他们个个垂头丧气，“惊恐”地等待着“暴风雨”的来临。此时，我没有像往常一样吹胡子瞪眼大发雷霆，反而扬扬手中的纸条大声说：“这名同学写的小诗很有意思，我给大家念念。”瞬时，紧张的空气被学生的笑声冲淡。我顺势说：“可别取笑这位同学，他很善于观察，是生活中的有心人呢，我们学习数学就需要要有这样敏锐的观察力。”说着把教室的窗户打开，让学生们“一饱眼福”。我一边引导学生观察，一边提问：“大家估计一下山上大约有多少人?”刚才还兴致勃勃观看的学生，立即被我的问题吸引住了，大家你一言，我一语，七嘴八舌地讨论起来。有的说 30 几人，还有的说大约 40 人，其中有一位学生振振有词地向大家解释道：“第一队有 12 人，前后有两队，应该大约是 20 人。”听完他精彩的发言，我立即带头鼓起掌来，并让他当小老师，为大家讲一讲估算的方法。就这样学生的注意力又重新会到课堂上，并且还巧妙地将“言外之声”与当天数学课教授的内容——“乘法的估算”巧妙地结合起来，既满足了学生的好奇心和爱看热闹的心理，又圆满完成了教学任务，真是一箭双雕。

以后，在教学中，我充分利用校外炸鞭祭祖的生活场景，挖掘丰富的教育素材。在环保教育中，我给学生介绍燃放鞭炮会造成怎样的环境污染，并让学生写一份倡议书，希望村民们在上坟拜祭亲人时，不要放鞭炮……

其实，教师在教学中，会有很多“意外”，关键在于我们是否能灵活地处理这些“意外”，将干扰课堂教学的不利因素转化为课堂教学的有用素材，保证课堂教学的效果。

（武　陵）

插曲

周三上午，我正在讲数学课。

“老师，俺家妮子在不在这个班呀?”我正滔滔不绝地讲着，突然一个中年妇女出现在教室门口，打断了我的讲解。循声望去，那妇女头上扎着红围巾，露在围巾外面的脸是灰蒙蒙的，衣衫也没有刻意整理。看样子也许是我班某个学生的母亲，干完大棚里的活后，急匆匆地到学校来给孩子送饭票的。

哗——教室里一阵骚动，同学们小声议论着，有的忍不住笑出了声，也许是因为听见“妮子”这个土里土气的乳名，也许是因为这位妇女的装束。

在混乱和骚动中，只见王丽同学低着头，逃也似的跑到教室门口，一把夺过那妇女手中的饭票，又逃也似的跑了回来。坐下后，她把头深深地埋在课本当中。而那妇女木然地站在原地，“晾”了好长时间后才无可奈何地转身离去。

教室里的议论声此起彼伏，越来越大。

看到如此情形，我一句话也没说，拿起粉笔，在满是字母和公式的黑板上，郑重地写下了与本课内容毫不相干的一句话：可怜天下父母心。

奇怪的是，教室里的议论声戛然而止，大家又重新进入了学习状态，一双双明亮的眼睛看着黑板上的那句话，若有所思，神情也都变得凝重起来。而王丽也抬起了头，眼里盈满泪水，但最终没有流下来。

事后，我在批阅王丽的作业时，发现里面夹着一张字条，上面写着：老师，谢谢您，是您让我懂得了怎样尊重我的母亲!

（马丽凤）

幽他一默

今天上午最后一节课是我的语文课，尽管同学们已经很疲惫，但大部分同学仍很投入，讲课的我也越发进入状态，眉飞色舞的。

可就在这时，捣蛋鬼萧军坐不住了，他喝了一口水，然后扔起了矿泉水瓶。空空的矿泉水瓶飞起又落下，他伸出手稳稳地接住了，瞧！他脸上满是得意的笑。我一边盯着他一边继续讲课，可他太专注了，根本没有注意到我对他的警告，水瓶抛得更高了，他也更乐了。大家的注意力也到了他那里，我只好停止讲课。

继续忍耐是不行的，直接点名批评也好像不大好，大家都看着我，大概想看老师到底如何处理。我脑子里快速搜索着，有什么好办法既能制止他的出格行为又不影响大家上课呢？我想起了昨晚电视里的一幕，刘德华表演了抛香烟，高高抛起的香烟悠悠地落下，刘德华居然用嘴巴准确无误地接住了，悠然地叼着，赢得了观众阵阵掌声。我想：干脆来个幽默，既提醒了出格的萧军，又让同学们更加精神。于是我说："萧军，看过刘德华表演嘴接香烟吗？你干脆来个嘴接水瓶怎么样？"萧军一时懵了，不好意思地收起了水瓶，"我……我……"半天说不出什么，惹得大家哄堂大笑。

不一会，我又继续我的讲课，大家也很快回到了课堂，调皮的萧军也没敢再分心了。

（李祖明）

课堂上的啜泣声

课堂上，学习完二氧化碳的性质后，我安排学生做有关练习题。当大屏幕上打出第三题：有名老汉，让小儿子去久未开启的菜窖取菜时，见小儿子下去很久还不上来，就又打发大儿子下去；可是，大儿子也是一去没了声息；老汉着急了，就自己到菜窖里……结果，后来有人发现三个人都死在了菜窖里。经调查，死亡原因都是因为窒息死亡。请大家分析，致人死亡的原因是什么？下菜窖前，应该如何做才可以避免这个悲剧的再发生？我刚读完题目，就听到有人啜泣的声音，大家的目光很快聚焦到发出声音的人身上——陈萍。

我慢慢走近陈萍，附在她的耳朵边轻轻询问原因。

“老师，我弟弟前年死在硫化罐里，他们说是窒息死亡的。我就这么一个亲弟弟啊。他死的时候还不满 12 岁。”陈萍说着说着就号啕大哭了。

身边几个孩子你一言我一语地告诉我：“陈萍家炼油，炼油罐堵塞了，陈萍的父母以为孩子小，身体灵活，就让他下到罐里去捅开口。”

“陈萍的弟弟是因为硫化罐里缺氧窒息死亡的。”

“到现在，陈萍的父母还在后悔，为自己的无知后悔。他们说，是他们的无知把儿子杀死的。”

我扶着陈萍的肩膀，一字一顿地说：“陈萍，如果老师能把你弟弟换回来，老师愿意去上帝那里换他回来。”

“老师，我不要你换。谁去换也行，就是不要你去换，我不能没有你了，你是我最知心的老师了。”

“如果你我的哭泣能换回你弟弟的生命的话，我也愿意我们大家一起哭泣，直到你弟弟复活。”

“那是不可能的，我知道。”陈萍用力抹把眼睛，接着说：“老师，我懂了。眼泪是换不来什么的。只有坚强，只有学习，只有知识才能避免让更多的人失去亲人。我们爱亲人，就该爱学习。”

我没说话，把陈萍拉到黑板上，她会意地把第三题的正确答案工工整整地板书在了黑板上。

（张春荣）

一场暴风雨

“五一”前的一天，我正在上课，窗外突然狂风大作，雷电闪闪，继而暴雨倾盆。学生顿时骚动起来，纷纷观看着窗外的雨景，有的甚至发出夸张的惊叫声，局面一时失去控制。

稍等片刻，我拿起尺子敲了敲桌子，在同学们的相互提醒下，课堂终趋平静。大家见我无奈的神情，忍不住笑了。我也跟着笑了笑，然后说道：“谁也没有料到大雨会在这个时候下起来，它吸引了很多同学的目光，但是却分散不了郝萌的注意力。”大家哄笑着把视线都集中到郝萌身上。我接着讲：“在其他同学扭头看雨的时候，我发现，只有郝萌同学能够处变不惊，他始终不曾转头看窗外一眼。看来，他具有很强的自我控制能力！事实上，许多伟人之所以成为伟人，许多成功人士之所以成功，在我看来，就是他们具备这样一种超人的自制力。”

我的目光缓缓地和每一位同学的眼睛轻轻碰触，发现大家都变得严肃起来，也听得非常投入。于是我继续讲：“试想，连一场雨的干扰力也抵挡不住，那么在我们人生旅程中那么多比这场雨的干扰力更大的困难和挫折，我们又怎能克服呢?！如果一场雨就能够轻易地影响我们，那么在我们成长的道路上，有多少艰难险阻会挡住我们前行的脚步呵！但愿这场自然界的暴风骤雨不再成为我们人生旅途上的暴风骤雨！”

我话音刚落，掌声就响起来。那情那景，我讲得动情，学生听得动容。连我自己都感受到，这场意外变成了这堂课最大的亮点！

感谢那场突如其来的暴风骤雨！

（刘　成）

窗外传来鼓号声

记得那次上数学课讲到关键处，孩子们学得正投入，忽然，窗外传来了鼓号声，我和孩子们循声望去，原来是学校的鼓号队、花束队为了完成宣传任务在临时彩排呢。孩子们不时地望望窗外，看着他们心不在焉的样子，我说，我们学校的鼓号队很有气派，花束队绚丽无比，这样吧，转过头我们一起欣赏三分钟，好好过过瘾。听了我的话，孩子们开始有点怀疑，确信后看了不到 2 分钟就全都坐好等着我继续上课了。结果，虽然外面伴奏，孩子们的注意力并没有受多少影响。

我们常说欲擒故纵，其实教育也是这样的，孩子们的好奇心都很强，你若不让他看，嘀嘀，他心里痒痒的，非偷看不可，大大方方让他看一会，他也就明白了还是教室里面的世界更精彩。更何况这里面包含着尊重和学生的自我约束，学生当然会心甘情愿地回到课堂上来了。

（唐爱华）

笑出来的精彩

读课文时，叫起一个陌生的面孔，他怯生生地站了起来，一张口，声音怪怪的，一连好几个句子，把发 ai 音的都读成了 ei 音，如“改革”说成了“给革”。一段读下来，学生也跟着一路笑起来。读罢，学生们又是哈哈大笑。还有几个调皮的，忍不住模仿起来。看来“镇压”是无济于事的，何不因势利导！

“同学们好像很开心，我想知道大家为什么笑？”

“他读得不标准。”几乎是异口同声。

“我们读得标准吗？”

"还行。"学生非常自信地说。

"好，我们来读几个词。"

"害怕、师范、愚公、邮局"，学生毫不在意地读着，自然毛病也暴露出来了，去声读成了阳平，阳平又读成了阴平。在我纠正时，有的学生还坚持着错误的读法，当查完字典后，好像极不情愿，但也不吭声了。

我趁热打铁，又让同学们读了几个含平翘舌的词，结果也读得一塌糊涂。当我一一纠正时，学生们听得都很认真，我顺势说："刚才大家只觉得那位同学读得不标准，发出了不礼貌的笑声。其实我们平素也一样，只是习惯而已。在大家的笑声中。我们发现了问题，我们该怎么办?"

"改!"一同学抢先回答。

"说得好！我们应该改，应该讲普通话，但究竟怎么改?"我乘胜追击。

"平时多注意，遇到拿不准的及时查字典。"

"向说得好的同学学习，特别是看新闻时注意播音员的发音。"

"大家相互提醒，相互监督。"

接下来的发言，同学们小心翼翼地讲话，偶有错误就有学生及时更正，看来这"意外"的哄堂大笑，却笑出了大家更加注重学习的意识。

如果我们能在"意外"中捕获一些信息并加以利用，也许这样的意外，就会酿造出许多意料不到的精彩！

（王梅弘）

“孔融让梨”怎么教

“孔融让梨”的故事作为中华民族传统美德教育的经典案例可以说是家喻户晓，老师和家长大都曾经或者正在用这个故事教育孩子们要懂得谦让和仁爱。但在社会竞争日趋激烈的今天，越来越多的人在思考还要不要用这个故事教育孩子，他们认为过多地强调谦让可能会让孩子在未来竞争更加激烈的社会中失去锐气和竞争力。本期话题——

对话小档案

蔡卫勤 浙江省平湖市叔同实验小学

齐胜利 安徽省黄山市黄山区甘棠小学

冒继承 江苏省如皋市丁堰小学

王玺玉 黑龙江省肇东市七中

孙 藜 某校

鹤 翔 某校

邹翔 周镇 陆栋 江苏省无锡市新区南星小学五（2）班学生

有了公平才能谦让

在我对自己儿子的教育中，一直坚持一种"分享教育"。每次，给儿子买回吃的东西，我总是同他一起吃，并说服妻子也同儿子一起吃。

尽管，有时我根本不想吃他的东西，但也要问一声："乖儿子，能不能让爸爸也吃一份?"儿子在我持续不断的"分享教育"下，自然是很爽快地递上一份给我吃。在多数情况下，我会为了让儿子养成分享的习惯而坚持吃下他给的东西。

公平是分享的基础，但在这样的基础之上，大人应当礼让。

在我所在的学校，学生每天都要吃一次水果、一次点心。有一天中午，我的学生在班里分苹果，一名学生认为自己的苹果小了，一定要换一个大的。但是，分水果的同学就是不让他换，结果就打起来了。这是分配被认为不公平的后果。

弄清这件事后，我郑重其事地对学生说："只要水果还有多余的，就允许同学换。老师可以吃最小的，也可以不吃，因为老师不是小孩子!"

在家里，我坚持自己、妻子和儿子都是平等的，所以要求一家人一起分享。在学校，自己是教育者，理应让学生优先。

所以，"孔融让梨"首先要做到公平。做到了公平，才可以从自身开始教育大家谦让。

（蔡卫勤）

"让梨"不能"让理"

剖析当前许多"让梨"教育现象，不难发现，虽均为"让梨"式的教育，但其内涵是大相径庭的。综合现在的"让梨"式教育，大致有如下三类现象。

"让梨"又"让理"。这一类人教育孩子时认为孩子小，没有必要做什么都争强好胜，与其与人争得你死我活，还不如主动地退让之，求得清静。在这些人的眼中，谦让、忍耐、宽容是一个中国人的基本道德，挂在嘴上最常说的话是"退一步海阔天空"、"忍一时风平浪静"。或许正是他们这种无原则的忍让与谦虚，社会上才出现：当歹徒为非作歹时，周围缄默无声；当社会不公正时，以阿Q精神自慰。

"让梨"不"让理"。这类人群在教育子女时，不仅要求孩子具有孔融式的让梨精神，更要求孩子在谦让中学会思考，明白道理。他们认为"让梨"的前提必须是在理，必须有公正、客观的标准，而不是无原则的退让。他们把"理"摆在首位，在"理"的原则范畴内是谦让有加。而对无理的要求，坚持自己的原则，从不对无理的要求做出让步。这不仅让孩子汲取了传统道德观念的精髓，也让"让梨"这一现象获得时代发展的内涵。

"让梨"却"无理"。这类人的教育最突出的表现是功利思想主导了教育行为，他们把时代发展中一些不良思想掺杂到教育当中，借"让梨"的躯壳美化自己"无理"思想。在他们的教育过程中只有"让梨"的现象而无"让梨"的实质，换句话说，他们更热衷于表面化的局部教育行为——当面一套背后一套。当你面对这样的孩子，似乎会发现他身上也有"让梨"的某些影子，而你仔细一看，会发现只是影子而已。在这样环境下受教育的孩子久而久之很可能形成阳奉阴违式的道德观。这是对传统"让梨"精神的曲解与背叛。

我们应在继承"让梨"精神的前提下，充分发扬有原则、公平、公正的"让梨"精神，克服对"让梨"精神的盲目崇拜与极端异化，让我们的孩子真正成为一个"让梨"而不"让理"的新时代孔融。

（齐胜利）

愿生活中多一些孔融

现代社会强调人人平等，公平与效率成为这个时代显著的标志之一。因此，有人提出，孔融让梨，是有失公平的。一味的谦让，往往会失掉自己应该得到的利益。其实，眼前让掉一点，你可能会得到更多。这样的例子在生活中不胜枚举。近两年，在IT行业迅速崛起的新天下（神舟电脑）集团的总裁吴海军说过这样一句话：“2005永远和5200一样多。”意思是说，5台电脑，每台挣200元，和200台电脑，每台挣5元，挣的钱一样多。吴海军把利润让给客户，销量上去了，他同样可以获得一样甚至更多的回报。可见，“让”与公平并不矛盾，要说矛盾，那只可能是“让”了往往得到更多。

有人从竞争的角度来说明“让”的消极意义，其实，现代社会，更应该是合作的社会，从某种程度上说，合作比竞争更重要。没有合作，竞争也难以展开，所谓“孤掌难鸣”，“鲜花还要绿叶衬托”。如何进行有效的合作呢？外国有位心理学家做过这样一个实验：用一个小瓶子代表房间，十几个小孩，各自手中牵着一个放在瓶子里的小球，代表每一个人。心理学家说，假如房子着火了，这些人该怎样最快逃离火场呢？这位心理学家在许多国家做过这个实验，结果往往是一哄而上，卡在瓶口。但是，这个实验在中国成功了，孩子们一个接一个地依次取出了小球。由此可见，成功的合作，不仅要有统一的目标，更需要有自我牺牲、自我谦让的精神。没有孔融让梨式的自我牺牲精神，片面强调竞争，一哄而上，结果往往会适得其反。再说，如果这个社会只有竞争，人人剑拔弩张，那将会是一个多么恐怖的社会呀！

孔融让梨中的“让”，更强调的是一种谦让、礼让，而这正是当今独生子女（甚至包括一些大人）所缺乏的。

愿我们的生活中多一些孔融，多一些谦让。

（冒继承）

回归“孔融让梨”的原本意义

《三字经》“融四岁，能让梨”这句之前是这样说的：“为人子，方少时，亲师友，习礼义。香九龄，能温席，孝于亲，所当执。”告诉人们要“亲师友，习礼仪”；说“香九龄，能温席”，是为了表彰她“孝于亲”；同样，说“融四岁，能让梨”，是为了表彰他“弟于长”。换句话说，“黄香温席”是“孝于亲”的代指，“孔融让梨”是“弟于长”的代指。如果我们不反对“孝于亲”和“弟于长”，就不应该否认“黄香温席”和“孔融让梨”。

清·王相注释《三字经》说：“百行之首，以孝为先，初学之士，不可不知也。”告诉人们孝敬父母、孝敬长辈是百行之首。又说：“敦伦笃谊，友于为重，幼学所宜知也。”告诉人们兄弟之间要团结友善，尊长爱幼。

人们说话做事总是有一定前提或有一定条件的。“孝于亲”是对长辈而言，“弟于长”是对兄弟而言。换言之，“黄香温席”是对父母而言，“孔融让梨”是对兄弟而言。原本是家庭中的“孝弟”之事，又何必把它硬扯到社会竞争甚至敌我之间去呢！

总之，否认孔融让梨就是否认孝弟教育，就是断章取义把原本是家庭当中的事情硬扯到社会上去，把孔融让梨的精神实质给泛化了。

（王玺玉）

该怎样教孩子学“孔融让梨”

朋友有一个正读小学一年级的女儿，生得聪明伶俐。当天央视的少儿频道恰好在播“孔融让梨”的动画片。虽已少了很多说教，但故事梗概与 20 年前我听的一模一样，结论也是“孔融被大家称赞为懂事的好孩子”。

朋友的妻子便问孩子：说真话，你想要哪一个？一再叮嘱“说真话”下，女儿怯生生地说：我想要最大的。我们三人几乎同时哈哈大笑。朋友夫妇都对女儿肯定说：就要最大的。

隐隐也有一丝担心：这样教她，合适吗？朋友说：不过是生活中的一件小事，用不着担惊受怕。想了想又说：其实，真正让我给她讲道理，我也不知道该怎么讲啊。为什么？朋友想了想又说：我们的价值观也还没有建立起来呢，不是吗？

回来后觉得这件小事颇有深意。

首先说我的担忧。“永远只要最小的”隐含着一种分配上的牺牲精神，且不说在现实面前难以行得通，单就这个说教隐含的前提，也有很多问题——“年龄”似乎成了衡量合理与否的标准，对吗？但另一方面，如果我们教给孩子“永远只要最大的”，似乎有点承认“自我中心”甚至“弱肉强食”的合理性了。

再说朋友的困惑。大概他的困惑与我的担忧一样，我们无法否认牺牲精神是一种值得追求的道德，“尊老爱幼”也永远是应该提倡的美德，但我们都是普通人，孩子未来进入社会也一样，一个普通人如何在现实面前保持一种“时刻准备牺牲”的、超过一般水准的道德？再说，“牺牲”的道德与“公平”的道德，不也存在冲突吗——凭什么，该让我牺牲？

后来再想，觉得朋友的做法不失明智，因为他们带给了孩子一种相冲突的说法。其实，无论是央视的说教，还是我的担忧和朋友的困惑，都有一个共同的前提：我们都想教给孩子“正确”的东西。我们都担心孩子会被其他的“不正确”的东西左右。

其实，我们都忘记了：所有的一切，都必须由孩子自己做出选择。社会从来不是“白茫茫”的干净，也不是“乌压压”的黑暗，在于教给孩子自我判断、自我选择、自我担当的能力和勇气。

我们听着“孔融让梨”的故事长大，却来反思该不该把这个故事再讲下去。很反讽的是，孔融的牺牲精神没有错，错的是我们讲故事的方式。

（孙　藜）

爸爸骗了你，以后别学孔融了

女儿长到5岁，开始有了占有欲，为了把一种无私的情怀植入孩子幼小的心灵，我给她讲了孔融让梨的故事。女儿很高兴地答应下来要学孔融，直到有一天，发生了一件事，不得不让我重新考虑这种教育的正确性。女儿在小区里跟小朋友玩，我去找她时，正好看见她被一群小朋友围在中间，很老实地任其他孩子从自己口袋和包里拿走好吃或好玩的东西。她那副受气的样子，让我心里很不是滋味。我把女儿领回家，问她为什么任由他们欺负而不敢还手，女儿告诉我她在学孔融，我不禁愕然。

这使我想起了一位美国父亲教育孩子的事。孩子一件新奇的玩具被别的小朋友夺走了，他对父亲哭诉，这位父亲给他的答复是自己想办法夺回来。那件事的结果是他的孩子出去一阵子后，手里拿着那件玩具，鼻青脸肿地回来了。但那个美国孩子因自己动手夺回了玩具，而受到父亲的表扬和鼓励。

我不崇洋媚外，也不是对女儿失去了责任感，而是不想让她成为一个只具备谦谦君子之风的受气包。我终于在仔细考虑后十分抱歉地告诉女儿：爸爸骗了你，以后别学孔融了。

（鹤　翔）

童眼看“让梨”

我看“孔融让梨”

我觉得可以把这个故事告诉我弟弟，因为他实在太爱吃东西了。每次别人买了东西给我吃，等我回家一看，弟弟已经把小吃全吃光了，我每一次都是气饱了的。

只要我告诉他这个故事，弟弟就不会把我的那份给吃了，说不定还会把他那份里面的食物分给我一些呢！

当然，我还要告诉弟弟，现在的社会竞争激烈，在社会上面是不能够“让”的。

（邹　翔）

读“孔融让梨”有感

我觉得小孩子吃好的，留下不好的给大人们吃，也不是完全错的。因为毕竟小孩子还小，属于成长时期，应该吃好一点的东西，让自己的身体长得更结实一些，这样才不会被别人欺负。何况那些好的东西，毕竟都是大人买了给我们吃的，你把好的还给他们，他们虽然觉得你很懂事，心里很高兴，但你觉得这有意义吗？

我们长大后，应该多赚点钱，给长辈们买一些好东西，让他们过一个幸福的晚年，以回报他们的养育之恩。

（周　镇）

我会教“孔融让梨”

如果我有一个儿子，我想我会和他说“孔融让梨”这个故事。因为不跟他说的话，他就会显得很小气，有了东西不和别人分享，让别人觉得很难和他交往，他就会很孤独；如果跟他说了的话，他就会想到，有了东西就会和别人一起分享，别人就会觉得他很大方，都会和他一起交谈、游戏。

所以，我认为应该对他说“孔融让梨”的故事。

（陆　栋）

（邹翔、周镇、陆栋三位作者的文章，由网名为“小意思”的老师提供。）

当课堂出现“捣乱分子”

在日常的课堂教学中，许多教师尤其是年轻教师总会遇到一些“捣乱分子”，如何应对这类“捣乱分子”是件头痛的事。本期话题就从刘双瑜老师遭遇的两件令他头痛的事说起——

对话小档案

刘双瑜　河北省任丘市议论堡中学

王永飞　辽宁省建平三家中学

洪家平　江苏省苏州市第二十六中学

王惠梅　山东省临朐新华中学

单秀丽　山东省高密市育才实验中学

王金凤　广东省佛山市三水区技工学校

刘老师的头痛事

今天是一个令人不高兴的日子。

今天上午在办公室坐了不到15分钟的时间就来了两件令人头痛的

事。首先是班长来到办公室找我，说是数学老师叫我下去一趟。原来是一个平时就喜欢与她“老人家”捣乱的“小伙子”在上课不到两分钟的时间里接连吃了好几口苹果，老师提醒他注意场合，他说“我吃我的苹果，又不要你出一分钱，不要你管”，而且还故意站起来大吃大嚼起来。同学都回过头去看他时，他又破口大骂这些同学。没法子，我只好把他带到办公室里来。没想到还没等我问清楚怎么回事，班长又来了。这回是另一个男同学在老师讲课时从最后一个座位走到第一个座位，老师看见了讲了他几句，他也不高兴了，把书一扔头一甩走出教室去了……

我气得不知道怎么形容才好。然而可更气的是，我一连打了五个电话给他们家，请他们的家长来一趟，电话里他们答应得挺好的，可结果我在学校等了足有一个小时（没有回家吃饭），却没有见到一个人影。无奈之下我只好说了他们几句，然后让他们一走了之。

此事就这样让我给“处理”了，可我不知道他们何时会再发这种事情，更不知道今后出现这种情况该怎么办……

（刘双瑜）

个别谈话效果好

一次上课，发现坐在最后一排的一名男生正在吃方便面。我正视时，他就闭嘴不动；我视线转移，他就大嚼起来。

“上课不要吃东西，把精力用到学习上。”我提醒说。很多同学都顺着我的目光看这位男生，而他却左顾右盼，并说：“谁在吃东西?”“就是你!”我说。他却毫无认错地说：“老师，不是我，我没吃。上课怎么能吃东西呢?”到了这种地步，我深知很难收拾。于是给自己一个台阶说：“只有吃的人最清楚。”继续讲课。

课下我找到这名男生，先从这天他吃什么饭说起，他当时就不好意思地承认他上课吃了方便面。他说他有吃零食的习惯，学不进去，就想吃点。我没有教训他，而是帮助他分析吃零食的坏处，上课吃东西的不良影响等。又从中学生要特别注意自身形象谈起，什么场合要注意什么等等，讲了很多。从他的表情上可以看出，这次谈话式的教育已深入到他的内心了。在以后的课堂上，他一直表现很好。

从此以后，对有小毛病的学生，我都是个别谈话。上课时，发现谁有了小毛病，我就走到谁的面前，两眼注视他，继续正常上课。实际上就是给他一种提醒，直到他把注意力转移到课堂上来。课后再个别谈话，平等地交流和分析其上课不良行为的原因和坏处，并提出改进的方法。可以说每一次这样做的效果都令我很满意。一个班有“毛病的”也就那么几个，有了几次这样的教育后，基本上就能很好地控制上课的局面了，师生之间的感情也融洽多了。

人的尊严都应受到尊重，个别教育，避免了与学生在课堂上正面冲突，容易进入学生的内心世界，从思想上转变了学生的错误认识。因为这样做，呵护了学生的自尊心，不易引起学生的逆反心理，学生容易接受，才会不断进步。

（王永飞）

让你的课堂“灵动”起来

凯斯·道森是一个新教师，讲授社会课，为了让学生守规矩，几乎用尽了一切办法。无论是制订记录学生行为的量化表格，还是让学生写纪律保证书；无论是威胁、惩罚还是哄骗，能够想到的招儿都试过了，结果却令他失望。后来，凯斯·道森发现，每当他采用学生喜欢的方式讲授学生喜欢的内容时，学生总是能够集中精力听课，维持纪律也就变得十分轻松。就这样，凯斯·道森不再把大量的时间和精力花在学生的行为控制上，而是把注意力转向自身：我在教什么？我用的是什么方法？在我用哪些方法教哪些内容时学生没有表现出烦躁不安？有一次讲授民权运动时，凯斯·道森决定不再像过去那样按部就班地讲授单调乏味且远离学生生活的课本内容，而是让学生自己编写一个关于民权运动的小剧本，他和学生扮演其中的角色，师生都全身心投入进去了，几乎没有在维持课堂纪律上花费任何时间。

所以当我们的课堂不尽如人意、甚至是近乎失控时，除了我们要经常作换位思考认真总结来自学生方面的问题外，我们还必须不断扪心自问，追问自己的教育教学是否让自己、让学生满意，追问自己的教育教学方式、方法是否真正满足了学生对知识、能力以及情感、态度、价值观的需求。只有当一个教师对课堂教学、对课堂控制与管理不断地精益求精，努力地锻造自己的教育教学艺术，尽力形成自己独特的课堂教学风格的时候，教学与教学内容本身才会形成对学生的一种巨大吸引。从这一角度上来说，课堂纪律只不过是达成这一目标的一种形式罢了。如果教师片面地关注课堂纪律，从根本上忽视了教学本身，即使是他已经建立了在学生面前的一种绝对权威，但这种"淫威"又能使几个学生心服口服，更不要说这种严格的纪律压抑了学生本就天真烂漫的个性、剥夺了学生的创新精神，有时甚至把学生最基本的人权都给剥夺了。难道这种课堂纪律局面就是我们想要的教学状态吗？

由此我们可以说，当一个教师对每一堂课都能够精心设计与准备，并且充分地尊重与满足每一个学生的心理需求，在课堂上不断焕发出教学内容内在的生命力、课堂因此充分"灵动"起来的时候，课堂纪律就是一个水到渠成的问题了。（洪家平）

帮学生度过"逆反期"

最近几年，我们在一所初中和一所高中进行了几次心理调查，有

65%的中学生承认自己有叛逆心理。这些学生承认对老师居高临下的说教极其反感，有时会故意在课堂上与老师“顶牛”，经常对老师的批评报以“仇恨”的目光，甚至不顾后果和老师、同学发生冲突。大多数自称有叛逆心理的学生都很在乎自己的“面子”，有较强的表现欲，一旦自尊心受挫，往往会极力去维护。

这个调查虽然是针对两所中学的学生进行的，但也从一个侧面说明了叛逆心理不是个别学生的个别问题，已经成为中学生普遍存在的共性问题了。现在很多老师抱怨学生越来越难以管理了，不客气地说，不是学生难管理了，而是我们教师的思想跟不上学生的发展了，我们没有把握住学生的心理特征，没有走进学生的“心”里，自然就难以对症下药进行教育。

应该看到，叛逆心理不是思想品德问题，而是中学生处在青春期一个正常的心理特征。叛逆心理并非一无是处，一方面，叛逆心理在某种程度上能够防止其他一些不良心理的形成。叛逆心理强的人，在不顺心的时候，敢于发泄自己的不满情绪，从而保持心理平衡，维持身心健康；另一方面，叛逆心理也是学生自主意识增强的表现，有时候，学生与老师“顶牛”并非故意为之，而是其天性的自然流露。

既然叛逆心理是中学生的一种正常心理表现，我们做教师的就没有必要和学生“针尖对麦芒”，而要用宽容的态度，充分尊重学生，多以平等、友好的态度与学生谈心，帮助学生认识到中学阶段的叛逆心理是一个心理的弱点，教育学生不断丰富自己的知识，学会宽容，不钻“牛角尖”，学会冷静、客观、公正地分析问题和解决问题。

（王惠梅）

从自身找找原因

科任老师不要认为教育学生只是班主任的事。许多班主任都碰到过科任教师向自己“告状”的事，不少班主任通常是给学生一顿批评。我想这样做反而起不到好的教育效果，甚至有可能事与愿违。即使班主任或批评或做思想工作说服他，但终究他会同这位老师产生隔阂。解铃还需系铃人，我建议科任教师最好是心平气和地自己来解决一下，实在不行再来和班主任一道探求更好的解决办法。实际上我认为科任老师动辄找班主任的做法是一种无能的表现。

班主任不要学生一有问题就马上找家长。诚然，家校联系是教育学生不可缺少的途径，但应注意时机并讲究方法。家校联系只是为了解学生在家的表现并向父母反馈其在校的表现，以取得家长配合的一种家校互动沟通方式。通常多表扬进步，以便更好地教育学生，而不是学生有问题就推给家长，我认为这是不负责任的表现，教书育人是我们的职责所在，我们应积极探索各种方法、途径教育好学生。如确有必要，最好还是亲自到学生家中去家访而不是把家长叫来。应尽可能地到学生家去和学生家长一道研究教育学生的方法，做到家校教育方法的统一。

（单秀丽）

实行“软着陆”

根据我的经验，这个“捣乱”的“小伙子”，在老师跟前肯定是个“失宠儿”。他想通过“捣乱”来引起老师的关注，从而成为同学们心目中的“英雄”。这类学生往往是外强中干的“纸老虎”。遇到这类学生，当事老师，一不要找班主任，二不要找家长。因为找班主任和家长，只能加深他对你的怨恨和蔑视。也不要和他在课堂上“硬碰硬”。最好的办法是实行“软着陆”。

课堂上置之不理，让他自讨没趣。因为这类学生“捣乱”的目的，就是要引起“轰动效应”，就是要扰乱课堂秩序，就是要搅得你无法上课。一句话，他就是要气得你两眼发直，口吐白沫。因此，你越说他，他就越来劲。同学们越看他，他就越觉得自己是"英雄"。因此，对待这类学生，最好的办法是视而不见，听而不闻，权当没有这回事。正如鲁迅先生所言，最高的轻蔑乃是连眼珠子都不转过去。这样，没有看戏的人，他也就不会再"演戏"了。

课下，敞开心扉，真诚交流，赢得学生的理解。课堂上要冷处理，课下要热处理。下课后，教师要积极主动地寻找机会，与他倾心交谈。交谈时，不要直奔他上课为什么"捣乱"的事，因为这样会产生对立情绪，使交谈陷入僵局。可用拉家常的方式，问问他的家庭情况、生活情况，他的兴趣爱好、童年趣事等等，教师要表现出浓厚的兴趣，并适时插话，给予适当的认可（这一点非常重要，因为只有认可，他才会说下去），引导他说出心里话。同时，教师也应该向他敞开心扉，说说自己的求学经历、家庭生活、工作上的烦恼等等，甚至不怕"暴露"自己性格、工作等方面的弱点，从而将一个活生生的真"我"展现在他的面前。这样真诚的沟通，一定会赢得学生的理解。因为人同此心，心同此理。

与其交友，并给点小事情让他做做，他会很高兴的。这类学生往往是"刀子嘴，豆腐心"，外表硬，心肠软。表面上看，他天不怕，地不怕，什么都不在乎，实际上他内心十分渴望他人的关注。教师经常和他"亲近亲近"，拍拍他的肩，甚至亲昵地"骂"他两句，他会觉得心里甜滋滋的。若再给点小事让他做做，他会乐此不疲，非常高兴。这时候，你再提上课"捣乱"的事，他会听得进去，并能够接受你的批评教育。

教师要练就真功夫，赢得学生的信任。这类学生在课堂上竟敢如此"猖狂"，我想还有一个原因，就是他瞧不起某老师。因此，教师要很好地反思自己的知识、能力和教育教学方法。俗话说，打铁还需自身硬。教师要练就真功夫，才能赢得学生的信任。有句话说的是"亲其师，信其道"。我想改为"信其道，亲其师"也当成立。（王金凤）

收礼的艺术

送礼是向亲戚朋友和长辈表示敬意与爱意的表现，是中华民族尊老敬贤的传统礼节，本无可厚非。但肩负育人责任的教师在面对学生和学生家长赠予礼物时的态度和处理方式却在无形中深刻地影响着学生的价值观和处事态度。本期话题——

对话小档案

高英姿 山东省高密市育才实验中学

刘　祥 江苏省仪征中学

朱　峰 江苏省大丰市南阳镇九年制实验学校

赵永攀 浙江省台州市实验小学

刘　杰 江苏省徐州市民主路小学

王梅弘 内蒙古通辽市保康一中

刘平友 安徽省铜陵市长江路小学

接受真诚拒绝功利

我是班主任，学校要求我与学生同吃同住。每次晚休回去，都会发现被子已经铺好了。有时候，枕头底下会有个苹果、橘子之类，就是不知道是谁送的。没办法，照单全收吧！

我每天都批卷子改作业，用的红钢笔有点漏水儿，经常手指上有红色。有一天，我发现桌上有两支红圆珠笔，也不知是谁送的，查了一顿没有结果。唉！没办法，收下吧。

教师节的时候，发现我的办公桌上有一朵花。定眼一看，又是一张没署名的小纸条儿，上面写道："亲爱的小高老师，我们全班希望您永远年轻，因为我们是多么地爱着您。这花儿代表我们全班同学的热心！请你体会我们对您的爱！"

看到这朵花，同事们都很羡慕，我就乐滋滋地收下了。收下了他们真诚的心，同时也承诺，"要以一颗真心来对待他们"。

但是我从来不收家长给我的"礼"。有一次，一位家长来到我家，走的时候要留下"东西"，我坚决不收，一个劲儿地跟他说我会用我的人格担保我会好好教他的孩子。可是他坚决地说是给"老人"们准备的，又不是给我的，言外之意我无权干涉了，可是我有一位态度明朗的母亲，母亲很不客气地把他推了出去。

他就这样很尴尬地走了，也带着无限的感慨。许多日子过去了，我已记不得这件事了，有一天在校会上，校长表扬了一位教师，说这位教师最能坚持原则，不该收的坚决不收！我还不知道说的是我呢。会后，校长找到我，笑着跟我说："哎呀，那天那个家长把我一顿批评！"我才知道，原来这位家长找到校长"告状"了。

接受真诚，拒绝功利。（高英姿）

最好是不收

半年前，曾带着学生做过一个《教师行为对学生学习心理的影响》的研究课题。调查的数据显示出一种很有意思的社会现象：97%的老师理论上是不认同送礼的做法的，但现实生活中，却又有40%的教师实际有过收礼的做法。由此可见，送礼之于校园，还是属于可做但不可也不愿公开的事。

面对着五花八门的礼物，老师们应该收吗？答案当然是应该拒绝。

首先，收受家长的礼物，有悖于教育教学中的公平公正原则。教育是建立在所有学生享受同等的受教育权的基础上的，教师组织教育教学活动，面向的是全体学生，考虑的也是全体同学的共同发展和提高。而接受少数家庭的礼品，势必会导致教师思想上和行为上的厚此薄彼。

其次，接收家长礼物，有悖于师德规范的要求，不利于教师身心的健康发展。教师职业的特点，决定了其必须具备那种“安贫乐道”的思想，而收礼行为显然是和这样的师德要求相悖的。

第三，收礼不利于正常的教育教学管理。俗话说“吃人嘴短，拿人手软”，收礼之后，在学生行为规范的要求上，往往就会出现网开一面的情况。对于送礼家庭的孩子，体现出过多的宽容，使之成为纪律约束之外的特殊学生。这对孩子的发展十分有害，也势必影响到正常的教育教学管理。

第四，收礼不利于构建良性的家校合作关系。教育好一个学生，需要学校和家庭双方齐抓共管。而很多情况下，家长们礼物送过了，也就把孩子放心地交给老师了，自己做起了“甩手掌柜”。只是在考试后才过问一下孩子的情况，这显然也是不利于学生健康发展的。

由此可见，收礼行为是不利于培养健全合格的学生的。所以，我们

——学会了感恩。通过这件事也同样让我懂得了感恩，每逢节日来临之际，我也会给我的老师寄去一份代表我的真情和感恩的礼物。

至今为止，那张已经发黄的50元的话费单还保存在我的书柜中，每当看见它，总能勾起记忆深处的那一波涟漪。

（朱　峰）

王老师退礼

王老师班上有一名学生学习语文有困难，家长很着急，就悄悄地送给了王老师1000元钱。推让了之后，家长说什么也不拿回去，王老师也就收下了。一学期之后，家长收到了王老师从邮局汇来的1000元钱，而此时这名学生的语文成绩起色也不是很大。家长感到肯定是自己送少了，所以老师对孩子不够用心。第二学期，家长又准备了两千元钱来到王老师家里。不用家长开口，王老师就知道家长的来意。于是王老师谈了自己为什么当初接受1000元，而后又退回去的原因是为了让家长放心，老师绝对会关照他的孩子的。而后王老师又从孩子的进步谈到教师的师德，中肯的一席话使家长茅塞顿开：老师并不是对自己的孩子不用心，其实自己的孩子在学习上已经有很大的进步，只是自己望子成龙的心态太重。同时也感觉到自己这样一次一次的送钱实际是在促使老师犯错误，是对老师人格的一种侮辱。这样说通了，家长的心结也解开了。又一个学期过去了，孩子的成绩又提高了很大一个档次。家长此时感到自己当初送钱是多么的幼稚。

不收工作对象的礼物是对的，但王老师在做法上比直接拒收礼物要高明得多。因为送礼的人总是有所求，如果拒收礼物，他们就会认为你不会满足他的要求。如果你收了家长的礼物，且能够达到家长的意愿，家长在高兴之余也会看低你这位老师的人格。如果你达到了他的意愿时再把礼物还给他，此时你的人格会让人感觉更高大。如果没有这样做过的老师，不妨一试，你一定会成为家长心目中的好老师。

（赵永攀）

投之以“桃李”报之以书籍

我每接一个新班，总会在家长会上这样说：“各位家长，我有一个要求，就是请家长不要给我送东西，这是我们学校的纪律，也是我们做老师的基本准则，如果您送给我，我就原样退回，请家长谅解！您对我工作的支持和配合是我最需要的礼物！”这个办法很灵，家长果真望而却步，每逢节日，我都为我的清静颇为得意。

可是，有个别家长不理睬这些话还是给教师送礼。一种是“感激涕零”型，一种是“死缠烂打”型，这两种家长都是费尽心思，想着办法塞给老师，千方百计不让你还给他。怎么办？真让学生带回家吗？也觉得不妥当。后来我就干脆来个“投之以‘桃李’，报之以书籍”，也就是买等值的书（主要是儿童文学作品）送给学生，学生感到惊喜万分，家长也是心知肚明。有时我也在书的扉页上写上名言、赠言，学生受到了鼓励，家长则是“无可奈何，惭愧万分”。

就拿我们班一个单亲的孩子来说吧，这个孩子非常内向，需要老师更多的“情感投资”。在了解这个孩子的家庭背景和性格特征以后，我总是特别照顾这个孩子，尽可能锻炼她的胆量，激发她的热情。这对于我来说是工作范围内的事情，可是家长非常过意不去，总是感到很对不住我。她妈妈就在业余时间给我女儿织了一件毛衣，拿着她亲手织的毛衣，看着她眼中感激的泪花，我觉得这份礼物太重了！怎么能够拒绝呢？收下毛衣的当天，我就直奔书店，买了一套杨红缨写的《淘气包马小跳》，并在书上写着："愿你的脸上多一些开心的笑容!"第二天我把书送给了这个学生时，她非常激动，眼睛里闪动着喜悦的光。从那以后，我发现不爱看课外书的她经常拿着那一套书在课间读，我还发现她更愿意接近我了，性格愈加开朗。后来她的妈妈给我打来电话，在电话里提到这套书的事，又惭愧又感动。

投之以"桃李"，报之以书籍，既解决了送礼的问题，又通过"送书"传达着老师对孩子爱的信息，最重要的是让老师能够心安理得地面对家长，面对学生，面对自己!

（刘　杰）

拒"礼"也是一种伤害

教师节那天，张雪兴冲冲地跑到我的办公室，递给我一个精致而小巧的盒子，非常欢喜地说："老师，今天是教师节，这是我送给您的礼物，并祝您节日快乐!"我一愣，张雪是个非常腼腆的孩子，平常见面顶多是微笑一下，今天……就在我迟疑时，那个盒子已送到了我手里，我不假思索地说："心意老师领了，礼物还是拿回去吧!"几次推让后，她近似哀求地说："老师，您收下吧!"但我还是硬把盒子塞给了她。她在那里失神地站了好一会儿，后来红着脸跑了出去。我自鸣得意，又一次洁身自好！廉洁从教是我初为人师就立下的誓言，而且多年来一直自觉遵守，今天怎能破例呢！可后来我知道自己错了！

接连几天，张雪上课总是低着头，情绪很低落的样子。起先我粗心地以为她身体不舒服。可为什么她碰见我要躲着我？一天她同桌的一席话让我终于找到了答案，是我的拒"礼"深深地伤害了她！张雪本是个成绩平平又非常老实的学生，很少有人去注意她、关心她、鼓励她。有次上课我夸奖作文有进步的同学时提到了她，在说她名字时我很温和地望着她，好像还说了些鼓励的话。这早已被我忘却的一幕竟给了她莫大的鼓励！为了表达感激，她用自己的零用钱，在教师节那天为我买了支笔，可竟被我无情地拒绝了。她认为教师根本就瞧不起她！

我的“廉洁”竟伤害了学生。

（王梅弘）

收学生礼物三注意

1. 搞清礼物的意义。只要是学生主动愿意的，而又有能力支付的，教师都可以接受。比如贺卡、鲜花等，教师可以愉快接受。这既是对自己工作的一种认同，也是与学生沟通的一种方式，但教师不能向学生索取礼物。

2. 区别礼物的轻重。学生送给教师的礼物，一般都是学生出于对教师的尊重、爱戴和感谢，是在家长支持下的一种行为。学生送的礼物有轻有重，教师要区分对待。通常情况下，对于贵重礼物，教师要坚决拒收，毕竟你和学生只是师生关系，或是朋友关系，大家的交流是平等的，如果学生的礼品过重肯定有什么企图，有什么难办的事。这时，教师务必站稳立场，把握原则，把学生礼物退还给学生，有必要的，还得解释一下。

3. 接受礼物的感谢。教师和学生关系是平等的，教师教育学生是分内的事，但学生出于对你的感激和尊重，他在节日里给你送了礼物，你选择了收下，就应该主动感谢学生，并及时跟家长取得联系，让家长也知道你的谢意。其实，在孩子送礼的过程中，我们的家长一般都是清楚的，只是他们多半处于“二线”，让孩子冲在前列。这是家长的策略，但教师不能因此而疏忽了家长的感受。教师一定要对家长说感谢的话，即使不能当面说，也要让学生带口信，避免家长对教师的“另眼相看”，以维护教师在家长心目中的美好形象。

教师接受礼物把握了“度”，才能建立一种和谐的师生关系。

（刘平友）

课桌里响起了彩铃声

随着社会的发展，手机已走进寻常百姓家，越来越多的学生也把手机带进了校园。随之而来的是，校园里上出现了越来越多因手机而引发的问题。如何引导学生正确使用手机？有没有可能将手机变成课程资源？本期话题——

对话小档案

刘　成　江苏省常州新桥中学

王召军　江苏省仪征市铜山中学

毕大祥　江苏省江阴市长寿中学

冒继承　江苏省如皋市丁堰小学

符正发　海南省海口市琼山区海政学校

廖忠钰　湖北省宜昌市李家湖小学

张爱平　湖南省浏阳市龙伏镇泮春中学

廖忠钰　**张爱平**　denglunan　**月夜清风**　网友

有百害而无一利

我认为中学生带手机，有百害而无一利。

首先，从需求方面来看，中学生没有带手机的必要。大凡学生能够拥有手机的地方，经济条件和通讯条件就不会太差，一般都装备了投币电话或磁卡电话。真要是碰上什么紧急情况非要打电话不可的，并非必须得靠手机。再说，学生真要是有什么要紧的事用电话有困难，完全可以寻求老师的帮助，即使有的老师没有手机，也可以在老师的带引下借学校的电话一用。就这一点，我想绝大部分的老师和学校都能够做到。

其次，从意图方面来看，中学生带手机的动机不纯。作为学生，学习才是生活的主要内容，并且也应该倡导朴素的生活作风。而他们带手机的意图，往往就是赶时髦，在同学面前摆阔摆酷，炫耀自己。有的学生家境并不好，但为了得到一款手机，不惜打着买学习用品或者学校收费的幌子骗取父母的信任和钱款，一次又一次，积少成多，自己去买。而有的家境殷实的学生，竟以认真学习为交换条件，逼迫家长买手机。从我与家长的交流中发现，没有一位家长是心甘情愿地给孩子买手机的，甚至部分家长对孩子拥有手机的情况还一无所知。

第三，从实际利用方面来看，中学生不能够健康地使用手机。学生的任务是读书，而不是谈生意谈工作，再说，读书也用不上手机。那么，他们用手机来干什么呢？据我们调查，有这样几种情况：1. 和以前的好友聊天，甚至谈情说爱；2. 给同学发信息，乱七八糟的话都有，包括纠集人员放学后打架以及和异性商讨约会之类的事，甚至考试时串通作弊；3. 玩游戏，有的还是上网玩。特别是寄宿生，等到宿舍值班的老师走了以后，常常要玩到凌晨一两点钟还不罢休。第二天就赖床，老师过问，就谎称生病了；或者上课时睡觉，理由往往也是生病。

所以，中学生带手机进校园，外行人看热闹大声叫好，内行人懂门道急得双脚直跳。对于这一点，很多学校都是明令禁止的。如我们学校就是这样规定的：不得带手机进校园，否则，一经发现，班主任有权扣留，并通知家长到校领取。从现实角度来看，我认为中学生就不能带手机进校园！

（刘　成）

“信友”时代　避无可避

“信友”这个词，是05届一个毕业生告诉我的。据他的说法，这个词早就流行了。根据我的推想，80年代学生是交笔友，90年代学生交网友，如今的学生就是交“信友”——将短信作为沟通和交流的工具。其实，岂止是中学生，我们成年人不也经常互发短信吗，过年过节，发个短信祝福，既经济又便捷。我这样说，只是为了说明学生是需要朋友的，而在手机、小灵通迅速普及的今天，对学生来说，短信已经从某种程度上代替了书信和网络。“信友”时代的来临，我们真的是避无可避。

既然如此，学校、老师、家长可以做些什么呢？

规范手机的使用。校园是学生学习的地方，学习是学生的第一任务，无论何时何事，都不能干扰了学生的正常学习，所以，规范手机使用非常重要。学校一般都规定了教师手机不得带进课堂，如确有重要事件必须调为振动，并且不得在教室接电话。这样的规定同样适用于学生，而且，还必须规定，学生不得在上课时间使用手机。

掌握学生的动态。学校可以以班级为单位，集中登记学生手机号码，统一管理；学生家长也可以不定期地查看子女手机使用情况，及时了解学生的思想动态。这一点很容易做到，只需查看其通话记录，就可以知道其通讯时间及对象，当然这一做法需在尊重学生隐私的前提下进行。

扩大手机的用途。其实手机不仅可以成为学生之间的通讯工具，也可以成为学生的贴身天使。比如，有些家长为子女订制了“天气预报”、“每天一句学英语”等短信服务。还可以利用其构建学生与教师的沟通桥梁，如有个别同学遇到一些特殊问题，通过短信与心理教师交流，既可以获得建议，又保留了个人隐私，用这种方法，也许学生会更愿意去和老师交流。其实，只要我们注意思考，发挥手机的积极作用，手机也可以为我们的教育提供新的思路和方法。

“信友”时代，老师也不妨和学生做做“信友”，别去追究那个号码是谁的，别去计较学生讲的是否正确，多听听学生的心声吧。

（王召军）

“禁”式管理思维当休

学生用手机，能够为正常、必需的通讯提供便利，但也有可能有学生因为玩手机游戏占用学习精力和时间，甚至有可能会使学生沉迷于网络游戏或者受到不良信息的侵害。因此，在许多学校，对学生用手机是禁止的。类似的还有学生手中的电子词典，虽然能够为学生的语言学习带来帮助，但同时也包含许多游戏与休闲功能，因而基本上也难逃遭禁的“厄运”了。

毋庸讳言，随着经济的发展、时代的进步，一些新事物、新现象出现于校园，这对学校传统的管理理念和方法提出了挑战。笔者认为，学校对待手机、电子词典等一味禁堵的政策甚至于直接没收的方法有简单、粗暴之嫌，这种抱残守缺和因循守旧的思想，有违与时俱进的人文精神。

其实像手机和电子词典这类现代工具本身并无使学生变好或变坏功能，全在管理者如何引导使用以充分发挥其正面的积极作用。引导的过程同时也是锻炼学生自控能力和培养学生正确价值观念的良机。所以，切莫一“禁”了事！

（毕大祥）

引导手机进课堂

天使的声音

“三八”节前一天，我对同学们说：“老师今天做个调查，哪些同学爸爸妈妈都有手机？”很多同学举手了。“好，刚才举手的同学，明天把手机带来，我们开展一个神秘的活动。”听到要带手机进校园，孩子们既兴奋又好奇。

第二天，果然有很多孩子带手机来了。上课了，我对孩子们说，今天是什么节日？孩子们纷纷说，是妇女节，有的干脆说是妈妈节。“想不想送一份特别的礼物给妈妈？”我边说边举手摇动自己的手机提示道。机灵鬼们果然聪明，马上想到了发短信。我顺水推舟，先指导孩子们写短信，然后把他们的祝福送出去。当然有的孩子没有手机，没关系，大家互助，向同学借，有的干脆打起了电话，向妈妈表达他们的祝福。

几天后，很多家长都向我反映说这是他们收到的最好的礼物。家长的兴奋与感激溢于言表。是啊，天使的声音，谁不爱听呢？

不做“倒笔佬”

有的孩子写字老不注意笔顺，我们这儿方言称之为“倒笔佬”。我经常提醒他们，要注意按正确的笔顺书写，可还是有孩子不以为然。他们老是说，只要写对了就行，管他怎么写。劝说无效，我着实苦恼了一阵子。有一天，我正用手机发短信，忽来灵感。手机中的“笔画输入法”，非得按照笔顺输入，要不然就不是你想要的字了，这可是教育“倒笔佬”们的一个活生生的案例。于是，下课后，我把几个“倒笔佬”找了过来，给他们一个字，让他们写出笔顺，果然是倒笔。接着，我按照他们的笔顺，在手机中输入，这下他们傻了眼，怎么成了另外一个字？然后，我按正确的笔顺输入，咦，打出来了。通过这次试验，小鬼们服气了："倒笔佬"将来用手机都会很麻烦，还是从小按正确笔顺写字好，要不然将来可吃苦头了。

以上是我在教学中引入手机的两个小例子。所以说，手机是一把双刃剑，关键是引导。

（冒继承）

教师要以身垂范

场景一：语文教师在抑扬顿挫、情绪激昂地给孩子们朗诵课文，孩子们兴趣盎然地听着："看啊，全中国人民都在看——河山壮丽，树绿山青；听啊，全中国人民都在听——"。话音刚落，老师腰间的手机响起了清脆的铃音："你是我的情人，像玫瑰花一样……"此时此刻，全班同学面面相觑，随即爆发出一阵欢笑声。一个孩子不满地小声嘟囔道："老师怎能带手机进课堂呢？哼，我们听了都烦，还要全中国人民都来听呢！"

场景二：一位英语教师在给初一学生上课，这节课老师主要教学生怎样用英语进行口语交际。两名学生在进行情景对话："What's your name?""My name's YangTing.""Hello! Nice to meet you!"巧的是，此时英语老师的手机刚好来电："Hello! 你有电话。"顿时，全班同学笑翻了天，正准备回话"Hello! Nice to meet you too!"的学生一时语塞，表情十分尴尬！

学生能否带手机进入校园？古语云："其身正，不令而从；其身不正，虽令不从。"教师的一言一行，一举一动，将对学生起着潜移默化的影响。如果教师率先垂范，以身作则，我想这个禁带手机入校园的规定很快就能收到立竿见影的教育效果；如果教师依然不分场合地佩带手机，依然我行我素地让手机进入课堂，那么纵使老师的演讲口才再好，论辩技术再高，相信这个禁令只能通过“杀一儆百”的方式得以艰难地实施。最终，教师在学生心目中的形象只能打折成“自欺欺人，表里不一”！

因此，教师“欲正人，先正己；欲上行下效，须言行一致；欲下梁不歪，则上梁要正”。一言以蔽之，教师要以良好的风范教育学生，以良好的品行影响学生；教师以身垂范，学生必效尤之。

（符正发）

网友说话：

我看到过一则报道，说的是美国的一个孩子走失，孩子父母寻找孩子的方法就是使用全球卫星定位系统，因为孩子的手腕上戴有一块定制的全球定位系统的手表。当时我就想，只要有条件，我一定要给我的孩子也戴这样的表，如果能有具有全球定位功能的手机就更好了。因为孩子的安全是当妈最揪心的。

去年，同办公室的严老师给上高中的女儿买了手机，在中午和下午用餐时间给孩子打电话，嘘寒问暖地让人感觉很踏实。严老师说，自从给女儿买手机后，再也不提心吊胆了，住校的女儿有什么事都会及时与妈妈联系。我问严老师，不怕孩子玩游戏吗？她说，高中生哪有那么多时间玩游戏，都是封闭式管理，还有那么多的作业，只是手机上课时必须关机，只在中午和下午、晚上休息的时间才开。

现在，我的孩子才8岁，他与我商量：满10岁后，给他买手机，就可以自己独立地上兴趣班和参加课外活动了。我爽快地答应了。因为，随时能与孩子保持联系，可以让我很放心，而我需要做的就是与孩子互相约定，什么时候打电话，如何节约话费等等。

（廖忠钰）

上学期，我班有个调皮学生不知采取何种途径弄来了一个新手机。他像吃了鸦片一样，白天晚上都离不开，上课躲在抽屉里玩，晚上躲在被窝里玩，不是玩游戏就是发短信，有时上课时都有电话打进来，给他自己和我班同学都带来了很大的干扰，学习自然就丢在一边了。

（张爱平）

我的学生中就有很多带手机的，我觉得挺好，学生的手机号码我都有，学生也有我的手机号码。师生沟通无障碍。有人说手机中的游戏功能会使学生迷恋游戏而影响学习，那么课间学生之间的游戏呢？

学生带手机上学不是什么洪水猛兽，学生有自己生活的自由，只要不损害别人的利益，我们理应给与充分的尊重。教育是引导，不是紧箍咒。这也不行，那也不行，实则反映了某些教师的专制心理，唯我独尊。

（denglunan）

早在2003年我们就发现并考虑这个问题，因为我们的领导业余搞法律，也因为我们比较好学上进，所以大家的法制观念很强。当时第一反应就是：有没有相关法律条文对此有规定？没有！

第二反应是：如果我们学校禁止，妥当吗？（我们是全省招生的中专学校）

第三：手机的存在，一定有合理的一面，一味禁止说不过去。

第四：手机的出现，一定会带来许多问题，怎么办？

可是我们得给教师一个准则呀，于是简单说了几句话：第一，因为无权威依据，学校无权禁止学生带手机。第二，教师向学生提出要求，上课及自习、活动课、学校组织的活动等几个特定时间必须关机。第三，教师提醒学生及家长，学校不提倡带手机入校，如果自己非要带手机，由此引发的问题，请家长自己考虑清楚（这有点推卸责任的意思，没办法）。

（月夜清风）

课堂“提神”妙招

课堂上，难免有打瞌睡、开小差、思想溜号的学生，也经常有玩小物品、做小动作、不集中精力听讲的学生。如何把他们的注意力拉回课堂，许多老师都有自己的好点子——

对话小档案

张兰宁 河南省开封求实中学

车文芬 山东省临朐县第二实验小学

刘通泉 河北省怀安县柴沟堡二中

方西河 湖南省岳阳市岳阳楼区实验小学

李玉英 山东省曲阜市书院街道旧县小学

朱　凯 安徽省濉溪县南坪中心学校

刘　杰 江苏省徐州市民主路小学

倪胜利 河南省孟州市明珠小学

杨　雷 湖北省老河口市实验小学

武林争锋

下午学生上课容易犯困，看到他们那睡亦不得、醒也不能的小脸，让你哭笑不得，怎么办呢？

下午语文课，我走进教室，但没直接上课，只装作很随意地问了一句："张无忌这小子都学了哪些武功？"一句话炸开了锅。你瞧他们那兴奋劲儿真让人嫉妒不已，七嘴八舌的议论持续了3分钟，一看精神上来了，赶快收场。曰："张无忌这次忽然遇到了武林高手，到底谁输谁赢第一轮比试是看谁顺利闯过文学关。现在教室里的前两排是少林派，三、四排是武当派，五、六排是峨嵋派，各位高手请走进第15课，一起比试，试看天下谁英雄！"同学们大声呐喊："我们必胜！"

一节课在这样的各派争锋中顺利、热闹甚至沸腾地走过，同学们的小脸各个都涨红得像苹果，看得出他们兴趣不错！

（张兰宁）

"火"拐弯

今天这节课我给孩子们讲评试卷，我没有急着把试卷发下去，先把出错最多的"加标点"题出示在屏幕上，和孩子们说了一遍，学生们听得很认真。接着我又举了五个例子来进一步巩固练习：

（1）我们学校有个花坛。

（2）你们学校有花坛吗？

（3）我们学校花坛的花真美啊！

（4）我们学校花坛的花真美呀！

（5）我的书包呢！

紧接着，引导学生发现感叹句和疑问句的句子有什么规律，学生思维异常活跃，学得扎实有趣。突然，我发现前排的张伟、刘沛放在那里忙得不可开交、不亦乐乎：低着头，手在不停地把本子卷成筒状，嘴里还咕哝着，真是“身在曹营心在汉”呀，气得我真想一把夺过本子来。

我箭步走到他们身边，他们马上停下，准备迎接“战火”。我大声喊：“你的手在干什么?”教室里静极了，我清楚地听到了自己的心跳声，顿了顿，我又压低声音笑着说：“同学们，请问用什么标点符号?”学生一怔，尤其是那些等看热闹的同学一时还没回过神来；旋即，孩子们笑着说“问号”，“那，张伟你该怎么回答老师的问题呢?”我又提高声音说；张伟说：“我在折纸。”“用什么标点符号?”学生齐声回答“句号”。

就这样，我用短暂的停顿，突然提高声音的提问，把学生的心巧妙地拉了回来，既批评了学生又把批评与知识融为一体，等我再出示句子练习时，效果棒极了。

（车文芬）

装傻退位

发现有学生走神时，我往往会使出我的招——装傻退位。具体做法是这样的：我马上结合正在讲的内容，出一道题（或对正在讲的问题），根据以往学生容易出错的情况，给出一种错误解法。然后给同学们时间，让他们思考，让他们讨论：这道题是不是有错误呢？错在何处？怎样更改？然后找人（多数是那些注意力不太集中的人）回答。

开始几次学生们以为我真的不会做或做错了，以为找错是在帮我的忙。他们便乐呵呵思考着，又兴奋地参与了进来。

后来，学生们知道我在装傻，一见这种情境，便忙着去思考。尤其那些走神的同学，生怕被我叫起，因刚讲过的问题不会而丢了他的脸面。

有时我在一道题里出很多错，还让学生们比着找，看谁找的错儿多。有时有人竟会把对的地方也说成是错的，接着马上就会有很多人来急着去纠正他的错，真是妙趣横生！

我有时让同学们给正确的解法找错。有人答道："没找到。"有人会帮着说："就是没错！"我反问："真的没有？""是！""你们敢确认吗？"大家都异口同声地答道："敢！""真聪明！"于是整个课堂就浸在一片掌声与欢呼声中。

（刘通泉）

"提神"与教学合二为一

上课时学生走神，教师有必要提醒。我平时在对待这个问题时，常常把提醒与教学有机地结合起来，让提醒成为课堂教育资源，总是能收到良好效果。

一天，我在上作文课，对平时学生作文写不长的普遍现象进行分析，并进行辅导。刚讲到要注意写好细节时，徐振川同学拿出一个硬币在桌子上玩。我看到后，没有批评他，而是在黑板上写了一句话："徐振川在玩硬币。"同学们一看，马上静了下来，眼睛都看着我，徐振川同学很不好意思，脸涨得通红，不知怎样做才好。

我没有讲什么，而是指着黑板上这句话说："这句话很通顺，但是不具体，没有把细节写下来。怎样写呢？请听：方老师正在讲课，当他讲到要把细节写好时，只见徐振川同学从口袋里摸出一个一元的硬币，两个指头按着，然后用力一转，硬币马上在桌子上打转，他的眼睛也跟着在桌子上打转。"

我的话刚说完，同学们都鼓起掌来。我走到徐振同学的面前，伸出右手，说："谢谢你提供了这么好的素材，让我的作文课更精彩！"他的脸更红了，但后来的课堂上，他非常认真地听课。我又说：“刚才，我以徐振川同学为例介绍了怎样把细节写好。另外，我还要提醒大家，对于刚才老师处理这个问题，也是一个很好的细节，它可以很好地反映一个人的特点，请大家写下来吧。”

大家兴趣很高，一下子就完成了任务。在后来的作文中，同学们的细节都写得很好了。我还真要感谢徐振川同学呢！

（方西河）

正话反说

《马踏飞燕》是一篇介绍珍贵文物的说明文，主要描写铜塑骏马的外形，特别是马的右蹄踏在一只飞燕上，以表现马的飞奔速度之快。这件文物反映了古代劳动人民丰富的想象力、先进的科学知识以及铜奔马塑造者卓越的创造才能。课文就是这么简单。教学过程的设计是把观察和欣赏铜奔马的照片贯穿于教学的全过程。其程序是：学文之前先看图，学文之中对照图，学文之后欣赏图。

问题在于：学生不爱学说明文，没人物没情节，对看图学文不感兴趣。

我看到学生懒散的态度，灵机一动，开堂便讲：

“今天我们学习新课《踏燕飞马》。”

学生哄堂大笑：“老师，错了，错了，是《马踏飞燕》！”

我正色道：“我觉得应该是《踏燕飞马》。不信大家看看图，读读课文，究竟是写燕还是写马？是燕在飞还是马在飞？”学生顿时安静。大家都把心放到课文里去，以求得答案与老师争辩。

（李玉英）

让学生当老师

也不知学校教务处怎么排的课，每周星期五下午第二节都有我一节语文课。一到这天我就头痛，因为下午这节课的课堂气氛实在差强人意，一到要他们回答的时候，举手者没有几人，有好几个学生总是想去见“周公”。

又到了这一节语文课，由于我们学习的是文言文，我就要求学生大声朗读。可没有几分钟，声音却低得几乎听不见。于是我想请一名学生到前面领读，谁知，大家的兴趣来了，这个也要来，那个也要来，班里差点“炸了锅”，气氛一下子高涨起来了，就连那几个想见“周公”的同学也高高举起了手。我挑选了一名语文成绩较好的同学上了讲台。你别说，他还真有点像模像样呢。到了前面，扫视了一下全班同学，用手推了推眼镜，然后郑重地说：“请跟我朗读课文。”大家都笑了，可笑归笑，无论是教的，还是读的，都很认真。是啊，哪一个上讲台的同学也不想让下面的同学看自己的笑话啊！接着下面的文言翻译、课文讲读，我也采取这种小老师的方式，顺利地完成了课堂教学。

于是我规定，每个星期这一节语文课，我都请同学们当老师，当然告诉他们都要积极准备了！否则，展示自己的机会就丧失了。十几岁的孩子，他们谁不想在同龄人面前显“本事”呢。他们准备得可充分了，又查资料，又问老师，非常认真。事实证明，让学生当老师，不只是“提神”效果不错，也开发了生本资源，树立了孩子的自信心！

（朱　凯）

看于永正怎么“提神”

京剧界有句话，叫做“无丑不成戏”。看戏是愉悦的事，但是，戏太

“文”了，时间太长了，观众也会疲劳。如果小丑一出场，剧场内则会顿时活跃起来，使观众感到轻松。

特级教师于永正是个性格开朗幽默诙谐的人，听他的课常常会感到很轻松，一节课不知不觉地就过去了。于老师说：“丑是生活中的一种色彩，京剧里的丑角是教我幽默的第一位老师。”于永正在教学时常常“幽”上它一“默”，放松放松学生们紧张的神经，驱走他们身上的疲劳。

学习《翠鸟》第三段时，于老师发现学生小庆打了个呵欠，又与同桌嘀咕起来，便语调平缓却十分认真地说：“小庆，请你去逮一只翠鸟。”小庆慢慢腾腾站起来，很茫然的样子；于老师又重复了一遍刚才的话，并加了一句：“请你不要推辞。”“到哪儿去逮呢?”小庆可怜巴巴地说。其他学生也是面面相觑，神情迷惘，于永正说：“你看看书嘛，大家都读第三段，看看到哪儿去逮，看出来以后告诉小庆。”还没等别人发言，小庆自己说：“翠鸟不好逮，它住在陡峭的石壁上，洞口小，里面又深，谁上得去呀?”于老师哈哈大笑，小庆说的正是第三段的主要内容，他读懂了。当于老师问小庆为什么老师请他去逮翠鸟时，小庆不好意思地笑了，说：“刚才我和同学说话了。”“你有点疲劳了，是不？不过逮翠鸟这个光荣而艰巨的任务你虽然没有完成，却帮助同学们读懂了第三段，功不可没!”学生们听了，都发出了会心的笑声。

（刘　杰）

给学生讲些故事

让我成为一个爱讲故事的老师是因为一道思考题：一个圆柱形玻璃容器的底面半径是5厘米，把一块投入水中的铁从容器中取出后，水面下降了5厘米，问这块铁的体积是多少？虽经我百般讲解学生却仍旧是蒙头蒙脑似懂非懂，脸上一片茫然，更有的学生甚至打起盹来。情急之中我想起了“曹冲称象”的故事，略一思考觉得这个故事与这道题有异曲同工之妙，我停下来说：“这道题不说了，我给大家讲个故事吧?”学生们一下子精神振作起来。

“三国时候曹操有个小儿子叫曹冲……”故事讲完后，我顺势引导：“那么这个故事和我们的题有什么相同的地方呢?”学生们几乎异口同声地回答：“5 厘米水柱的体积就是铁块的体积。”这道思考题就这样在故事中解开了，从此我也越发爱给学生讲故事了。

爱听故事不仅是每个孩子的天性，而且可以说是每个人的天性，只是我们往往习惯于把故事和育人分开，其实如果我们留心观察会发现，每个故事背后都有着或多或少的教育意义。我想这些故事不仅可以起到给学生“提神”的作用，对他们的教育效果要比空洞呆板的说教好得多!

（倪胜利）

找准学生的兴奋点

电影《手机》里有一句经典名言：审美也会出现疲劳。是呀，学生日复一日、年复一年面对同样的老师、上着同样的课程，岂有上课不疲劳的道理，更何况还有夏热冬寒季节变化、成长中不为人知的烦恼，都会让学生自觉不自觉地上课开小差、思想不集中。

回想上初中时，同学们都极讨厌上古文课，咬文嚼字、枯燥无味。一天语文教师生病，临时一位年轻老师顶课，给我们上宋代杰出的文学家、政治家苏轼的诗词《水调歌头·中秋》。他让大家先朗读课文，不懂的地方查找资料，可学生们都作昏昏沉沉、无动于衷样。这位老师一看学生的积极性不高，马上就说：“我先请教大家一个问题，谁知道中国的四大美女是谁?”谁都想不到老师提这个问题干什么？但总而言之，同学们是你一言我一语的，讲起了有关貂蝉拜月、昭君出塞、贵妃醉酒、西施浣纱等一个又一个美丽的传说。老师看时机已到，马上话锋一转：“既然如此，那大家一定能解释‘但愿人长久、千里共婵娟’中婵娟的本意和引申意了。”一下子，教室里的学习讨论气氛变得异常活跃起来。

这位年轻老师轻松愉快的教学方法给我留下了深刻印象，以至我走上讲台之后，也经常自主不自主地用类似的方法教学，让学生能在精神适度放松的情况下继续学习。

（杨　雷）

玫瑰花开了

人们把爱情比做玫瑰，也许是因为爱情那种妙不可言的感觉，在世间万物中只有玫瑰才可以表达。玫瑰的绽放是有花期的，享受美妙的爱情也需要具备相应的条件，承担相应的责任。对于中学时代的少男少女来说，当爱情来临时，他们需要教育者的帮助和引导，以便爱情的玫瑰能在理性的光芒下风情万种地绽放。本期话题——

对话小档案

刘　祥　江苏省仪征中学

杨国新　山东省广饶县花官乡中心小学

陈　华　吉林省长春市十一高中

刘通泉　河北省怀安县柴沟堡二中

陈玉驹　江苏省张家港市乐余高级中学

祝俊初　四川大学政治学院

孩子，你可以站得更高些

邻家女孩正读高三，最近喜欢上了自己座位后边的那个男生。眼看着高考在即，她一方面不愿意把精力放到情感上，另一方面却又始终无法化解心中的这份期待。母亲找不出更好的方法来帮助女儿，便来找我这个做教师的邻居帮忙。我给她支了个招儿，结果效果还不错。下面便是母亲依照我的建议而实施的“育女”过程：

周日，邻家母女一起上街。母亲带了女儿逛服装店，说是要给女儿买件衣服。走了几个店铺之后，女儿看中了一件很漂亮的上装，但母亲对女儿说：“货比三家不吃亏啊，再看看别的店，说不定有更好的啊。”

母女俩便继续一个店面一个店面地看下去，在一个精品店中，女儿果然看中了一件更为漂亮的时装。

“不再挑了吗？”母亲问女儿，“也许还有更好的啊。”

“就这破县城，还能有什么更好的衣服，我就要这件了，你就掏钱吧。”女儿半撒娇地对母亲说。

“哈，嫌县城小了啊，那咱们到南京去，那里肯定比咱这县城大很多哦，顺便也带你去梅花山看看梅花，怎么样？”

一个半小时后，母女俩便出现在了南京新街口百货商场中。女孩经过慢慢比较，终于选定了自己最为喜爱的三件衣服。母亲把三件衣服都买了下来，然后带女儿又去逛了风景点，傍晚时才回到家中。

晚上，母亲让女儿换上新衣服，并找了个借口，让女儿把我邀到了她家。

“刘老师，你会欣赏，看看我家千金这身衣服怎么样啊？”

我立刻赞不绝口，几乎是把所有的赞美之词，都成串地奉献了出来。

“为了咱宝贝女儿的这漂亮服装，今天我可是跑细了俩腿了，从县城的教师，切莫为了蝇头小利而心安理得地收礼。须知，每收了一份礼物，就减了一份师德的光芒。

（刘　祥）

多出的50元话费

参加工作后的第三年，为了工作方便，我花了半年的工资买了部手机，并把手机号告诉了学生，以方便与他们的父母进行沟通。从那以后，我每月不得不从微薄的工资中扣除不菲的电话费。

教师节前的一个星期天，我在查询我的手机话费余额时，竟然发现多出了50元。我纳闷了，最近我没有充值啊，怎么会多出50元的话费呢？我立刻在班上进行调查，原来是徐子舒的母亲帮助充的。了解情况之后，我觉得必须和徐子舒的母亲进行当面交流，并把钱退还给她。

放学后，我特意留下了徐子舒，在等她母亲的过程中和她攀谈起来。“徐子舒，这50元的话费，是谁让充的？”徐子舒只是低头笑着，却默不作声。在我的预料中，一定是她让她母亲帮助充的。当我还想和她说些什么的时候，她母亲走了进来，“朱老师，是不是小舒在学校表现不好了？”“哦，不是，事情是这样的……”我解释了留下徐子舒的原因，并递上50元，连声感谢。她母亲说什么也不肯收，并告诉我，这50元钱是徐子舒让她买个礼物给老师，母女俩想来想去送什么好呢，后来想到老师的手机经常和班上同学的家长联系，花费不少，所以给老师充50元的话费，权当和家长联系的费用。她还说，其实这50元算不了什么，关键是让孩子懂得对老师感恩，明白做人的道理，希望老师能收下这份情义。听完她的一番话，我禁不住为之感动，泪花在眼眶中来回打转。

的确，这50元钱算不了什么，但这份情义却非常沉重。我决定收下这份来自孩子和母亲的真情，因为我的学生懂得了做人最基本的道理服装店一直跑到南京大商场。”

“太兴师动众了吧，为了一件衣服，值得吗?”我接口说。

“值得，太值得了！不到大城市，就不知道县城的简陋和低档。”女孩回应道。

“是啊，你不知道。一开始，我们进了一个普通店面，女儿便看中了一件衣服，当时似乎就觉得那是全天下最好的衣服了，但我没有允许她买下来。接着，我们在精品店中，又看中了一件更漂亮的，我仍然没有买下来。后来，我们到了南京，在大城市大商场中，我们发现了无数件比县城中最漂亮的衣服还要漂亮的服装。结果，我的宝贝女儿眼睛都看花了，好不容易才选了这么几件回来。”

我趁机接过话题：“你别说啊，你刚才的话还真有哲理呢。咱们请高中生给分析分析。你看你妈妈的话，是不是和哲学家说的一样啊。其实，你这里说的买衣服，也和女孩子找对象一样。很多女孩，在狭小的生活圈子里喜欢上一个男孩子后，往往就想当然地认为那男孩是天下最优秀的人才了。但若走出那个生活圈呢，也许就会发现比那男孩更优秀的人。至于走出小圈子，走到更广阔的大城市去，那么，就又会发现无数个更为优秀更为出色的小伙子。人就是如此，生活的圈子越大，就越可以发现世界的精彩。”

女孩子若有所思地看着我。然后，她接上了话题：“刘叔叔说的还真是真理呢。我们老班就常常告诫我们要好好读书，说考取大学了，就等于打开了通向更广阔的世界的大门。也许，外面的世界真的十分精彩。看来我要好好读书，争取考上最好的大学。这样，我也许就可以接触到更加广阔的世界，也就拥有了更加美好的未来了。”

“好，有志气的孩子!”我脱口而夸，“其实，每一个人都应该在力所能及的条件下，力争让自己站得更高些的。古人就说要志当存高远，现代人生活压力越来越大，自然也就越是要不断充实自己，让自己在年轻时尽可能多地学习知识，接触社会。这样，不但对自己的一生有益，即使退一步来说，就是对组建个幸福美满的小家庭，也是必不可少的。”

第二天，她母亲告诉我说，当天晚上她和女儿又谈了不少关于未来人生的话。她说看得出女儿在一天的活动和交谈中是有触动的。女儿还“审问”她是不是和我串通好了来进行思想教育的。“不过，就算是你们串通好的，我也要感谢你们的引导。”女孩子对母亲说。

（刘　祥）

把爱藏在心底

几年前，我担任初中的班主任。有一天一走进教室，几个平时表现活跃的同学就围上我说：“老师，咱们班发生大事了。”我说：“什么大不了的事，哪个同学又被校长逮着了？”一个女生神秘兮兮地说：“咱班的柳冰和二（6）班的王丁谈恋爱了。”我才感到事情有些不妙。

怎么办呢，我想到了文学的力量。

我把鲁迅的《伤逝》、巴金的《怀念萧珊》和《再忆萧珊》刻成版用油墨印出来，发给学生，与学生共同学习“爱”这一课。读了子君和涓生的悲剧，知道爱是需要基础的，没有经济作后盾，“爱”从何谈起呢？等读到《再忆萧珊》时，学生和我早已泪眼婆娑了。老人在文章中写道：“昨夜梦见萧珊，她握住我的手，说：‘你怎么成了这个样子？’我安慰她：‘我不要紧。’她哭起来。我心里难过，就醒了。”读着读着，我这个堂堂男子汉，竟当着四五十个孩子，站在讲台上擦眼抹泪。现在想起来，我仍然心存感动：用我的真诚去感悟巴老夫妇的真情，能不流泪吗？泪光中，我看到孩子们也被感动了：泪水早已装满了他们的双眼。

阅读课进行得有滋有味，持续了接近一周。期间，我没有讲过大道理，我只是试图循着这些经典文本的足迹阐述自己的一点认识。我还力图让学生感悟到：爱是人的权利，爱有多么美好，有了爱生活才充满了希望；并不是因为无知，才有了爱。那段时间里，我很清楚柳冰承受了多么大的压力，眼神就成了我和她交流的唯一语言。心有灵犀一点通，但在此时此刻，任何“一点”都是多余的。

时机成熟，就该收网了。一个周末，我和柳冰说：中午老师请“形象大使”吃饭，去不？孩子没有拒绝。妻在厨房里做饭，我们师生坐在沙发上看电视闲聊。我说：“近来，学习上有困难吗？一寸光阴一寸金呐。”孩子红了脸，低声说：“英语老师批评过一次。”我故作惊讶：“什么原因？心里有事，对老师可不要保密呀。”孩子很懂事，眼圈湿润了，却没做任何解释。我笑了笑说：“我知道柳冰不会做那种傻事的，这回老师是不是又猜对了？”她笑了，笑声中孩子也解开了心中的结。

（杨国新）

巧借古诗谈爱情

在与学生们欣赏了古诗《氓》顿挫有致的语言、委婉巧妙的表达技巧后，我让他们仔细思考《氓》中女主人公的悲剧根源，很容易就得出了问题在于她嫁了个负情郎。随后我又让他们找出作者告诫后人的诗句“于（同‘吁’）嗟女兮，无与士耽。士之耽兮，犹可说（同‘脱’）也，女之耽兮，不可说也”，然后分析其中的含义。当然此时男同学一般不大吱声，主要是女同学们群情激愤，一起声讨“氓”的不念旧恩、背信弃义。我引导他们说：爱情有时是很盲目的。最初我们看到“氓”在追求这女子时不惜死缠烂打、说尽花言巧语，可一旦达到目的、特别是富贵发达后就翻脸无情，暴虐相待，简直没人性。可是我们再想一想，“一个巴掌拍不响”，这位女主人公有没有错呢？我继续引导他们往下思考。马上有学生说她“有眼无珠”，没有认清“氓”的真面目，那明摆着就是个游手好闲不务正业的主儿，怎么着也不能不辨好坏就嫁呀！从这个意义上说，她受苦也是自找的。

我引导大家继续讨论：那我们应该如何看待爱情呢？它难道仅仅是花前月下、海誓山盟，圣洁得仿佛不食人间烟火吗？还是像现在很多年轻人崇尚的那样不顾时间场合的卿卿我我、黏黏糊糊呢？现在咱们学生当中就有多少人过早涉足爱河，甚至牺牲了学业，这样的人想过自己的将来吗？爱情不仅要有男女双方感情上的相依相偎、不离不弃，更要有现实生活中的物质作为它存在的保障。我不能说这些学生的爱是虚情假意，毕竟此时他们都是跟着感觉走，觉得真正喜欢对方才在一起的，感情应当说很纯真；但是一旦将他们的爱情从纯粹的精神天堂发配到现实的人间，他们能具备供养这份爱情的能力吗？如果你连安身立命、养家糊口都成问题，那么爱情这娇艳的花朵也就快开败了吧？再说了，就凭你们现在的眼光，只怕在选择恋爱对象能力和眼力方面也不比《氓》篇中的女主人公强多少。可能是对方很漂亮，也可能是他（她）家里比较有钱，或者是见人家有对象自己觉得不服气为争面子而饥不择食，甚至也会因为对方死缠烂打才半推半就吧……总之多是盲目的，谁敢想两个人将来会演变成什么样子？几个“涉嫌”恋爱的学生开始沉默了。

我最后说：早开的花注定早落，因为它要经历更多的风霜雨雪。同理，早恋的同学注定要经历更多的考验，那么出风险的概率自然更高。所以我想告诉大家，有时候彼此间的懵懂好感不见得是真正的爱情，也许若干年后你蓦然回首时都会为自己当初的幼稚感到可笑，正如李商隐所说，“此情可待成追忆——”“——只是当时已惘然”，同学们异口同声地说。

（陈　华）

让“爱情”明亮化

去年，班里出现了三对“早恋”者。这可伤透了老师们的心：什么谈心、批评、教育、惩罚……其结果都是一时的好转或明暗的转变。一有机会，纸条、眼神、手势就会屡屡重现。更可气的是，好多同学竟是好奇的观众，这些“败类”的默默支持者。

为了彻底解决问题，我突然闪出一个念头：让他（她）们坐在一起！我召开了主题为“正确对待爱情”的班会。之后，我又与他们约法三章：一是不能影响别人；二是学习要有进步；三是懂得自重自爱。当我收到六份充满热情与真诚的保证书后，就让他们“三对”都如愿成了同桌。

顿时他们的态度就发生了明显的变化：对老师，尊敬、充满感激；对同学，友善、乐于助人。开始，同学们议论，他们不好意思地笑了。有人开他们的玩笑，他们也不太在意。

之后，这“三对”的学习比以前均有了不同程度的提高。可使人不乐观的是，又有“两对”前后向我递交了保证书，我也遂了他们的愿。

一学期下来，我发现他们的关系都在淡化。有一次，我走到班门口，正听得同学们在议论这事：“都不行了，唉，幸好我没掺和！”“谁说都不行了？C和D不是还挺好吗？”“好个屁！D那天和我说，C不是她想要的那种人。只不过她聪明，没说破而已！”“那G和H呢？总不能说他们也吹了吧！”“他俩？那哪里是搞对象呢？那纯粹是一对学习上的竞争对手！”……唉，原来如此！

班里的爱情真是犹如星星之火，若把它放在黑暗处，它会因人们的注意而耀眼夺目；若把它放到阳光下，它会因人们的不在意而自生自灭。

（刘通泉）

“恋爱事件”这样被我“解决”

我掌握了一封“情书”，信是写给我班青青同学的。下午班会课的最后几分钟，我说：“下课前，我读一封信，给你们听听，好不好?”我突然把话题一转。

“好!”同学们回应道，甚至有些同学在偷偷地笑（看来，有些学生早已知道这封信了）。

当时，我感觉到她的心，一下子被提了起来——有她紧张的表情为证。

“自从与你分别后，我常常想起你，常常盼望你的来信。有时身在教室，心却在你那边。上星期老师让我回答问题，我答非所问，还被同学们笑了好一会儿……”

她红了脸，也许她的脑子在“轰轰”地响吧!

“这是一个15岁的初二女孩写给一个16岁的初三男孩的信。女孩和男孩不在同一个学校，因为一次夏令营活动，他们认识了。之后，男孩就常常给女生写信，女孩也常常写信给那个男孩。男孩的学习成绩也一天比一天差。”

她的脸更红了。

“有一天，那男孩的班主任得到了一封女孩写给男孩的信。放学后，那位班主任把那小男孩叫到了自己的办公室里。男孩是班长，是全班学习的榜样，是班主任的骄傲，男孩很羞愧。但班主任却像没事似的把信还给了他，并让他坐下。然后，把一只去了皮的青色桃子递给了男孩，男孩吃了，直吐舌头。接着那位班主任说，这个青青的小毛桃虽然可爱，但是没有熟，没有熟的果实怎么会甜呢?”

教师里一片寂静。

“后来那个男孩读完了高中，又考上了大学。那个男孩就站在你们的面前……”

“老师，是您!”教师里一阵唏嘘。

“对，正是我。”

“人的成长，正如种子的入土、发芽、开花、结果。青春期的情感萌发，也是人成长过程的一个部分。我们没有理由去嘲笑青春期最纯真的感情，但是我们要懂得，青色的果子是不可以随随便便去采撷的，待到它成熟时才可以品尝，这时的甜美往往可以滋养人的一生。”

掌声响彻了整个教室。一颗晶莹的东西，在她的眼里闪闪发光。

（陈玉驹）

两条底线不可逾越

对校园的青涩之恋，漠视是罪。但师长的引导和帮助有两条清晰底线不可逾越：一、永远不伤孩子，善待他们一生最圣洁、最珍贵的情感。二、永远保持平视，为他们的懵懂、无舵而进行忠告、导引和传递经验、智慧时，绝不强求。如果坚守底线，他们什么也不改变呢？答案是，继续坚守，绝不突破，因为爱与被爱是生命个体的权利，本应由生命个体做主，任何外在的管、卡、打、压不仅有悖生命伦理，而且难结真正善果——即便，孩子因此走出弯路，也属不得不付的成长代价，是他们走向坚忍不拔的历炼过程。

当爱情来临时，孩子们渴望理解、关怀，这也考验父母、师长的爱心与智慧。

（祝俊初）

师生和谐不太难

这边，校长被家长杀害，学生因批评而自杀；那边，学生受罚在寒风中“裸奔”，为了小纠纷家长对老师破口大骂……一段时间以来，校园里不断传来负面消息。有关中国教育现状的讨论和反思，已经不仅仅限于旧有的应试教育的弊端了，新的更多的社会性矛盾已在校园显现。在中国，做学生难的感叹，人们已经听到很多；如今，我们发现，做老师也那么不容易！本期话题——

对话小档案

李凌志　北京市平谷区诚明高级中学

刘通泉　河北省怀安县柴沟堡二中

唐爱华　河北省秦皇岛市海港区新一路小学

苏　秦　江苏省沭阳龙庙中学乒乓球协会

吕志林　山东省潍坊市第一职业中等专业学校

赵岳洲　江苏省张家港市南丰中学

王群丽　新疆乌鲁木齐市第 69 中学

师爱有痕

班里一位叫王悦的男孩和我僵持了一个多月的紧张师生关系终因一件小事得到改善，其他同学也对我更加尊重。

事情是这样的。去年11月初的一节政治课，几个男学生逃课去操场玩球，正好被业务校长逮着。教育学生的工作落到了我这个班主任身上。几个学生乖乖地接受了诸如扣分、写检讨等常规处理。虽然逃课并非小事，但是爱玩是学生的天性啊，如果保证以后改，教师还能说什么呢？关键是学生接受批评即可。但王悦说什么也不认错，我一气之下，对他狠批一顿，并且吓唬他要喊家长来学校。此后事情不了了之。自此他对我芥蒂颇多，特别是在之后的教师评价中，他对我实行报复：全是不及格。我也在寻找解决问题的契机。11月20日的晚饭后，王悦难为情地跑到我家，告诉我说他要请假去医院。原来他和同学闹着玩，眼眶撞在了桌棱上。“我带你去！”我看着他痛苦的样子，顾不得多想即揣上钱，邀上两个学生做伴，开车去了医院。挂号、检查、付款、拿药等多个环节，我和另一位学生跑前跑后，折腾了一个多小时，花去了五百多元。回到学校后，我去宿舍探望他，嘱咐其他同学要照顾好他。当着宿舍同学的面，他激动地说：“老师，那次真对不起您了，请您原谅我的无知。”我也动情地说：“过去的事就不要再提了，我也是从学生时代走过来的，我理解你的心情。”看来，王悦是被我为他的付出真正地感动了。

师生关系紧张是常见的，特别是当教师对学生严格要求，而又得不到他们充分理解的时候。怎么办？教师不要把这事看得过于严重，因为在教师眼中，学生毕竟是孩子，教师应容忍学生的缺点和不足，尊重他们对于教师的批评所提出的质疑。但是假如师生关系真的很紧张时，教师又不能让这样的现象一直存在下去，否则会为学生带来心理压力，也不利于他们学习心态的树立。教师可以在课堂上对其进行友好的提问，让他们感受到教师对他们的关怀；或者是在批改作业时，对其优缺点进行评点，无论鼓励或表扬都会让他们明白老师还在关注着他们；对于其生活中的困难，教师不妨慷慨相助，相信他们一定会感到温暖。只要教师善于抓住时机，寻找缓和师生关系的触点，并主动“出击”，自会让学生感受到教师对他们的关爱，因为师爱有痕，学生会在教师的付出中感悟到教师的伟大。

（李凌志）

我给学生写检讨

班里转来一个学生，他很聪明，但各种习惯实在太差。几次不按时完成作业后，我便开始教育他；在他抽烟被我逮住后，我便开始批评他；他酒后睡在课堂上时，我便开始惩罚他。得到他父母的大力支持和极度信任后，我便下定决心要转化他。

可是，不知从什么时候起，他竟对我有了敌意。一次放学他在路上碰到我，不理不问，眼睛狠狠地斜了我一眼，闪电般地跑了。这一眼，像一把利箭，深深地刺进了我的心中。我想，我哪儿对不起他呢？没有！可他为什么这样对我呢？我百思不得其解。在学校或班里他对我绝对是毕恭毕敬的，可是内心中却对我充满敌意！

面对这种敌意，我有点害怕。怎样才能消除这种敌意呢？再去找他谈话，这有用吗？我打开了谈话记录，翻出了我们往次的谈话内容。我找出了他的检讨书，竟有 12 封，总字数可达 8000 多字！我又一次读着他的检讨，回顾着我对他的一次又一次的教育，突地来了灵感，我也给他写份检讨书吧。内容写了三个方面：一是肯定了他的进步和他最近取得的成绩；二是对我所采取的一些教育方法进行反思，说出其中的目的只是为了让他改掉坏习惯而且警戒他以后不再犯，并具体地指出个别的几次可能伤害了他，我在此向他道歉！三是明确地指出他的敌意已经刺痛了我的心，希望我俩都能很好地反思一下。

第二天早自习，我便把检讨书递给了他。不一会儿，他便到办公室来找我。“老师，我错了……”这句话还没说完，泪水已像断了线的珠子，顺着他的脸流了下来。接着，他把他的委曲全部倒了出来，包括对我的误解和偏见。我静静地听他说着，时不时地拍拍他的肩膀，对他的疑问和误解给予答复和纠正。通过这次的交流，我们“化敌为友”。之后，他也成了我了解班里情况的得力助手。

现在，他已上重点高中两年多了，可他还时不时地给我写信。信中他说说这个，说说那个，大有离家的孩子对父母眷恋的感觉。刚又收到他提前寄来的贺卡，我心中充满了欣慰。

（刘通泉）

“刘老师是我表姑”

那年，我被任命为教导主任，负责五年级的教育教学。新官上任三把火，这火没等我点，学生那儿就先着起来了，还差点烧到我的鼻子尖。

事情是这样的。五年级三班的刘老师是位极富责任感、性情耿直的老教师，偏巧班上有个犟脾气的调皮大王李洪，刚开学不久，师生就闹起了矛盾，而且不断升级。一节课上，李洪故意捣乱，刘老师忍无可忍，将他轰出教室。第二天，家长一状告到我这里，说刘老师剥夺学生的上课权，对孩子不公平，尽给孩子小鞋穿，等等。

暂时安抚了家长后，我进行了调查，发现其实刘老师和李洪没有什么大矛盾，只是刘老师的教育方法简单直接了些，伤了李洪的自尊，导致现在孩子对老师产生了对立情绪，无论刘老师怎样做，他都认为刘老师看不上他、故意找茬。出现这种局面，家长、老师都很着急，怎么办呢？

刚走马上任的我实在不愿意把困难上交，绞尽脑汁想了一个不是办法的办法。我先做好老师的工作，缓和了她和家长之间的矛盾，然后，把我的想法和他们商量，争取他们的支持。达成一致意见后，我们着手开始行动：让李洪的妈妈骗李洪说，刘老师之所以对他要求那么严格，是因为刘老师是他的表姑，只是怕他知道了有优越感、不听话，过去才没有告诉他，等等。与此同时，刘老师也与李洪谈心，不断改进教育方法。

如此这般后，我怀着忐忑不安的心情关注着事情的发展，很快便有了结果：李洪和刘老师的关系缓和了！不仅如此，还越来越亲密，小学毕业后，还经常来看望刘老师，直到几年后的今天，我们任何人也没有揭开这个谜底。“刘老师是我表姑!”李洪逢人便讲，那副炫耀的神情，至今我还历历在目。

我自知这实在不是什么高招，但是这件事却给我很大的启发。当师生关系紧张时，一味地责备老师，让老师改进方法，并不见得有什么效果，因为学生小小的心中已经有了阴影。这个时候，换一个角度，使学生在“意向效应”中对教师产生认同与信赖，方能够柳暗花明、事半功倍。

（唐爱华）

多到“差生”旁边站一站

说真的，六班是我教书以来感觉最差的一个班级。考试的成绩总在年级倒数的位置。成绩差就差吧，可是上课时候，那些学生真是太不像话了，讲话从没停过，你说他吧，有的还会与你顶嘴，更有甚者，上课时还吃着东西。我经常会加以批评，可他们从不感到不好意思，反而还会呆呆地笑，真拿他们没有办法。无意中与班主任说起，才知道，那些差生中有好几个都来自单亲家庭。本来我对他们有点恨，知道情况后，我也在反省自己上课时一些失误的地方。

我有个坏毛病，上课时总是站在讲台前，一般不到下面去转，你听就听，不听就算，但是不能随便讲话。也许，他们是看我从没到后面去，没有一点怕的感觉吧。后来我上课时，经常到后面，有几回，我上课的时候都是在后面上的，板书是叫学生写的。我渐渐发现，他们看我在他们身边，讲话的频率渐渐低了，偶尔有个别人要讲话，也会先偷偷地向我望一眼，这时我就会叫他们上课注意听讲，不要东张西望。看来，我在前面说千句，也不如站在他们身边说一句。

如今我形成了一种习惯，只要到教室，在后面的时间一定要比在前面的时间长。课间我也不走，有时还和他们聊上几句。我渐渐发现，我们的关系变得和谐多了。

（苏　秦）

坐下来谈

一天，男生王某正在和外班的一名女生拉拉扯扯，恰被我碰见。因为前几天有同学向我报告，说这名同学有男女交往过密行为，于是我就把他找来批评了一番。结果他感到很委屈，和我顶了起来，师生双方表现得都不冷静。后来我看已经过了吃饭时间，就想借机缓和一下紧张气氛，于是我就让他到宿舍里去等着。我买来了饭，在宿舍里和他一起坐下来边吃边聊，我们谈了许多关于交朋友的问题。通过交谈我们达成了谅解，而且使我触动很深的是，我们这些作为班主任的成年人，也许太不了解孩子们的心理需求了。我们成长的时代和环境跟现在的学生成长的时代、环境不同，对事情的认识也会大相径庭。他们需要友情、理解和尊重。特别是对于行为上较差的后进生，在老师认为他是犯了错误的情形下，有时他自己认识不到自己的错误。作为师长，我们应该和学生坐下来耐心地谈一谈，使其认识到错误并改正错误，而不是大加指责。并且遇到问题时，最好还是充分了解具体情况后再找学生谈话，要不然，学生会感到老师无中生有，他们会认为自己得不到理解和尊重，这样他们的思想就会出现偏差，甚至会出现更坏的后果。

我在没有了解具体情况时批评了同学王某时，恰恰就是没有给予学生足够的尊重和理解，没有能让学生从心理上解决问题。于是事后，我在班里当众宣布，给自己“约法三章”：师生平等，有问题我们可以一起坐下来谈；不当众批评同学，坚决不发火；老师发现或听说同学有问题时，首先让学生申辩或发表自己的想法，先听听学生的声音。

说实在的，作为一名班主任能做到这一点很难，但是当我在学生面前要发火时，就会想起当日的教训，想起和学生“约法三章”的事来，于是就不再当众批评学生。我把学生叫到办公室里或宿舍里，坐下来谈一谈，先听一听学生的心声，再给学生提出具体的建议，讲明利害，学生得到感化，自觉性就提高了，师生关系也变得十分融洽了。而且，我在处理问题时能做到心平气和，恰恰给学生做了榜样。渐渐地我发现，同学们中间吵架现象几乎没有了。平日里，有时间我一定要到宿舍里走一趟，坐在床上和学生随便谈谈话，从中我了解到许多学生各方面的问题和需求。这样通过坐下来和学生交谈，我与学生间的距离近了，隔阂小了，同学们无论有什么事情都愿意和我说，我也因此而了解并且解决了许多问题，避免了一些不良事件的发生。

（吕志林）

克服四大心理误区

误区一：威慑心理。“师道尊严”在中国有着悠久历史。为了让自己所教的学生“听话”，我们不少老师往往采取各种严厉的措施限制学生的一言一行，要求学生绝对服从老师的意志和愿望。学生没有一点自主发展的活力，严重遏制了学生个性的成长，使学生不能及时得到成功的体验。

误区二：惩戒心理。学生违规违纪，老师有时认为他们在故意捣乱，担心如不严惩，则可能一犯再犯或在学生中引起连锁反应。其实这种惩戒心理是违背教育规律的。少数学生自控能力差，情绪不稳定，难免要犯这样那样的小毛病，这是正常现象。作为教师，应搞好调查研究，帮助学生找到犯错的原因，以便“对症下药”，在和谐融洽的气氛中动之以情，晓之以理，切忌简单粗暴处置学生。即使极个别的顽劣学生真的与老师过不去，老师也不应该硬碰硬，可以采取冷处理或迂回战术取胜，促其觉醒。对学生应能宽容处则宽容，以惩处代替宽容，只能产生抵触情绪，增加教育难度。

误区三：偏袒心理。当前不少教师的偏袒心理还相当普遍，总是把笑脸、赞许的目光投向自己偏爱的好学生；与此形成鲜明对照的是抱怨后进生，歧视学困生、德困生，冷漠多于关爱。须知教育工作是在塑造人，“一碗水端平”是为师者起码的师德，是维系教育和谐的保证。事实证明，几乎所有的学生都希望教师做到教育公正，平等待人。在学习辅导、学生评比、班委改选等工作中，教师的偏袒行为极有可能挫伤学生的上进心，产生师生隔阂和降低整体教学效果。为此，我们必须时时警醒自己，必须时刻以公平心来对待每一个孩子，每一颗稚嫩的心灵。

误区四：急躁心理。教育过程是一个渐进的过程，“终止一个坏习惯和养成一个好习惯都需要有耐心”。“恨铁不成钢”动机虽好，但急于求成往往于事无补，欲速不达。有些学生从现象上看无心学习，不求上进，违反纪律，屡教不改，但从源头上看，可能是由于某种心理障碍所致。教师要全面了解情况，把握其思想脉搏，克制自己的急躁情绪，把工作做到学生的心坎上。

（赵岳洲）

最需要宽容之心

说起宽容，似乎并不难，然而要真的拥有一颗宽容之心又是多么困难。宽容不是事不关己高高挂起的冷漠，不是自扫门前雪的悠闲，而是古道热肠中蕴含深深的理解，是换位思考后的豁达。宽容是一种大度，宽容是一种智慧。宽容是亲人间血浓于水的关怀，宽容是朋友中面红耳赤后的理解，宽容是父母对待孩子成长的欣赏，宽容是师生间传递的爱心，宽容是夫妻之间无言的互助。

宽容是陌生人之间的润滑剂。“我可以不同意你的观点，但我誓死捍卫你说话的权利”是网络上看帖子常用的语言，不也说明了这样的一颗宽容之心吗？让宽容之心长存，社会才能进步，学术才会发展，人生才能快乐！

师生之间更需要宽容。善待孩子成长中的小过失，不要总是充当高高在上指点人生的权威，蹲下来和孩子交流，为童心留一片成长的后花园。老师，请用欣赏的眼光阅读学生，多一点宽容，多一点鼓励，让师生和谐的旋律回荡在美丽的校园！

（王群丽）

师生和谐，我有招

和谐师生关系的建立，需要爱心，需要热情，更需要智慧。各地教师朋友对“师生和谐不太难”这个话题反应热烈。许多教师希望能多读一些这方面的文章。本期继续刊出部分一线教师的心得体会。本期话题——

对话小档案

王金凤 广东省佛山市三水区技工学校

李庆玉 山东省临沭县玉山中学

杨 昭 山东省高密市恒涛双语实验学校

严丽荣 湖南省永州市零陵区蘋洲中学

郝海瑛 河北省邢台学院初等教育学院

杨 欣 山西省永济银杏小学

我的四点体会

常言说“一个巴掌拍不响”，师生关系紧张，师生双方都有责任。但我认为教师应负主要责任，因为教师是成年人，是教育者，理应比学生更加成熟、更加理性。因此，我认为避免师生关系紧张，教师要努力做到以下几点。

僵持不下时，教师要理性地退让。课堂上，教师经常因为学生不遵守纪律而批评学生。这时，绝大部分学生都能够接受老师的批评并及时改正。如果哪天遇上了一个性格执拗或心情不好的学生，那就有点麻烦了。你越批评他，他越是那样做，你让他站起来，他就是坐在那儿纹丝不动；你让他回答问题，他就是一个字不说。这时，你心中的怒火肯定是一个劲地往上蹿，心想今天我不让你站起来，明天我还怎么当老师……至此，师生关系变得紧张起来，甚至还会出现拉扯、扭打等现象。而能改变这种白热化局面的，只有教师。因为学生是个孩子，性格具有不稳定性。他比教师更爱面子，更情绪化。因此，教师不应和学生斗气、比高低，不应为争那一口气和学生僵持不下，而应理性退让。教师理性地退让，不是软弱，而是一种教育机智。这样做既尊重了学生，也尊重了自己。

事后冷静时，教师要真诚地找学生沟通。师生关系紧张时，往往是你不理我，我不睬你。在班主任或校领导的干预下，常常是学生向老师赔礼道歉，以化解矛盾，消除隔阂。而这样做的效果并不是最佳的。最好的办法是，事情平息之后，教师主动地找学生谈一谈。沟通时，教师应有一种“大人不计小人过”的姿态，客观冷静地分析自己做法欠妥之处，真诚地向学生解释原因并表示歉意。我相信教师如果有这种宽广的胸襟就能赢得学生的理解与信任。如果沟通时，教师仍然余怒未消，坚持己见，指责学生，那就很难达到缓解或消除师生紧张关系的目的了，甚至会适得其反。

据理力争时，教师要善意地宽容。师生关系之所以如此紧张，就是因为一些教师始终认为真理掌握在自己手中，坚信自己是对的，自己所做的一切都是为着学生好。殊不知，即使你说的是千真万确的真理，也要学生接受才行；即使你的做法是百分之百的正确，也要学生认可才行。因此，教师对学生的所作所为要善意地宽容，不能要求学生马上接受你的思想，马上按你所讲的去做，一定要给点时间，让他慢慢地转变。即使学生犯了错误，我们也要选择讲道理的方式方法，不能咄咄逼人，不能用粗言恶语来激化矛盾。常言说：有理也要让三分，得饶人处且饶人。我们做教师的千万要“口中留情”，不能刻薄恶毒。

情绪不好时，教师要学会克制和自我调节。有位同事说：哎呀，从昨晚到现在，我的心情都不好，见到学生就想发火。教师如果是带着这样恶劣的情绪去上课，万一碰上了一个心情也不好的学生，那不发生冲撞才怪呢！诚然，教师也是人，且是个普通人，自然会有心情不好的时候。但是我们一定要善于调节自己，学会克制，不要把怒气、怨气撒在学生身上。

（王金凤）

不要和学生过分亲密

教科研例会上，新分来的程老师讲述了一个发人深思的事例。“上午，我发现隋小龙的作业写在一张很随意的纸片上，便微笑着询问原因，谁知他毫不在意地说：‘别不要脸了，老师！我能写就不错了！’我一下子僵在那里，再也说不出话来，内心的伤痛漫卷整个心灵。我不知道是怎么上完那堂课的。”喃喃的话语透露出她的思绪仍然很乱，好像还沉浸在深深的痛苦记忆里。

这个事例给我们每个与会的人以深深的震撼。我们都知道程老师待人热情、平易近人，对待学生更是关爱有加，甚至把学生看成是自己的小弟弟、小妹妹，缘何出了这样的事呢？

会后，经过调查，我发现程老师与学生的关系过于亲昵。这种亲昵已经成为课堂教学和正常交往的障碍。许多学生不能理智地调整自己在不同时段的角色，与程老师的交往不分场合、不分地点，课内课外一个样，人多人少一个样。许多时候学生是把她当做了自己的同龄人，当做了自己的兄弟姐妹，甚至有的同学以敢于在程老师面前说“大不敬”的话而自豪。因此在言语上过于随意，以至于在无意中撞了程老师的“腰”。

从学生的角度来看，他们没有伤害程老师的企图，他们只是想借特立的行为引起程老师的注意，只是想借突兀的语言表明与程老师的关系密切。可这种不得体的言行往往不是为师者和其他同学所能接受的，因为这些言行与具体环境不和谐。从教师的角度来看，程老师对学生满腔热忱，平易近人，赢得了学生的好感，这对于营造良好的教学氛围有着极为重要的积极意义。可凡事都讲究个“度”，超出了这个“度”便会出现不和谐的音符，便会出现“过”于亲昵的师生关系。

很明显，在这个事例中，程老师和学生的行为都超过了应有的“度”。师生都没能及时地调控自己的言语行为，才造成尴尬事件的发生。《美国优秀教师行为守则》中的第八条是这样写的：“不要和学生过分的亲密，但态度要友好，记住自己的目的是尊敬，而不是过于随便。”而我们的一些教育者，往往在操作的层面上容易走极端。讲改善师生关系，便认为一定要与学生“打”成一片，就得“蹲”下身子，甚至“跪”下身子；讲“情感、态度、价值观”就得实现师生心灵的零距离，就得不分彼此、不分你我。极端不等于执着，极端不等于敬业，同样极端也并不意味着和谐与成功。一味地讨好改变不了教育现状，一厢情愿的改善震撼不了学生的心灵。只有深入实际地探讨师生关系，科学地阐释师生关系，生活中谨慎地营造融洽的师生关系氛围，才能“和谐至善”。

（李庆玉）

我当“渣子班”班头

“六（三）的孩子又把吴老师给气走了，那帮孩子真是没法教了。”老师们纷纷议论。六（三）班是全校闻名的“渣子班”，这帮孩子在五年级就淘死人，再加上六年级刚开始一个多月就走马灯似的换了三个班主任老师，班心涣散，元气大伤。学部主任找我谈话，恳求我接这个班。说实话，我压力很大，万一搞砸了怎么办？

接班后，通过调查我摸清了这个班的基本情况：在全班 32 名学生中，单亲家庭的有 6 人。本班很多孩子都有怪癖，任性、自私、拉帮结派的现象很严重，问题学生很多。

在我接手这个班的第三天，发生了一件很不愉快的事。伴着美妙的音乐铃声，我像往常一样走到教室门口候课。突然我看到了教室门前的班级特色牌上，全班集体照上不知谁用彩笔把我的脸涂得一塌糊涂。当时，我一下子懵了，心凉了半截，真想好好教训教训他们。可转念一想：不行，他们肯定是有备而来，闹僵了也查不出来，孩子们一下子反了怎么办？况且他们早已习惯以前的老师们发火了。

出乎他们的意料，我满面春风地做了个幽默的动作说：“首先，我想跟同学们说一声抱歉，非常遗憾，我没有前几位给大家任教的班主任老师那样帅，我的脸确实有点黑，这属于自然灾害，对不起大家。但令我高兴的是，咱班有的同学注意到这个细节，给老师在相片上化了妆，我要谢谢这个同学的好意。”同学们的眼睛不约而同地扫描了一下我们班那个叫“付晓鹏”的学生。然后，我若无其事地开始上课了。第二天，当我再看那张照片时，早已被人擦拭得干干净净。事后，我的心腹学生暗暗告诉我，原来这事是付晓鹏做的，他在班里是头头，这次伙同几个男生故意捣乱。如果当时我查的话，不但查不出来，而且非乱了阵脚不可。

在这以后，每当学生气我的时候，我总是耐心地、慢慢地跟他们讲道理，直到他们小学毕业，我也没有被气走，反而成了他们的好朋友。

“人非圣贤，孰能无过”，成年人犯错误都不可避免，更何况一群没长大的孩子。作为教师应该善待犯错误的学生，大度地宽容他们的过错，只有这样，他们才能健康成长。任何犯错的学生都会喜欢宽容、善解人意的老师。当学生犯了错时，教师若能静下心来，对他们多爱一点，耐心一些，理解、善待他们，就会真正走进学生的情感世界。相反，如果师生关系紧张、对立，不仅不能有好的教育教学效果，恐怕连正常的教学秩序也难以维持。

（杨　昭）

提高学生对教师的认知度

师生关系的建立和发展，必须以师生相互了解为基础。教师了解学生，固然是教师施教的重要前提之一，学生了解教师，也是教师施教的重要前提之一。提高学生对教师的认知度，有利于建立和发展良好的师生关系。

教师要主动向学生推介自己。学生一般都有了解教师的强烈愿望，教师适时向学生介绍自己，有利于迅速拉近师生间的心理距离，增强学生对教师的信任感。

让学生体验教师的甘苦。教师可以尝试在学生中开展“今天我做小老师”活动，让部分学生尝试当一次教师，课内承担部分领读、讲解等任务，课外承担部分辅导、作业批改等任务，切身体验教师工作的酸甜苦辣，加深学生对教师工作的理解。

设立多种形式的座谈会。组织学校行政领导、教研组教师或班级科任教师直接与学生代表对话、沟通，召开“班干部座谈会”、“随机抽号学生座谈会”、“优秀学生座谈会”、“学习困难学生座谈会”等，鼓励学生从师德师风、教育教学、生活服务等方面反馈教师工作的情况，提出意见并“出谋划策”，以及时疏通、解决出现的问题，消除师生间的隔阂和误解，融洽师生间的感情。

（严丽荣）

利用作业本和学生沟通

上课的时候，总有些学生坐不住，要么东张西望，要么交头接耳，甚至还有吃零食的。对此，我非常恼火，几次制止、批评甚至发脾气，搞得师生关系很紧张，效果也不好。后来突然想到：何不利用作业本与学生沟通呢？我决定试一下。

有个女生，人长得很漂亮，而且是班干部，上课总爱说话，作业也很少做，许多同学和上课的老师都反感她。针对这种情况，在批改她的作业时，我写道：“某某同学：你为什么不愿在同学和老师们面前树立良好形象呢?”下次交作业时，我发现她写的“老师，我也知道自己上课时爱说话，可总也管不住自己，我会努力的”。果然，后来上课时她安静了许多。过了段时间，我又写道：“你真的进步了许多，你会坚持下去的，我相信你!”在我不断鼓励下，她上课越来越认真，作业也按时完成，而且坚持到学期结束。在最后一次作业中，我写道：“看到你的进步，我真的为你高兴。相信你在新的一年里会做得更好。”

对上课吃零食的学生，在作业中我写道：“我能体会到饿着肚子学习的滋味。但上课吃零食既不利于健康又不雅观。相信你会早点起床吃上早餐的。”有的学生学习很好，但不注意练字，字写得歪歪扭扭。对此我在批改作业时写道：“字犹如一个人的脸面，如果你的字和你的成绩一样，那该多好啊!”学生在作业中写道：“老师，谢谢你的提醒，我会注意的。”当他的字有进步时，我及时写上：“你的字有进步了，坚持下去啊!”在我的鼓励和表扬中，该生的字写得越来越整齐、规范。

这样的沟通方式还可以化解与学生的矛盾。有一次在课堂上和一个学生发生了冲突，彼此心里都很不愉快。后来该生在作业本里加了一张纸条，上面写着：“老师，我知道你是为我们好，我很想向你道歉，可又怕你不原谅我。”我赶快写道：“其实我也太冲动，缺乏耐心。我愿意做大家的朋友，也爱着每一个同学。”就这样化解了矛盾，消除了误会，加深了师生间的感情。对作业做得好的同学，我会由衷地赞扬“你真聪明”或“你做得真好”。这些悄悄的对话，维护了学生的自尊，使学生敞开心灵与教师沟通，同时也真切地感受到教师对自己的关爱和赞赏。

这样的对话方式持续了半年，同学们在悄悄地变化着。违反纪律的少了，爱学习的多了；不良风气少了，班风正了。同时我也深切感受到做教师的快乐。由此可见，一种正确合理的教育方式会事半功倍。

（郝海瑛）

老师态度很重要

一位老师从农村学校来到城里学校后，采用的方法还是在农村学校的那一套——上课拖堂、放学后加班，她想尽量多用一点时间把学生的成绩搞上去。对这一做法，学生很不习惯。因此，他们在日记里倾吐自己的不满，甚至用上了一些难听的词语。这位老师看了学生日记后，没有气愤，没有兴师问罪，而是和学生谈话、沟通，承认自己的做法不妥，使学生很受感动，从而消除了学生心理上的隔阂，师生关系也变得和谐起来。

还有一位农村小学教师，其学生都是本村或邻居。这位老师喜欢打麻将，学生常常看在眼里。一位学生在日记里写了对打麻将这一现象的不满，并指责他妈妈打麻将是老师带会的，老师打麻将会影响他的成绩，毁掉他的将来。这位老师看后气不打一处来，立即在日记后面作了批语：国家并没有规定不准打麻将，老师打麻将并不违法。你的将来怎么样，与老师打麻将没有必然联系，怎么能把你能不能成材与老师打麻将联系在一起？事后，这位老师生气地对其他老师说："他写了半页日记，我给他写了多半页批语。"

第一位老师用诚恳的态度，跟学生平等地交流，化解了矛盾，师生关系更加融洽；而第二位老师盛气凌人，以大压小，即使不会酿成什么大祸，但也绝不会消除与学生间的隔阂，使学生心悦诚服，弄不好，还会激化矛盾，使师生关系紧张起来。

如何消除紧张的师生关系，老师的态度很重要。以上两位教师的做法，对我们多少会有一些启迪吧。

（杨　欣）

谁偷走了孩子的思考能力

“中国的孩子创新能力差!”“中国的孩子不会思考!”……这样的话相信大家听到过很多。许多人把这种弊端的产生归结为中国的考试评价制度，但在新课程改革已经全面铺开的今天，我们的教育者是不是应该少一些抱怨，多一些自省呢？本期话题——

对话小档案

林金炎 广东省潮州金石大寨中学

张金传 内蒙古扎兰屯林业学校

沈小新 江苏省栟茶高级中学

王　超 江苏省常州市武进区洛阳中学

张富群 陕西省丹凤中学

张景兰 山东省鱼台县谷亭镇英才小学

wjpczx 某校

“就是这样!”

镜头：几名学生在向老师请教一个问题，老师略作思考，便跟学生解释。学生 A 对老师的解释不甚满意，提出自己的疑惑：能不能这样答……老师有点不耐烦地说，不行。学生仍坚持己见，气得老师大声嚷道：“就是这样!”

“就是这样!”说得斩钉截铁！可老师是否想到，就是这句挂在嘴边的话，扼杀了多少学生的思考、创新能力!

其实，正确的答案也许不止一个，我们何必总是要死抠牛角尖呢?学生可能不同角度思考问题，因而他们的答案也可能千差万别。学生言之有理，教师就应该肯定、鼓励，而不能用所谓的“标准答案”去衡量。

学生一提出异议，老师为什么就加以否定？是师道尊严在作祟？难道老师说的都是正确的吗？“人无完人，孰能无过”，老师也是人，谁能保证老师讲的都是对的呢？学生独特的见解，如果屡次遭到老师的封杀，长此下去，他们的创造力会被渐渐地磨灭、扼杀，久而久之，学生就只好唯老师的答案是从，很多问题根本用不着思考了，而脑袋的功能就只剩下死记硬背。

有一个电视综艺节目：主持人拿出一尊汉白玉雕刻而成的小猪塑像，她告诉在场的观众，这只小猪塑像从鼻子到尾巴之间，有条细小的通道，现在有一根很长的针和一段线，看谁能在最短时间内，把线从通道穿过。参加游戏的人费了很大的周折都无法成功。可是一个小孩却放弃使用针，他说用针肯定穿不过。他问主持人是否有蚂蚁，主持人很惊讶，高兴地说：“这是一个无法完成的游戏，但是有个小孩子却完成了，虽然现场无法提供蚂蚁。”游戏节目有点刁钻古怪，本来难倒的应该是阅历不多的小孩，可事实恰恰相反，这证明小孩子有很强的思考能力！而我们教育者，却往往在无意识中扼杀掉了他们的思考能力。

学生的好奇心是非常强烈的，他们的答案也许千奇百怪，但是这毕竟是他们思考的结晶，真希望我们的老师不要用“就是这样”来扼杀掉学生智慧的火花。老师应该鼓励、引导学生思考问题，让学生多问个“为什么”。

（林金炎）

老师，您是霍布森吗？

1631年，英国剑桥商人霍布森从事马匹生意。他对买主说，你们无论是买我的马还是租我的马，价格都便宜，而且可以随意选马，但是只能在门口选马。霍布森的马圈很大，马匹很多，然而马圈只有一个小门，高头大马出不去，能出来的都是瘦马、赖马、小马。来买马的左挑右选，不是瘦的，就是赖的。后来，管理学家西蒙把这种没有多少选择余地的所谓“选择”，讥讽为“霍布森选择效应”。

霍布森选择效应对教育者的一个重要的启示是：如果我们用一个狭窄的标准来约束和衡量孩子，必将扼杀多样化的思维，从而也扼杀了孩子的创造力。

新课改增加了探究教学的内容，引导学生从不同的角度去思考问题，追根溯源地去探索，求证知识的发展过程。新教材也给学生提供了足够的机会从事思考研究，让学生有更多的机会获得主动探索的经历。然而在实际的探究教学中，一些教师总是急于给出问题的正确答案，总是千方百计地对学生进行暗示，总是在学生兴高采烈地对问题进行探索研究时，又不断地提示，不断地纠正学生的错误，于是全体学生在教师的不断提示下顺利地得出了正确结论。实际上教师的这种做法与新课改的要求是背道而驰的，因为这种做法在不知不觉中已经让学生陷入了“霍布森选择效应”的困境。

（张金传）

还孩子一双善于发现的眼睛

总是听到一些老师抱怨："这孩子真笨，怎么一点也不会去发现呢？怎么就一点想象力也没有呢？明明就在眼前的简单答案还要老师一再提醒才能说出来！”其他老师往往会跟着附和："是啊，是啊。”

听到这样的话我总是感到很悲哀。这能怪孩子吗？我们的孩子在课堂上接受的是教师已经加工好了的知识，他们已经习惯于接受老师嚼烂了的知识，他们不会甚至不想去发现。年龄越大的孩子越不愿意去主动发现，因为他们已经形成了思维的定势。长时间的“熏陶”使他们往往觉得只有听老师的才是学习，思考只能是在教师指导下的思考。所以，我们在很多情况下得到的答案总是那么惊人的相似。老师对那些“异类”答案不是鼓励而是奚落，长此以往孩子就渐渐失去了独立思考的能力。

所以，我们的孩子不会思考了，即使只要稍稍动脑筋就能够发现的事物，他们也懒得去思考；所以我们常常发现一些小孩子说“大人话”，这就是我们的教育方式带来的后果。

本人在地理教学中正在探索一种新的教学模式：就是在地理教学中要求学生学着去写一些很短的地理小论文，但要求这必须是他们自己发现的地理现象，并通过对地理现象的分析，提出自己的观点。学生一开始很兴奋，但是我发现学生的论文总是流于形式，没有任何新意。总是有孩子问我：老师，我们怎么觉得写论文这么困难呢？我知道，孩子们的思考能力已经很久没有得到锻炼了。

思考是一件非常快乐的事情，可是我们的孩子很难享受到这种快乐。我们的基础教育过多地注重接受式学习，忽略探究式的学习。新课改要求多角度地拓展学生的思维空间，鼓励创新，期待教师反思自己的教学方式，转变教学模式，引导学生不断发现问题，使学习过程变成学生不断提出问题、解决问题的过程。指导学生发现和运用学习资源，用他们的脑子去想，用眼睛看，用耳朵倾听，用嘴说，用手操作，用身体体验，用心灵感悟，这不仅是理解知识的需要，更是激发学生生命活力、促进学生成长的需要。

还给学生一双善于发现的眼睛吧，让他们把这世界看得清清楚楚，明明白白！

（沈小新）

从课堂教学看“孩子不会思考”

在课堂教学中，我们发现很多学生不会思考了，造成这种状况大抵有如下几方面的原因：

教师难以给学生足够的思考时间。在大班教学的现实情况下，教师一方面要完成教学任务，另一方面还要力争照顾到每一个学生。照理说，教师必须要留出一定的时间让学生进行独立思考，进而让学生表达自己的认识、理解、体会等。但是，由于学生数量众多，教师只能让一部分学生回答问题；而另外的一些基础较差的学生，很可能失去发言机会，久而久之，就懒于思考了。

情感的熏陶和交流往往被忽视。新课程的课堂下，教学需要实现情感、态度、价值观三维目标的统一。一般来讲，课堂都会有情感的交流；可是，不是所有的教师都能对学生进行情感熏陶。有的老师在讲方法时，还能够做到循循善诱；可一旦发现学生在课堂上违反纪律，马上就变得凶巴巴的，甚至采取一些惩罚的手段——“我用伤害的方式悄悄地爱你”。

预设与生成的处理不够恰当。课堂教学中，一些教师为了完成预定的教学程序而往往忽视了课堂上生成的内容。由于学生的思考和教师预设的教学目标不一定一致，这就给教师带来了困难：如何评价学生的回答？教师如果不能合理地评价学生思考后的回答，就极容易打击学生继续思考的积极性。

（王　超）

我们能做什么

培养学生独立思考的习惯。目前一些学校为了提高学生的学习效率，从早自习到晚自习都安排老师进教室监督学生学习。在自习辅导课上，老师也是没完没了地给学生讲辅导书上的习题。许多题不是学生失去独立思考机会，这种由老师包办代替的做法实际上是剥夺了学生独立解题的权利，剥夺了学生自主学习和发展的机会。在辅导课上，老师应当是学生的坚强后盾，采取个别辅导形式和学生平等探讨问题，而不是用自己的讲解包办一切。老师讲授给学生和学生亲自去探索的感受截然不同，学生只有在独立思考的实践中才能积累经验，增长才干。不少老师经常埋怨学生脑子笨，讲了都不会，讲过的题考试时都做错了，实际上，责任在于老师包办了一切。

给学生创设相互交流的机会。在一个班级之中，学生相处机会最多，他们来自不同的生活环境是一个最大的知识宝库。学生从同伴那里学到的东西，远远超过从老师身上学到的。由于学生各有特长，互相学习可以取长补短，而且可以增进友谊，共同发展。学生共同探讨问题的时候，往往是他们学习最兴奋、思维最活跃的时候，这是锻炼学生思考能力的最好方式之一。目前在一些学校的管理层中存在“安静就是学风好，自习有说话声就是乱，就扣班级积分”的认识和做法。事实证明，那些万马齐喑的班级表面上看很安静，但实际上却死气沉沉，缺乏生机与活力，学习成绩低下；而那些生动活泼的班级平时受罚，高考成绩却很好。有些老师害怕学生商量问题会影响尖子生，其实，这种担心是多余的。学生之间相互交流，不仅有利于提高学习成绩，而且可以培养团结协作精神，有利于学生之间建立平等友爱的和谐关系，对于学生身心健康和性格发展有重要作用。

给尖子生更多的自主发展空间。尖子生学习成绩好，他们应有更多的发展空间。但目前一些学校为了让尖子生考上名校，就给尖子生加班讲课。这种拔苗助长式的做法很大程度上剥夺了尖子生的自主学习和发展空间，使他们失去了独立思考的时间。学生今后的发展在很大程度上取决于学生对学习的态度和自主努力的程度。拔苗助长会使一些学生厌恶学习，失去独立思考、判断和解决问题的能力。部分尖子生在大学表现平平甚或出现严重心理障碍，往往与中学剥夺学生独立学习和自主发展的机会有关。

（张富群）

是我们扼杀了孩子的思考

在早点摊上，我曾经看到过这样的一个场景：婆婆右手端汤，左手拿饼，一口一口地喂孙子。孙子除了嘴动之外，其他的外部器官都是静止的。婆婆伺候孙子尽心尽职，巴不得连吃饭也代劳，可孙子一点也不幸福。孙子的眼神空洞无物，就像木偶一样任由婆婆摆弄。这样的孩子连基本的生存活动都有人代劳，还用得着思考吗？长期“不思考”，会训练出什么？当然是一个个不知思考的活的“玩物”。孩子的思维能力，让我们盲目的爱扼杀在摇篮里啦！

（张景兰）

一个事例的反思

一位国际幼儿园的老师观察到一个有趣的现象：各国的孩子在一起玩沙土，一个外国孩子用小铲子把沙子往漏斗里装。漏斗会漏，沙子总也装不满，他就用指头堵住漏口，等沙子装满就把漏斗挪到瓶子口边，再放开手，让沙子流进瓶子。由于沙子漏下的速度很快，从孩子拿开手指到漏斗对准瓶口，沙子剩不了多少。孩子丝毫不泄气，一点一点儿地做着。终于，他在一次次的反复中“开窍”了：他等到漏斗口对准了瓶子再倒沙子，很快瓶子装满了。孩子笑了，高兴地看着身后的妈妈，而他的妈妈正鼓掌为他庆贺。

一位中国孩子的妈妈却是另一种做法：当孩子拿起漏斗，沙子从底部漏掉时，妈妈立刻蹲下来说：“来，妈教你！把漏斗对准瓶口，再把沙子灌下去。”

有人说中国的父母是世界上最伟大的。可是我们很少去思考在无微不至的关怀下，我们的孩子将失去什么！也想对家长说上一句：别剥夺了孩子思考的机会！

审视我们的教育，在家庭方面，我们不但没有为孩子学会思考创造更多、更好的条件，甚至连日常生活中的一点思考机会也会被剥夺。父母有一句口头禅：“好孩子一定要听大人的话。”言下之意，不听大人话的孩子不是好孩子。更多的父母希望自己的孩子“听话”、“服从”，而不鼓励孩子独自做决定。在学校方面，学生为了应付升学考试，经常埋头“题海”，始终在寻找着标准答案这把“金钥匙”；老师更希望学生“按正确答案”回答问题，不鼓励学生“别出心裁”。久而久之，你问月亮像什么？答案总是小船或者圆盘；你问树上十只鸟，开枪打死一只，树上还有几只，答案永远是一只也没有了；你提起“龟兔赛跑”，结论总是骄傲使人落后……在社会上我们不能容忍“异类”的出现，什么文身的是不良少年，戴墨镜的不是好孩子，等等。

我们不妨转动一下有点僵硬的大脑，我们的家庭、学校、社会以及这样的评价标准，能不培养出缺失思考能力的孩子吗？是谁偷走了孩子的思考能力呢？

（wjpczx）

如何培养男子汉

看看我们周围，泼辣的女孩儿越来越多，而细腻敏感的男孩儿也越来越多。与此形成鲜明对比的是，我们的性别教育却远远没有跟上。很多家长和教师对性别教育知之甚少，更谈不上随时注意对孩子进行性别教育了。

2005年底，一则题为《女孩泼辣男孩娇弱学生为啥“变性”?》的新闻把“性别教育”的话题摆在了公众面前：香港中文大学的张雷教授对北京、上海、深圳等大城市近1000名家长的调查显示，九成以上的父母对女孩的教育方式趋于男性化。但不少学校教师和教育工作者认为，中小学“女性化教育”的色彩过于浓厚。

如何培养男子汉？我们本期意在通过这样的话题讨论，引起广大教育者对性别教育的思考和重视，也借此呼唤一个真正符合时代发展需要的性别教育时代的到来！本期话题——

对话小档案

xinhua　山东省临朐新华中学

石　响　江苏省泗洪县石集中心小学

刘　杰　江苏省徐州市民主路小学

宁　杰　山东省寿光世纪学校

王　秋　吉林市第一实验小学

红枫一族　某校

中小学生“阴盛阳衰”的环境分析

笔者在当地的一所小学和一所初中做过一个调查：A. 女生在班干部中的比例，初中为67.7%，小学为73.2%；B. 女生担任科代表的比例，初中74.2%，小学85.9%；C. 女生在“三好学生”中的比例，初中68.6%，小学82.1%；D. 男生在“学困生”中的比例，初中75.6%，小学63.1%。这四组数字说明，当前中小学“阴盛阳衰”现象已成为不可忽视的问题。长此以往，不利于男生的健康发展，后果显而易见。那么，造成这种现象的原因是什么？我认为这里既有少年儿童自身发育生长的原因，更重要的则是不科学的教育理念和教育方式、方法导致的。

中小学女教师的比例远远高于男教师，女教师担任班主任的比例也高于男教师，女教师的性格、教育方式、方法和自身行为特征潜移默化地影响着学生。男孩子天生好动，自我约束能力差，办事粗心，更有桀骜不驯者；而女生则听话、守纪律、善解老师意图。于是在“女孩比男孩好支使”的思想指导下，班里多数工作都由女生来承担也就不足为怪了。还有，教学方式和评价方式有利于女生发展。目前，在新课程改革背景下，虽然我们的教学指导思想已由知识传授型开始向能力培养型转变，但大多数教师仍然是在素质教育的大旗下行应试教育之实。教学方法重记忆，轻分析，重灌输，轻方法，因循守旧，缺乏创新；在评价学生过程中仍然是用学习成绩作为唯一依据；在考试命题中，知识考核大多数注重机械记忆；理化生实验操作大多是纸上谈兵，真正自己动手操作的机会少。尽管男生到了初中阶段，逻辑思维、空间想象、动脑动手能力明显强于女生，但这种优势却得不到发挥。相反，女生则在这种反复训练、重复记忆和题海战术中得以较好发挥，而男生“缺少用武之地”，长此以往，将会慢慢丧失对自身性别的自豪感。

那么，如何缓解这种现象呢？

首先学校和教师要进一步转变观念。不能只凭学习成绩的优劣，确定“三好学生”，选拔班干部。在各种评比、选拔过程中尊重男、女生在生长发育过程中生理、心理表现的差异性。

其次，在教育方式和考试制度上，要进一步深化改革。招生考试不仅要看学生的考试分数，更要看学生的技能、实践能力、创新意识和个性特点；在传授知识过程中注重学生创新精神、创新能力的培养。

最后，多给男生接触社会、接触生活、施展才能的机会，鼓励男生参加各类社会实践活动，去创造阳刚之气、勇猛之威。

（xinhua）

阳刚气被规则磨平

笔者作为学校的一名中层干部，曾到很多享誉省内外的学校参观，有幸目睹了被许多学校领导津津乐道的“规范化”管理的最佳境界——学生就像一个模子刻出来的，被管理得整齐划一，连面部表情也相似得令人惊叹，见人都是一样的面带微笑，点头问好。给我印象最深刻的是课间十分钟，有五六个学生去上厕所，一直都排着整齐的队伍从教室走到厕所。学校领导介绍说，要达到这样的境界，首先是对学生的要求要做到细致，从一入学，就把在学校的一言一行，一举一动，上课、下课、课间，包括上厕所都进行了详细的规范和要求，然后强制化训练，让学生适应规矩并养成习惯，最终成为纪律的自觉遵守者。

正处于花季的本应活蹦乱跳的孩子，被驯服得如此循规蹈矩；本应各具特色的孩子，被训练得千人一面。当他们的天性被扼杀，灵性被磨灭，个性被磨平时，还哪来男子汉！

教育不是作秀，规则要适可而止，在合乎一定规范的基础上，让学生尽情发挥属于他自己的那点特质吧，不要通过强化管理渐渐把他们的个性抹杀！

（石　响）

“重女轻男”

“明天去游玩，男生要让女生先上车，有座位要让女生坐。”我大声宣布。教室里如我预料般热闹起来。

“凭什么！”

“喊——”

“我才不让哩！”

“刘老师重女轻男！”

看到男生们脸上的愤慨，听到男生的抗议，我想起一位老师对男生的评价：“现在的男孩越来越不像男孩，娇气、爱哭，缺乏责任感！”原因就是家长对男孩的关注太多，包办太多，导致我们的学生“阴盛阳衰”，所以我才想了这么个“重女轻男”的方法。

我提高了声音：“国际上的惯例是‘女士优先’，我们的男生要有绅士风度，保护女生是男生的责任，还能好意思跟女生抢座位吗？”学生不吱声了，有几个女生在偷偷地捂着嘴笑。唯有男生张易怪声说：“哎，谁来保护我？”同学们笑了，我也笑着对他说：“你是坚强的男子汉，老师相信你能保护好自己。”

第二天上车时，男生一队女生一队，就像我意料的那样，女生顺利上车，男生紧跟其后。车上，女生都有了座位，有一些男生拉着扶手站着。我站在汽车前门的地方，看着前方的风景心情很愉快。“刘老师，这儿坐。”小调皮王帅从座位上站起来要拉我坐下，我连忙说：“谢谢，我站一会儿，马上就到了。”一转头不经意看到了张易，他正眼巴巴地看着我，我连忙招呼他：“要不，张易和王帅挤一挤坐在一起吧！”王帅一拍胸脯，很义气地说：“我不坐，还是您坐吧，女士优先嘛！”我不禁笑了，小男子汉，也要保护老师了。于是我把张易拉过来按在座位上说：“老师把这个座位让给张易了！”看到张易坐好了，我又回到原位，再次看着车窗外的风景。前面是个十字路口，红灯亮了，司机猛地刹车。我抓牢扶手，回头一看，咦？刚才的那个座位是空的！张易呢？正站着和王帅等几个男生说说笑笑。我再一次招呼他们坐，几个男孩都嘻嘻哈哈摆着手，谁也不坐。就这样一直到目的地，那个座位仍然是空的！

因为“重女轻男”，那个空位，使我感动不已！那一次的出游，使我和学生满载而归！

（刘　杰）

“好孩子”的标准要改一改了

好孩子的标准抹杀了男孩子的本性，尤其是在学校里，老师喜欢文静的、老实听话的孩子，因为老实的孩子不惹祸，老师怎么说他就怎么做，老师管理起来省心、方便，还免得被学校的领导批评。因此，有哪个男孩子敢展示一下自己的个性，立即会被老师封杀，不是批评就是斥责。老师还经常以女同学为例教育男孩子要受约束，即使表扬男同学，也是说：“你看某某同学，文静得像个女孩子，多好啊！”当男同学与女同学发生矛盾时，老师也总是偏向于女同学。

以上这种种现象，犹如盖在男孩子头上的一块玻璃，看似光明无限的天空，可给予他们自由发展的空间却很小，渐渐地消磨掉了他们的棱角，泯灭了他们的豪气，使他们变得娇柔了起来。因此，要让男孩子顶天立地地站起来，就要把盖在他们头上的那块玻璃拿掉。

（宁　杰）

我不再偏向女生

很久以前，自己十分喜欢男孩子，总希望拥有一个儿子。可是随着女儿的出生，这份喜欢也发生了转变，课间我经常会与女孩们亲切地交谈，总会帮助她们梳起凌乱的发丝，兴致高昂时还会抱起可爱的乖乖女们快乐地嬉戏。至于那些男孩子嘛，心中不知怎么就缺少了几许细腻，并为自己找了一个充分的理由：为的是培养他们的阳刚之气。渐渐地，我与班里的男孩疏远了，以至于许多男生都在背地里议论：王老师偏向女生。

本学期开学，一个男孩神秘兮兮地走到我的身边说："王老师，你越来越漂亮了！"我听了之后，除了欣喜更是狐疑：自己最近因为开学忙，无暇顾及仪表，他为什么会说这番话？

"陈思文，你为什么觉得老师越来越漂亮？"

"老师，我发现你与我们男生说话时，就像和女生一样了，不但微笑而且还会给我们眨眨眼睛呢！"

"我原来什么样？"

"你原来对男生说话时，一般都不笑，而且说话的语气也不像对女生那样温柔。"

说完之后，陈思文不由得脸红了，抬头望望我，嘻嘻地笑起来。我知道这番话一定在他的心中藏了许久。

不知怎地，看到他这个样子，我自己居然也不好意思起来，眼睛不自觉地眨动几下。陈思文快声说道："老师，你刚才的表情特别好看!"

听了十岁男孩这样的言语，我忽然感到男孩的心与女孩是一样的，他们也需要温柔的关爱。

最近几天，我发现班里的男孩时不时就走到我身边问事情，连那些调皮捣蛋的男孩也时常为我拿书、取盒饭，有的甚至问我冷不冷，要将手套借给我。

我的心被曾经被我认定为不懂得关爱他人的男孩子包围着，感动着。以前总认为男孩子需要的是所谓的"阳刚之气"，不需要太多的呵护、太多的温情，但此时我却发觉，一个真正的小男子汉不仅仅需要外在举止的阳刚，其内心更应具有阳光的品质——热情，有爱心！如果每一日，我们教师用自己的言行浸染这些男孩子，有意识地让他们形成这样的品格：举止大方磊落，内心充盈仁爱之心……将来他们怎会不成为一名真正的男子汉？就在今天，我走向讲台，向所有的男孩郑重地承诺：今后对待男孩子的态度一定和对女孩一样——充满温情，充满关爱!

在学生的一片欢呼中，我知道我需要用行动来践行承诺!

（王　秋）

阴盛阳衰是个社会问题

阴盛阳衰的问题根子比较复杂。首先，女孩子之所以越来越强，这与现在独生子女多有关。计划生育宣传中有一句名言："生男生女一个样。"生了女孩子的家庭就必须把女孩子培养得像男孩子一样，甚至比男孩子更强，只有这样，才能在社会竞争中不被淘汰。而男孩子在强大的"重男轻女"的社会惯性下，更多地被宠爱呵护。据我观察，在农村凡是女孩子是老大的家庭，女孩子要比男孩子强；如果是纯女户，女孩子一般也要有出息得多，这恐怕是压力下的一种抗争吧。社会不同情弱者，社会要求男孩女孩都要自尊、自强，男孩子由于本身性别决定已经享有许多社会优势，反倒对成为强者不感兴趣；而女孩子则不同，由于属于弱势性别，她就更为迫切地想成为强者。这是一个社会意识造成的。

另外，男孩女孩上学以后，我们的学校教育强调整齐有序，在这方面女孩子要比男孩子做得好，因此容易受到老师的青睐，被选为各种班干部，她们又因为从小当领导，受到更多的锻炼。而多数男孩子则更多地处于被管制、要服从的地位，久而久之，他们本身所具有的性别优势也就被消磨殆尽。在学校，学习极差的孩子中，更多的是男孩子，他们很自卑，很胆怯，做事缩手缩脚，畏首畏尾，即使自己认为对的事也不敢去做。比如表现在做题上，男孩分明自己会做，但不敢写出来，只有得知答案与别人的相同时才放心。

这些孩子走向社会后，在就业时，由于性别歧视，男孩子比女孩子更容易就业。这就迫使女孩子必须拥有比男孩更强的能力，才能在社会竞争中得到应有的社会地位。社会鼓励了男孩子的惰性，激励了女孩子的斗志，这使得阴盛阳衰的现象尤甚。

因此，我想，培养男子汉的事情还需要有很长的路走，不可能一蹴而就。

（红枫一族）

是否该任用表现不佳的学生当班干部

不管是为了转化这些表现不佳的学生，还是出于其他目的，许多班主任曾经或正在任用表现不佳的学生当班干部。对于是否该任用表现不佳的学生当班干部，一直都存在争议。让我们在一个更大的视野下检视这种管理行为。本期话题——

对话小档案

樊正乐 河南省孟津县职业中专

谭玉清 山东省昌邑市北孟镇北孟小学

矫胜军 山东省烟台市牟平区观水二中

陈　涛 湖北省江陵县实验学校

张兴栋 山东省临朐县杨善镇中心学校

赵　玉 河北省饶阳县第二中学

山　音 某校

我让“恶人”当班干

新学年开学后，班上又来了几个“恶人”学生。他们今天“修理”临时班长，明天帮助新同学“出气”，闹得班里乌烟瘴气。最气人的是，这几个学生居然写了“恶人班”、“恶人谷”的大字条贴在他们宿舍的门上。他们检查写过，保证书交过，家长也到学校来过，可就是不见他们“改邪归正”。

怎么办呢?

通过摸底，我发现“恶人”并不都是“差生”：贾凯爱好文体活动，许华的综合成绩较好，王志的作文写得幽默风趣。他们还有一个共同爱好——爱看武侠小说。摸清底细，我决定让他们围着班级工作忙起来，跟着我的思路动起来。根据管理需要和他们的实际情况，我任命贾凯为文体委员，许华为学习委员，王志为语文课代表。许华学习基础较好，我便帮助他制订学习计划，鼓励他立志成才；想到他们爱看武侠小说，我就借助自己教语文的优势，努力唤起他们的写作热情。在作文课上，我让大家写“放开文”（不限体裁，不限内容，不限字数，不限时间）。王志以前所未有的激情投入到写作中，一篇文章写了整整一本，最后还来个“未完待续”。《洛阳日报》举办“好路杯”征文时，我鼓励王志积极参与，并帮其认真修改稿件。半月之后，王志的征文《路》被发表。这对王志以及整个班级都是意外之喜，极大地激发了同学们的写作热情。

“恶人”开始“弃恶从善”，积极行为越来越多，违纪现象大大减少了。第一学期结束，许华的成绩已名列前茅；贾凯在班级年终评优中，被评为优秀班干；自从处女作发表后，王志成了名副其实的文学爱好者，被校“青春火”文学社吸收为会员。

（樊正乐）

表现不佳不能当班干

前几年，我也曾尝试任用表现不佳的学生当班干部，可班级秩序近乎混乱。为什么会出现这种被动的局面呢？为了弄清这个问题，我做了一次调查，学生向我道出了其中原委。

不认可老师任命的“班干部”。持这种观点的学生竟达80%以上。我们知道，班干部是班级的核心。一个没有核心的班级必然丧失它的凝聚力。在调查中一位学生说：我从来都不把他当成我们的班长，我认为他没有资格管理我们，他平时的表现让很多同学反感。老师的任命我们必须接受，但我们不可能认可……

认为老师“欺软怕硬”或“无计可施”。持这种观点的学生也不在少数。学生的幽默回答也许最能说明这个问题了。“我认为我们的老师就像是没有兵权的皇帝，对骄横跋扈的大臣只能处处忍让。”“石油换和平！”……听了学生的回答我的确有点寒心，在他们心中，老师的“苦心”成了一种无可奈何的交易。可静心思考，要想重建教师的威信，我们也只有“杯酒释兵权了”。

对班干部的“专政”异常反感。有这种心理的学生为数最多，在90%以上。表现不佳学生的管理素质不高是一个不争的事实，加上前面提到的大部分学生的不认同，致使这些班干部只能以“专政”的手段发泄心中的不满。在调查中有位学生偷偷地告诉我：“同学滥用职权，经常欺负我们，每天总是摆出一幅盛气凌人的架子，我们都敢怒不敢言，要不然他会报复我们的。”听了学生的心里话，我的心很沉重——我们不但没能为学生创造出一个优雅、和谐的学习环境，反而让学生整天提心吊胆地学习。

总之，我认为任用表现不佳的学生当班干，即使在教师的引导下，表现不佳的学生有所进步，但要让他们在短时间内被全班同学认可和接受也非易事。

（谭玉清）

教师的心态很重要

能任用表现不佳的学生当班干部吗？行不行别问我，问问你自己：你是抱着省心偷懒的心理任用他，还是抱着帮助他改造他的态度任用他？如果是抱着帮助他健康发展的目的，那我们就会时时刻刻关注着他的细微变化，教育他而不是利用他，这应该是一举多得的好事吧！

我班男生曲鹏举，不但学习成绩不好，而且上课纪律极差，总是心不在焉。接手的第一堂课我就狠狠批了他一顿，从此以后关系一直较紧张。后来因为特殊原因重新分了班，我原先的课代表分在别的班。重找课代表时，原先就在我班的许多同学都争着干，曲鹏举也高举着手说："我干，我干！"没想到这个语文差生也有此积极性，我心中一喜，认为是个转化他的好机会，于是就定了他。我的决定也出乎他的意料，语文学得并不好的他满脸欢喜地笑了，像凯旋的将军，自豪地跟在我身后。一刹那，我们之间的楚河汉界似乎一下子消失了，我们不再是"敌人"，而成了彼此信任的好朋友。这个单纯的家伙，上当了！我窃喜。他组织能力很好，在班上有人缘，有号召力，这是他的优点。我简单地教给了他工作方法和任务，我特别指出，作为语文课代表首先要学好语文（这是我的真正目的），这才能有威信嘛。一周下来，工作干得还行，收发作业及时，上课纪律也好多了，每当看到他坐不住时，我只要给他一个眼神，他便不好意思了。说真的，我还真不好意思口头批评他了，毕竟是自己的课代表。他的表现越来越好，我也一步步放权，把更多更难的事交给他处理，他也总是不辱使命。我时刻关注着他，及时指导他。有一次，他为收作业和同学吵起来，我就教给他如何处理人际关系，他也能诚恳接受。慢慢地，他还真的成了我的得力助手，有时一忙，我忘了布置作业，他一定会及时提醒我并帮助我布置作业。班里的大事小情他也非常细心，总是及时向我反映情况。期中的语文考试他得了108分，虽然不高但比原先的90多分，应该说是进了一大步。我鼓励他先保住这个分数，然后再往前赶。他觉得学习并不像想象那么难了，也很有信心再往前赶。他的英语是最差的，150分只能得60多分。我在这方面也注意帮助他，经常给他一些具体的指导，并配合英语老师进行辅导，慢慢地他的英语成绩也有一点起色了。而我呢？因为有他的帮助，工作还轻松了不少。真不知是我帮了他，还是他帮了我，应该是双赢吧？

（矫胜军）

记住，我就在你身后

新学期新气象，对班干部的任用我采取了“全民公投”的方式，即由学生投票产生。没想到，江上林当选为体育委员。江上林是一个后进生，我可不愿意他当班干部。但没办法，说出去的话总得兑现，既然学生们选他，肯定有选他的理由。

没几天，江上林就遇上了难题。上体育课，他管理学生，学生们根本不听他的，让他很气馁。一天上早操，班上的部分学生懒得出操，赖在教室里不去操场，江上林让他们去操场，可那些学生不但不去，反而嘲笑他考试不及格，拿着鸡毛当令箭。江上林又气又急，想冲上去打架。正在那时，我在他后面说：“打架解决不了任何问题，按照规定应当怎样处罚？”江上林看到了我，很高兴地说：“应罚跑五圈！”“那还不让他们去，还要按时完成，不按时再加罚！”由于有我在旁边支持着江上林，那些学生不得不接受罚跑。从这之后，江上林管理班级容易多了。我一直跟他强调："不管遇到什么困难，记住，我就在你身后。"这让他很有信心，也特别自信，班级的体育类活动也开展得有声有色。

随着他在班上地位的增强，他的老毛病又犯了。一次上课，因为不听讲，他和英语老师争执起来，老师气得发抖，他却阴阳怪气地笑着，好好一堂课被他完全搅了。听到情况后我赶到教室，在一片异样的沉寂中，他回头看到了我，赶忙低下头。从此，我格外关注他上课时的情景，教室后面成为我时常驻足的地方，江上林开始对身后格外敏感，时不时地回头看看，也再没有和老师顶撞过。在一次课间打闹中，他回头看到了我，格外羞愧，我并没有刻意批评他，只是对他说："记住，我就在你身后！"经过一年多的关注，江上林再也没有表现出当年的那份狂野与不驯，对班级的管理也很用心，对自己的约束力明显增强，成绩也有了一定的进步。

三年的初中生活转眼就过去了，江上林也由当年的坏小子变得成熟起来。三年来，我对江上林说得最多的一句便是"记住，我就在你身后"，也正是这句话时刻提醒着他，成为对他的最大约束。给这样的学生一个机会，并不是放任自流，在培养他们自觉的基础之上，更应加强管理，这样的管理，就是天长日久的关注。

（陈　涛）

让他们公平地参与竞争

在班干部的任用上，班主任不能越俎代庖，随随便便就发"委任状"，让平时表现不佳的学生担任班干部。有句话说得好，"干部，干部，先行一步"，表现不佳的学生"不劳而获"地当上班干部，如在班里起不到榜样作用就会失去威信，时间一长，他们也会失去自信。

不是表现不佳的学生是否能当好班干部，关键要看他这个班干部是怎样当上的。在班干部的选配上，我认为一定要充分发扬民主，让所有学生公平地“竞争上岗”。

我班有个学生叫马强，他平时爱出风头，懒散。每逢学校卫生大扫除时，他就站在一边，还尽说风凉话，班长批评他，他也不听。一次班长找我告完状后，建议让他马上当劳动委员，看他劳动时还干不干。班长的一席话，倒使我有了教育马强的办法。于是，我在班会上说：“期中考试后，就又到咱班改选班干部的时候了，首要的条件是看同学们平时的表现。”然后，私下里我又找马强谈话说：“你对劳动委员这一职位有兴趣吗？好好表现，说不定同学们会选你的！”马强听了我的话，急切地说：“真的？我想当！”此时，我心里更有数了，故意提高嗓门说：“老师说了不算，就看你如何表现了，同学们的投票才算。”这一招还真灵，马强来了个360度大转弯，简直像变了个人，大扫除时争着锄草，抢着运垃圾，干劲十足，还常跑到我办公室说：“老师，以后学校分给咱们班什么任务，你告诉我，我去完成！”班干部改选时，他被同学们选为劳动委员。

半年来，他没有辜负同学们对他的期望，劳动委员干得很称职。今年班干部改选时，他再次高票当选为劳动委员。

我的体会是，任用表现不佳的学生当班干部，班主任一定要发扬民主，引导他们自己去“竞争上岗”。

（张兴栋）

慎重选班干

任用表现不佳的学生担任班干部，我认为是可以的。一些教师在实施中遭遇失败的原因，我认为是没有给予这些学生恰当的职务。我们不妨将班内职务分为三类：

正副班长，学习、生活、纪律、文娱委员等重要职务。担任这些职务的班干部往往是班级工作的核心，起着树班风、立正气的重要作用，在师生心目中地位“神圣”，应由能在班内起表率作用的品学兼优的学生担任。若任用表现不好的学生，常因难以服众而失败。

各种小组的组长等一般职务。这些职务的担任者往往也需以身作则，起领导和表率作用。因此，也应选择表现好的学生担任，在起用表现不佳者时，必须考虑其兴趣爱好和专长，仍需慎重。

各学科的课代表等职务。许多老师认为，课代表应是各学科成绩优异的学生，而我却认为，这项职务恰恰适合由表现不佳的学生担任。课代表做的主要是抱送作业、传达教师的意图等服务性工作，不很强调学生的表率作用，易获得同学的认同；同时，由于几乎天天与学科老师打交道，既可以使表现不佳的学生无形中产生一种被重用感、自豪感、责任感和进取心，又有利于各科老师有针对性地对他们进行疏导和教育，从而使他们逐步甩掉不良习气。等他们在这个岗位上改掉自己的不良习气后，再任用他们为一二类班干部，对班级秩序不良影响的风险系数就应该很低了。

其实，表现不佳学生的内心也有向善和向上的进取心，适当的职务能激发他们的潜能，保护他们的自尊，实现我们期望的改变。

（赵　玉）

达到要求再上岗

我们到现在还在任用表现不佳的学生当班干部，不过列出了以下规定：

达到老师的一到两项要求才可以上任，并根据实际情况随时任免。如：调皮的达到一周纪律良好不被记录；作业拖沓的达到一周按时认真完成作业，等等。

担任的都是小组长，班长副班长都是一学期才进行一次选举，特殊情况除外。

每项任务都是两个人轮流负责，互相监督提醒，避免疏漏。

每两周进行一次考评，对负责好的进行表彰。

老师对这些人的情况随时了解，及时进行指导。

（山　音）

如何倾听心灵的声音

倾听不是一个新话题，相信大多数的老师在近几年有关新课程的大大小小的培训中反反复复地听到过这个词；在与新课程有关的经验介绍中，这个词也经常被引用。但是，在具体的教育教学环节中，要做到真正的倾听却不是一件很容易的事。怎么听？听什么？仍然是许多老师的疑问。本期话题——

对话小档案

张爱平 湖南省浏阳市泮春中学

王金凤 广东省佛山市三水区技工学校

车文芬 山东省临朐县第二实验小学

符正发 海南省海口市琼山区海政学校

庄立民 江西省井冈山经贸学校

徐树成 湖南省浏阳市一中教育集团

“倾听”使我走进学生心灵

中考前，我班柳殷殷同学一反常态，别人在争分夺秒复习，她却上课经常睡觉。任课老师见了都这样骂她：“你真是火烧眉毛不知痛。”越骂她越不理睬，反而变本加厉，更加自暴自弃。我找她谈话，她流着泪跟我说：“我爸爸不听我劝告，总要去买六合彩，还替人写单，家中乱成一团糟，爸爸妈妈经常吵架。前几天的一个晚上，深夜3点多了，市公安局的特警突然光临我家，我爸爸、妈妈在警察到来前几分钟逃到后山去了，从那以后，再也没回，我哪还有心思学习?”

我恍然大悟，庆幸没有不分青红皂白去批评她。接下来的日子，我要她把心中的不快写下来给我，然后我再去开导她，告诉她如何保持平静，专心学习。在临近中考的日子里，她还写了一篇“难忘母校情”的文章，感谢老师和同学对她的无私帮助，感谢母校让她走向成熟。我把她的文章打印下来，寄到《全国中学生优秀作文选》，七月份就发表了，我和她都无比高兴。中考后，她顺利毕业，现在她还经常打电话给我，多次到我家来看望我。

现在，我依然当班主任。在工作中我特别注重走进学生的心灵，主动去倾听学生的心声。班会课上我会留点时间让班干部总结一周的情况，让学生提意见；每周我都会详细查看学生的周记，间接倾听学生的心声；课间没事时我就到教室和学生谈谈心。通过这些方式，我可以感受学生的喜怒哀乐，掌握学生的心理动态，及时发现班级存在的问题。

感谢“倾听”，她给我带来了学生的心声，给我带来了快乐，帮我及时解决了学生心中存在的问题，提高了我的班级管理水平。

（张爱平）

叩开学生心扉我有招

平等相待。学生不愿意和老师说心里话，就是因为师生不是处在平等的位置上。我们时常见到的师生谈话是，老师坐着，学生站着；老师问一句，学生答一句，像审讯似的。尊重学生，平等相待，才有可能打开学生的心扉。因此，我们做教师的，首先要放下架子，摆正位置，把学生看做是一个具有独立人格的“人”，尊重他的人格，乐意做他的朋友，并努力营造一个平等、轻松、和谐的谈话氛围。这样，他才会对你敞开心扉。

耐心倾听。有的老师，当学生和他说话的时候，不是看报纸，就是批改作业，甚至还和别的老师窃窃私语，一副心不在焉的样子。有的老师一听学生说话，就心烦，往往是学生还没有说上几句，他就不耐烦地打断，然后批评教训一通。如此，学生有了心里话，宁可憋在心里，也不会找他去说。因此，教师要想叩开学生的心扉，走进学生的心里，就必须要把学生说的“事”当一回事。专注而耐心地倾听。

为其保密。有的老师知道了学生的一点点心思之后，仿佛是知道了一个天大的秘密，按捺不住激动的心情，到处去说。于是，不到半天的功夫，班主任、老师、领导、同学、甚至连学生的家长也知道了。学生是最恨这类老师的。因为，他一开始是相信你的，才把自己的心里话告诉你。你外传后，他就认为你欺骗了他。从此以后，他就再也不会相信你了，甚至由此而不再相信其他任何老师。所以，我们在了解了学生的一些秘密之后，一定要为其保密，绝不外扬。这既是对学生隐私权的尊重，也是对自己人格的尊重。

多些宽容。有些时候，学生做错了事，或者因为学习成绩不好，心理压力很大。不说吧，搁在心里，憋得难受；说吧，又怕老师批评，因此，他们往往不敢和老师、家长去说。对待这类学生，我们要多些宽容、多些安慰，少点指责和批评。鼓励他们把心里话说出来，这样，他们会感到轻松许多。

不要以他为例子来说明问题。学生不愿意和老师谈心，还有一个原因，就是怕老师拿他作为例子来教育其他同学。我们常常会说，某某同学原来怎样怎样，现在如何如何。这种举例说明，表面上看是在表扬他的进步，实际上是在揭他的疮疤。他觉得是把他过去不为同学所知的事情抖搂出来，让他难堪。事实上，很多时候我们都有一种往事不堪回首的感觉。因此，为了保护学生的自尊心，我们不要在大众场合，拿某某同学作例子来说明问题。

为其支招。当学生向我们倾诉烦恼的时候，我们不能一听了之。作为老师和过来人，他们成长过程中的许多烦恼，我们都曾有过。因此，我们要将心比心，真诚地为他们支招，帮助他们排解心中的烦恼与苦闷。

（王金凤）

让孩子把话说完

那一次我去听一位数学老师的课，这节课的学习内容是应用题，利用乘法口诀解决生活中的问题。老师出示了一幅购买学习用品的图片，让学生根据老师提供的材料尽可能多地编题。一位学生编了一道题，非常自信地站起来说，老师觉得他叙述不清楚，就让他坐下了。我发现这位同学坐下后一直在思考自己编的题。过了一会儿，他又高举起小手，老师发现后，就让他说，可他只说了一半，就又让他坐下了，他又站了起来说：“老师，我……”，老师却用手示意他坐下了，我看到这位同学欲言又止，似乎对老师不满意，脸通红（也可能觉得很没有面子）。可能是老师觉得他跟上次说的重复，也可能是老师怕浪费时间。

下课了，我主动走到这位同学跟前与他聊了起来，顺便听了听他自己编的那道应用题。他编得很完整、新颖。我表扬了他，并鼓励他以后在课堂上要大胆表现自己，他却哭了，“老师，我成绩不好，老师不会再叫我了。”我说：“我会跟你老师说的。”他竟然高兴地笑了。

后来，我把自己的想法跟上课的老师谈了谈，老师接受了我的意见。从此，课堂上他总是积极、自信地回答问题，各方面提高很快。

以后，这位同学每次见到我，脸上总挂着微笑，都主动向我问好，我们成了好朋友。

真正的教育是从心与心的对话开始的，而心与心的对话又是从真诚的倾听开始的。我真希望每位老师都能俯下身子听听每一个孩子想说的话，至少要让孩子把话说完！

（车文芬）

让作文传递温暖

小娟是一个学习成绩良好，性格比较内向，交往能力稍差的女孩。面对崭新的初中生活，陌生的老师同学，她显得束手无策，感到苦恼无助！

第二周星期五的语文课，我给孩子们布置了开学第一道作文题：同学们来到了新的学校和新的班级，结识了新的同学和新的老师，学习生活也有了许多变化，你一定会有许多新的感受，对新的生活也一定有自己的认识。写一篇文章把你的感受表达出来吧！

果然不出我所料，小娟以《初中的苦恼》为题，把自己心中的烦恼一股脑儿地倾诉出来。

阅完这篇情感真挚的作文，我知道小娟的苦恼需要及时地倾听，需要及时地开导，不然，她会因此而不知所措，烦恼会与日俱增。想到这儿，我在小娟的作文本上写下了这样一段话儿：

老师可以触摸得到你此时此刻的内心，这内心不是空虚的，而是善感的；不是绝望的，而是怀着一份期待的情愫，期望班级和谐融洽，期冀同学友好相处。

愿你走出孤独，沐浴温暖的阳光，你会发现校园生活是多姿多彩的；愿你走出彷徨，主动和同学们交朋友，相信友谊之手会伸过来，十指相扣的刹那，暖流会慰藉你的心房。

如果你不介意，可以把你的心里话告诉老师，老师愿意倾听，同时老师会想办法为你支招，行吗？

你的大朋友：符老师

星期三的语文晚自习，我把作文本发到孩子们手中，孩子们都急不可待地翻开来看。我站在讲台上观察小娟的一举一动，发现小娟足足看了几遍，露出了会心的微笑。

第二天，我走下楼梯，小娟老远看到我，便笑语盈盈地叫道："符老师好！"我知道，一个孩子黯淡的心灵之角已拥有阳光的照射，一个孩子难解的心结已在慢慢地解开。

以后的日子，我总是有意叫小娟起来回答问题；晚自习课，我也主动找她谈话，点拨她，开导她；课间时间，我没有急着走回办公室，而是待在教室里和她聊天，并暗地里示意女生们主动找她说说话，玩游戏。

国庆节前夕，小娟把自己精心画好的一幅画儿——《快乐大家庭》，偷偷地放到了我的办公桌上。画儿上画着两只熊猫、三只鸭子和两只小鸟，只见熊爸爸爱怜地抱着一只可爱的鸭子，熊妈妈捧着一只毛茸茸的小鸟，其他鸭子和小鸟在熊爸爸、熊妈妈的身边快乐地玩耍着，尽情地嬉戏着，自由地歌唱着，幸福地对视着。画儿的背面，小娟写下了一则短短的留言：

老师，谢谢您能理解我的心情。这幅画儿是我最想画的，也是我最喜欢的画儿。我把它送给您。我相信自己能够战胜这些困难，您也一定相信您的学生是坚强的。谢谢您能成为我的知心，让我有个倾诉的地方，让我再次坚强地站起来。老师，请您相信“丑小鸭”会变成“白天鹅”的！

祝老师国庆节快乐！

您的学生：小娟

孩子的心是脆弱的，只要老师给予真诚的帮助，孩子会因此而坚强起来；孩子的心是纯真的，只要老师把他们当做自己的朋友，孩子就会快乐起来；孩子的心是善感的，只要老师愿意倾听他们的心里话，孩子就会阳光起来。

（符正发）

学会倾听三种声音

来自犯错误学生的声音。学生犯错是一个信号，也是一个警示，它在某个方面也映照着老师的错误。老师不要因为学生犯了错就不顾一切地横加指责。学生时代本就是一个人认知不断提高的过程，在这个成长过程中不犯错误是不可能的；只要犯了错的学生能认清自己的错误，这本身就是一种进步。老师要善于倾听学生犯错的原因，帮助犯错学生找出解决问题的办法，并循序渐进引导好他们。这样，学生才能进步，老师才会进步。

来自优秀学生的声音。优秀学生是老师与家长的骄傲和希望，无形中他们被赋予了更多的责任。有些优秀学生表面风光，但性格孤僻，内心压抑而苦闷，也容易走入极端。所以我们不仅要关注他们的学习，更要经常坐下来听听他们内心的感受，千万莫让他们背上太多“好学生”的重负。

来自课堂外的声音。课堂外的声音反映的往往是学生最真实的东西，老师要善于从这些背后的声音中去发现问题、解剖自己、改进工作。学生背后的声音也许是一些牢骚和不满，但至少折射出了我们教育教学工作中存在的一些问题。

（庄立民）

倾听促我成长

倾听学生的课堂需求

刚参加工作那年，由于没有经验，对课堂难以驾驭，要求过于严格，课堂死气沉沉、枯燥无味。给学生一些宽松的环境，往往学生“活泼”有余，无实质提高。对学生喜欢什么样的课堂很难把握，对学生需求怎样的教学方式不十分清楚，于是我萌生了倾听学生课堂需求的念头。我要求学生写出对本科目课堂教学的要求或喜好，以此来指明我的努力方向，这也使我的课堂教学逐步地提高，得到同行的认可。由此我想：每当班级换一个教师时，我们的学生为什么不太适应？怎样尽快地适应？大部分老师强调学生要尽快地适应新教师的教学，而作为老师的我们是否也可为此多听听学生的声音？

倾听学生对教师的评价

我时常在厕所、课余时间或就寝时听到不少学生在对某某老师发表看法。一天我突发奇想：我在学生中的评价会怎样？能否作一次全班性的听取？结果令人失望，交上来的大部分材料言不由衷，应付了事。后来我想了一个办法，找来四个同学（男女各两名），个别交谈打消其顾虑，要他们到同学中收集同学们对我的评价，并且要求他们不准只报喜不报忧。我则根据他们收集来的评价扬长避短，结果大大提高了我在学生中的形象，当然也促进了我的教学。我们在责怪学生背后讲老师坏话的同时，是否要多去了解学生对老师的一些要求？

倾听学生的教育想法

学生虽不懂教育，但他们的想法代表着他们喜欢怎样的教育，能够从另一角度启发我们改进教育教学方法。我曾经教过的一个学生，总是犯相同的错误，任你鼓励也好，处罚也好，叫家长也好就是没有作用。一次在与另一位同学的交谈中提到此事，这位同学提出了其想法：老师，您跟我们讲的道理都懂，也知道您是为了我们好，只是他易冲动，总是不自觉就犯错误了。我认为给他找一个自我控制能力强，平时做得好又与其合得来的同学来监督帮助他，来教育转化他比较好，采用这种互助式的教育也许更具体实际一些。我后来用这种教育方式试过，也取得一定的成效。由此我想：在我们埋怨现在学生难教的同时，是否可以去请教一下学生？

倾听学生的管理观点

我刚开始的班级管理主要是“法治”，一切都制成班规对学生进行约束，这在低年级是十分有效的。但是随着年级的增长和时间的推移，这越来越无效，到后来甚至无法收场。往往出现学生与班干部矛盾越闹越大，学生之间不团结，班级集体荣誉感不强。在一次班干部会上我提出了这个问题，在与学生的交谈中我也将此迷惑提给他们，其中两位学生的话触动了我。“制定规章制度是好，但太没人情味了，这样就造成不少同学尤其是经常违纪的同学不把制度当一回事，违纪了最多不过是受罚！他们没有从整个班级着想！”“老师，您要多与违纪的同学谈谈心，不能总是罚、罚、罚，他们罚多了对此怨声越来越大！”由此我想：我们班主任的管理效率为什么低下？为什么受累不讨好？在我们反思自己时是否应多倾听一下学生的观点？

以上四个方面的倾听使我的教育教学和班级管理工作从幼稚走向成熟，从简单走向科学，从低效走向高效。倾听促使我逐步地成长。每当我不知道怎样做的时候，我就想到了倾听学生的想法；每当我要做一件与学生有关的事情时，我会静心地倾听学生的心声，让我与学生的心灵进行交流！

（徐树成）

面对父母离异的孩子

父母离异无疑会给孩子造成巨大的心灵创伤，虽然这是所有人都不愿意看到的。这种创伤会很直接地反映在孩子的学习生活中，他们在这个时候最需要教育者的帮助，让我们与他们的心走得更近些！本题话题——

对话小档案

纪凤翔　山东省青州市云门山南路回民小学

张兴栋　山东省临朐县杨善镇中心学校

张金传　内蒙古自治区扎兰屯林业学校

范振芳　山东省潍坊滨海开发区滨海三中

王炳军　河南省唐河县昝岗乡枣林屯学校

罗金凤　江西省吉安市峡江实验学校（话题提供者）

康智元　某校

学会沟通

“砰——”的一声，办公室的门被推开了，王老师拽着一个学生的胳膊，气呼呼地闯进了办公室。这是一位身材瘦弱的男生，叫张威，他呼哧呼哧喘着粗气，用眼角的余光瞅着王老师，眼睛里充满委屈与仇恨。王老师余怒未消：“张威平时性格孤僻，不爱说话。今天无缘无故在教室里和同学打架，老师批评他，他不但不听，还骂老师，并且把我的胳膊都抓破了。校长，你看怎么处理?”王老师气呼呼地走出了办公室。

我细细打量着这个学生，他正用充满敌意的眼光看着我。我心里犯了嘀咕：张威做了错事，非但不认错，火气还这么大，内心可能有什么特别委屈的事情。我沉默了一会儿，心平气和地说：“张威，你坐下，和老师说说，今天做了什么事?”他踌躇了半天，终于开口：“我今天骂同学、老师，还打了老师。”“可你为什么不承认错误呢？是不是有什么委屈说不出来，才这样做?”我一边猜测，一边看着他。慢慢地，他仇视的目光消失了，泪水渐渐满了眼眶，哽咽着：“老师，我知道今天做得不对……我也不想这么做……你不知道，我快难受死了……”情感的闸门打开了：“爸爸经常打我，不理解我，妹妹也欺负我，在学校里我看什么都不顺眼，我就……”我意识到，问题并不简单。于是，什么也没说，拍了拍张威的肩膀，让他先回了教室。

接下来，我分别找张威的班主任、任课教师，张威的爸爸、妈妈了解了情况。张威生活在一个特殊的家庭，妈妈病故，后妈和妹妹又进入了他的家庭。当他与妹妹发生矛盾时，爸爸总是打骂他，说他是一个不争气的孩子。他认为，是妹妹的到来给他带来了“灾难”。爸爸忙于工作，从不与他交流，他在家里感受不到温暖，他恨爸爸、恨妈妈、恨妹妹。

针对了解到的情况，我对家长提出了自己的看法：父母要一起教育子女，不能爸爸管儿子，妈妈管女儿；近几天父母必须与张威沟通，了解他的想法，要多花点时间和孩子在一起；爸爸必须对自己过去几年来的粗暴做法向儿子真诚地道歉；今后每个星期必须和孩子谈心一次；家长还要多与班主任沟通……

一个星期之后，我又见到张威他的脸上有了灿烂的笑容。他已经诚恳地向老师和同学道了歉；他与妹妹也和好了，当起了大哥哥；老师告诉我，他上课听讲明显认真了。张威悄悄地告诉我：爸爸向他道了歉，他和爸爸妈妈聊了很长时间，他从未见爸爸哭过，但那天爸爸流泪了。爸爸妈妈带他和妹妹去超市，买了学习用品和许多好吃的，他激动得半夜没睡着。

这以后，我多次与张威交谈，他都能敞开心扉，谈笑风生。王老师也高兴地说，张威就像变了一个人……

今天的孩子，他们渴望被尊重，被理解，更渴望与父母、老师沟通，但成人往往不理解孩子的心情，久而久之，孩子渴望沟通的大门关闭了，有的甚至永远也打不开了。

要走进孩子心灵，帮孩子走出父母再婚、家庭分裂带来的“阴影”，就需要沟通。学会沟通，对今天的父母、老师来说，真是太重要了。

（纪凤翔）

借学生之口

课外活动时间，有学生来办公室“告状”说，我班的张明在班上偷偷地哭泣，大概与他的同桌有关系。我一听就着急了，张明的父母几周前刚离了婚，现在他和妈妈生活在一起，情绪已经很低落了。这些天，我正在变着法开导他，希望他能走出生活的阴影，但效果都不明显。

我赶忙把张明的同桌找来问原因。原来，课下他俩在说话时，同桌提到了自己的爸爸多么好，大概触到了张明的伤心处。最后，张明的同桌用乞求的语气对我说："老师，我真不知道是怎样得罪他了，别人还以为我们俩在闹矛盾，我欺负他呢，他怎么这么'小性'，人家李强就不这样。"

是的，父母离婚使张明变得不爱和同学说话，而且也格外的敏感，同桌提到自己爸爸，尽管是无意的，却让他想到了自己的爸爸，格外伤心，甚至觉得别人是有意识这样说的——父母离了婚，别人看不起他。

不过，张明同桌的最后一句话，倒是提醒了我。李强也是我班的一个单亲家庭的学生，四年前父母离了婚，但他平时很乐观活泼，积极上进，乐于助人。如果让两人同桌，彼此相同的家境，或许会更容易接受对方。我把李强找来，说明了我的意思，让他和张明做同桌，有时间多开导开导他，让他明白，父母离婚，是他们大人的事情，父母仍然是爱他的，父母是不希望他消沉下去的，自己唯有好好学习，将来学业有成了，才是对父母的最好回报。李强听完我的话，愉快地答应了。

几天后，我调整了班里部分同学的座次，故意安排张明、李强两人做了同桌。在我的"面授机宜"下，课外时间，李强常没话找话地跟张明谈心，遇到集体活动，就生拉硬拽地要张明去参加。果不其然，两人很谈得来，张明也不再那么敏感了，对李强的话很愿意听。两人一块儿上学、放学、做游戏，做作业，有时星期天还相互邀请对方到家里玩。渐渐地，我发现，张明脸上出现了久违的笑容，学习成绩也比以前有进步了，慢慢地走出了父母离婚带来的心理阴影。

（张兴栋）

尊重隐私

开学后不久，我班转来了一个名叫锋的男孩。

一天，锋问我："张老师，您知道我父母已经离婚了吗?"我说："我知道啊!"锋有点惊讶地问："您是怎么知道的呀?"我微笑着告诉他档案有记载。锋有点不好意思地摸了摸头，又问道："那您知道我为什么转学吗?"我摇了摇头说道："这我还真不知道，不过我想总有你的道理吧?"锋告诉我，他在原来的学校里因为一时冲动，和同班同学打了起来。老师在狠狠地批评了那名同学后，教育全班同学说；"锋是个不幸的孩子，父母已经离婚了，大家就不要再往他的伤口上撒盐了。希望同学们在今后的生活中，能够多关心他、多照顾他。"锋对我说，老师的话让他感到无地自容，他受不了同学们怜悯的眼神，于是他选择了逃避，转学到了我们这里。最后，锋请求说："张老师，我父母离婚这件事您能替我保密吗?"我笑着安慰他："你就安心学习吧，老师会处理好这件事儿的。"

看到锋一天天地快乐起来，我想虽然单亲家庭的孩子需要老师更多的关怀，但是我们一定要尊重孩子们的隐私!

（张金传）

网络让我们的心靠得更近

新学期开学，初三（1）班多了张新面孔，在教室的最后一排。这是一个看起来孤独、忧郁的孩子，有着一张比同龄人成熟的脸，上课总爱低着头，老师讲课时偶尔抬一下眼睛，很漠然的神情。

一次月考后，王老师找她来谈心，她居然开口就说："你这么关心我干吗?有什么目的?"王老师说："我是老师，找你谈心是做老师的职责。"她一脸不屑地说："哼，你们有那么好心吗?你们这些大人，我看得多了，都自私、虚伪。"王老师说："那在你的眼里，谁对你最好?"她说："这个世界上没一个好人!"她这一番话，说得办公室里的老师一片哑然。教书十几年了，还从没有见过这样的学生。现在的孩子大多是独生子女，个性是强了些，那也不至于这样吧！

等她说完了，我问了句："你有朋友吗?"她把头一扬说："很多，在网上。"说完，在办公室的电脑前坐下，自顾自地打开了泡泡，我在旁边悄悄记下了她的号码。她既然能在网上找到朋友，我何不通过网络来与这个孩子沟通呢？于是我在电脑上给她留下这样一段话："王云，老师知道你来到一个陌生的地方，一个新的班级，内心肯定很孤独、寂寞，不过一切都会好起来的。我想你的心里肯定有什么痛苦的往事，如果你愿意，说出来好吗？有人说，你有一份快乐，我有一份快乐，我们分享就是两份快乐。你有一份痛苦，说出来痛苦就减轻了一半。老师不想看你小小年纪活得那么沉重。"

很快，我看到了她的留言："我三四岁的时候，父母离婚了，我和母亲相依为命，后来母亲又结了婚，生了弟弟，我在家里就成了多余的人。"看了她的话，我的内心一阵难过，这是个在生活中缺乏爱的孩子，长期以来就形成了这种孤僻的性格，变得对人冷漠、充满戒心。

我给她留话："王云，人的一生要遇到很多事情，有些挫折我们逃避不了，但有些事情我们是能够选择的。你说的都是过去的事情了，在现在的班级，老师关心你，同学们喜欢你，你要试着敞开胸怀去接纳别人。走出个人的小天地，你会发现世界很大。生活毕竟是美好的，你现在缺少的是一颗发现美的眼睛。我们每个人都应该有一颗宽容的心，用感恩的心情看待一切，试着去关心别人，你就会发现爱其实无处不在。"

在随后的日子里，我只要有机会就在网络上跟她谈心，交流生活中的困惑。渐渐地，我发现她上课时开始和同桌讨论问题了，课间也开始和同学一起结伴出行，以前那个形单影只的王云不见了。

第二学年我改教了别的班级，但和她的网上交流一点也没少。教师节前夕，我打开电脑看到了映入眼帘的一个大大的笑脸和王云的留言："老师，我经历过人生的黑夜，我在这黑夜的航路上没有触礁，没有搁浅，是因为有您这盏用心燃亮的航灯。老师，谢谢您一年来对我的开导、关心和爱护，我会好好努力，做一个品格优秀的人。祝您教师节快乐!”

我抬起头看看窗外，秋日的天空云淡风轻，就如同我当时的心情。

（范振芳）

不用刻意避讳

近些年单亲家庭的学生越来越多，过去我尽量不去触动这根弦，有时讲课也有顾虑，总怕哪句话不小心会叫哪个孩子听了难过。我本来是个比较直爽的人，重重顾虑弄得我很不自在。一次偶然的机会，我发觉自己其实过于小心了。

有一天，一个朋友带着孩子来我这里玩。我很意外地发现，当着孩子的面，她说起跟丈夫离异的事情毫不隐讳，孩子已经十几岁了，显然也并不在意这个话题。“你说他是单亲家庭，你不提他还是单亲家庭。是伤疤，露着是不好看，可你捂着人家也知道，它就好看了？走哪儿捂哪儿，人家不自在，自己也别扭。”朋友很豁达，“没爸爸又不是孩子的错，爸爸妈妈离婚也不一定就是谁不好，只要人家不侮辱咱，想咋说就咋说。”

是啊，为什么老怕把话说到明处呢？有人总以为遮着藏着就是对单亲家庭孩子的尊重，于是就刻意回避以示不歧视，好像单亲孩子真的很可怜很“值得同情”，而且很不光彩。你的“同情”就明白无误地证实，你绕不开。大家必须开诚布公地谈论这个话题，让单亲家庭的孩子在开放而轻松的气氛中认识自我——单亲不是什么错误，更不是谁心头的耻辱、伤疤。

我想，应该引导单亲家庭的孩子学会以平和的心态看待单亲本身，别再老“提醒”他们——谁说你爸妈离异就是揭短、歧视、羞辱、不尊重之类的话了，那样才真的会加深他们对“单亲”的恐惧和羞愧，使他们在这个问题上更加敏感，更加自卑。

你把“单亲”看做他头上的阴影，你就永远无法帮他驱散这阴影。

（王炳军）

帮他们找回父慈母爱

2005年我接手了全校“问题班”——九（4）班。而这“问题班”的“问题”，就出在五名单亲家庭子女的教育上。这五名学生，三女两男。有一天，两名女生彻夜不归，一名男生在网吧持刀伤人。在这种情况下，校长找到我，希望我能接手这个烂摊子。

我想，我这市级优秀班主任决不能栽在这里。紧锣密鼓，“新官上任”我先放了“三把火”：第一，找法院干警协同，把那两名女生、一名男生的相互推诿都不管子女的父母都找到学校“开会”，进行了沟通和教育，并当场签下监护人责任状。这一把火让家长们吃惊不小。第二，我出面找地方政府，为家庭确有困难的单亲下岗职工家庭申请低保救助，并成功地为三个单亲家庭申领到救济金。家长感激我的帮助，学生的心也温暖了许多。第三，给单亲家长开“教育子女培训会”。有的单亲家长对孩子的教育方式粗暴，孩子不服，形成了逆反心理和叛逆的性格；有的家长为了弥补孩子失去的父爱或母爱，对孩子百依百顺，令孩子在溺爱中形成了许多恶习。我给家长开“药方”，并且强制要求他们配合我“对症下药”。一些家长感言：遇到了一个责任心很强的班主任，不尽责任不行喽！

“三把火”之后，我开始了“温柔”教育：每逢节日和这些学生过生日，我都十分留意，提前做好准备。一是提前联系家长，动员家长为孩子过好节日、生日，创造机会把孩子应该享受的父慈母爱还给他们；二是充分发挥班级活动的优势，组织多彩而有意义的活动，帮助这些学生把节日、生日的快乐“找”回来，让学生摆脱孤独的阴影；三是帮助他们分析自身存在的弱点、缺点，引导他们用自己的双手和勤奋，达到“自己动手，丰衣足食”的自强自立的目的。还有就是帮助他们摆脱怨恨，理解、宽容自己的父母。

五名单亲家庭子女很快融入到全班 68 名学生之中，跟别的孩子一样，自强进取。“问题班”的“问题”解决了。

（康智元）

农民工子女单独编班，歧视？重视？

湖北省武汉市将于今年9月在全市10所学校的起始年级开展农民工子女就学单独编班试点工作。这个消息被媒体报道后，一石激起千层浪。不少人认为，这无疑在城市孩子和农民工子弟间筑起了一道隔离墙，也有人认为这是一种正视问题的有益尝试……本期话题——

对话小档案

及宝遥 河北省任丘市一中

王 茹 郑州市金水区黄河路三小

赵 玉 河北省饶阳县第二中学

周克明 山东省章丘市枣园小学

禾 刀 某校

赵炳臣 某校

是歧视还是重视?

“单独编班”到底是歧视还是重视？要弄明白这个问题，需要先弄清教育的本来目的。

孩子为什么要上学？学校要给孩子们哪些教育？教育学定义为："教育是人类所特有的有意识地传递社会经验和培养人的社会实践活动。"可见，任何学校都不只是一个知识传播机构，"育人"对每所学校都是更为重要、更为本质的要求。所以有人曾如是总结："上学是一种生活方式。"的确，学校是一个小社会，这里有故事、有矛盾、有快乐、有委屈、有玩伴、有知识、有挑战、有令人眼花缭乱的一切。在这个小社会里，孩子会锻炼能力，磨炼意志，为自己准确定位，为未来的生存储备各种"能量"。特别是在中小学，为孩子们提供上述机会，比课本教学要重要百倍。

由此，任何学校的任何管理，都只能是一种手段，而绝不是目的——学校应该追求的，是学生之间的充分交流、融合或碰撞。学校应该直面来自不同家庭学生之间的冲突，在解决这些冲突的过程中实现教育目的，而绝不是用"隔离"的方式回避这些冲突。

从这一角度看农民工子女"单独编班"，可以知道，"单独编班"固然可以使班级管理变得方便些，可以使课堂教学变得容易些，可以使冲突和歧视暂时不发生，这看起来似乎有利无弊——但是，一旦"单独编班"，农民工子女与城市子女之间必经的"磨合"期就会推迟，他们的社交圈子很难与他们的生存环境同步，从而对城市生活、城市人的了解和体味就会变得间接、肤浅，他们的城市生活能力也会成长得较为缓慢。

农民工子女进入城市，固然会面临这样那样的不适应，也会面临诸多的不友好甚或歧视，但这是不可回避的。

所以，面对农民工子女和城市子女共处一班可能产生的矛盾，需要做的绝不是用"单独编班"的方式将他们分开——这种政策只能被称做短视的、因噎废食的"鸵鸟政策"。真正需要做的，是尽快转变学校和教师的观念，努力提高教师的管理能力和协调艺术，帮助学生们尽快融为一体。

（及宝遥）

要理性处理而不是感情用事

三年前，我们学校收了一个民工子弟班。这和武汉市教育局的做法不谋而合。两年后，也就是去年秋天，迫于周围舆论的压力，在上级领导的要求下，就把这个班的孩子分散到其他五个班中。分开后，种种弊端开始涌现。先不论其他孩子家长的反应，只谈这些孩子吧！在分到其他班之前，这个班的孩子在整个年级来说，虽然不是很突出，但是也并不差，学校给他们配了不错的老师，而且那个班是我们学校人数最少的班（因为我们区都是大班额，每个班都超过 70 人，也就他们班是 50 人左右），因此他们受到了比城市孩子更多的关注。而分开后，他们到了其他的班级中，反而出现了不适应。据科任老师说，那 50 个孩子只有少数几个能跟上，其他的孩子都成了班级中的后进生，他们也开始和别的孩子比吃穿、比玩乐，给他们的父母增加了不少额外的负担。而且班里的其他孩子都知道他们有一个特殊的名字："民工子弟!"因此在我看来，不论当初是单独编班也好，混合编班也罢，切不可行了一段又改变。甚至我认为单独编班更为可行，但是社会不要给学校太大的压力，不要让学校承受不该有的负担。舆论也许会让孩子们真的走向了被"另眼相待"的死胡同，这才是对他们最大的伤害。

我认为单独编班可以在收入不均衡的学校大环境中，实现小环境的均衡。孩子们的攀比是如何产生的？这肯定和孩子们衣着明显有差距、吃喝分层次、父母职业收入的差别有关系。而在大家都相差无几时，他又和谁来比？因此，让这些孩子在一个班里，更容易保护他们的自尊心。

单独编班还可以减少周围事物对他们的冲击。许多民工子弟家庭收人很少，他们回家后更多的时间是帮家人分担家务，所以他们身上有许多优点。而分到各个班里后，一旦别人的行为影响他们，他们极有可能丢掉自己身上原有的闪光点，而多了不良习惯——像城里的学生那样比吃穿、打游戏。

还有就是，单独编班可以让他们在老师的关注下迅速与城市的孩子走到同一个起跑线上。在学校里，有无家长的配合对孩子的成长起很大的作用。在市区孩子的家里，所有的关注点都在他一个人身上，因此对于学校要求配合的事项都很容易做到；而民工家长生活习惯无规律，工作时间不固定，给老师和家长的沟通造成了很大的障碍。如果不是单独编班，许多老师照顾了大多数，也就忽视了这个特殊的群体，这对孩子的成长是极为不利的。

（王　茹）

是“正视”不是“歧视”

农村的孩子与城里的孩子生活经历不同，心理体验不同，相比较而言，农村的孩子更淳朴、更理解奋斗的必要，但面对各方面条件都比较优秀的城里孩子，他们更易产生自卑，甚至盲目攀比，导致性格、行为和心理的扭曲，因此混合编班存在较大的潜在不良后果。

我们学校是一所县直中学，由于声誉很好，吸引了许多周边乡村的学生。刚开始时，学校实行混合编班，但不久发现，原来朴素的农村孩子开始讲究吃穿了，开始留恋网吧了，一些孩子由于家境的贫穷开始变得沉默少言，不爱与人交往，而有些孩子竟然开始与班内的调皮学生靠拢，似乎想寻求“庇护”了。面对这些变化，学校只好重新编班，城里孩子和农村孩子分开教学，这项措施已经实行几年了。我们发现，刚开始时，农村孩子的理解力、成绩确实不如城里孩子，城里孩子依旧看不起农村孩子，可是，半个学期过去了、一个学年过去了，农村孩子凭借他们的勤奋努力，竟然在各方面赶超了城里孩子！每年中考时，农村班的上线学生数往往是最多的！许多城里孩子变“歧视”为佩服农村孩子，许多城里孩子的家长还想方设法将自己的孩子往农村孩子的班里“塞”呢！

事实证明，只有正视差异的存在，只有针对这些差异采取适宜的教学手段，我们的孩子才能健康成长，我们的教育才可能成功。

不过，我要强调一点，班可以分，但教育资源是应该共享的，否则就真的是歧视了。

（赵　玉）

农民工子女需要诚挚的尊重

看到“农民工子女就学单独编班”这个消息，让我联想到《人民日报》上的一篇文章：《感受芬兰的义务教育——不让一个学生掉队》。

文章说：“芬兰实行12年义务教育，在义务教育阶段特别强调学生的整体水平。如果在一个班里，有学生在规定的时期内没有掌握该掌握的知识，那么全班的学习进度将停下来等他。……我的一个中国留学生邻居，他的小孩10岁才来到芬兰，学校给他安排到四年级插班。校长解释说，虽然这个中国小孩芬兰语不行，跟上大家的进度很困难，但若把他放到低年级去，会造成他的自卑心理，这会影响他一辈子的。”

一个中国学生在异国受到如此优待，为什么生长在同一面国旗下的孩子不能拥有同一片蓝天呢？诚然，由于农民工子女与城市孩子成长环境、生活方式不同，在学习、行为习惯等方面存在差异甚至有许多不良习气，但这是客观条件使然，我们要正视和尊重这个现实。

实属巧合，《感受芬兰的义务教育——不让一个学生掉队》一文中说道：

“过了一个多月，这个班上其他学生的家长们一致要求学校把这个中国孩子送到为行为怪异的孩子设立的专门学校去，理由是他把班里很多同学弄伤了。学校因此通知家长开会。会上，学校请来一位少年儿童心理问题专家。专家说，通过检查，这个中国小孩是一个心理正常的孩子。由于他在课堂上听不懂老师的话，无事可做，所以干扰其他的同学听课。于是家长们纷纷向这对中国夫妇表示歉意，说要回去给自己的孩子讲清楚，使这个中国孩子尽快能和大家交流。”

与中国家长不谋而合，都出于对自己孩子的关注而对校方提出抗议和要求。中国校长推波助澜，芬兰校长据理力争，于是出发点相同，结果却截然相反。据世界经合组织（OECD）最新教育质量调查结果显示，芬兰拥有的是世界上最好的基础教育。事实胜于雄辩！

教育机会公平与否关乎社会的权利公平，是实现社会整体公平的重要前提。我国的教育从来不乏这样的理念和倡导者，从古代孔子的“有教无类”到近代蔡元培的“平民教育”，再到现代的“素质教育”，无不反映着教育的进步和文明。

作家柏杨在《我们要活得有尊严》一文中说：“人之所以为人，第一要自己有尊严，第二要尊重别人的尊严，而且是诚挚的尊重。”但愿我们的教育行政部门在制定政策时能进行充分的调查研究，三思而后行。

（周克明）

一切有利于农民工子女学习的做法都值得尝试

理论上讲，既然破除了种种壁垒，将农民工子女纳入了城市学校课堂，就应让他们跟城里的孩子一样，接受同城市孩子一样的教育。但理论毕竟只是理论，理论在许多时候并不完全反映现实，当理论与现实存在反差时，就需要我们大胆地摸索，大胆地尝试。摆在眼前的现实是，农民工子女与城里孩子相比，教育“底子”明显偏薄。农村孩子虽然勤奋、刻苦，但城里孩子大多家庭环境较好，从小接受的教育更加系统，素质更加全面。比如，城市孩子大多从幼儿园就开始了英语的启蒙教育，而农村英语教育参差不齐，有的小学三年级才开始，而像笔者那个位于大别山的老家，直到六年级，那里的孩子才能接受到初步的英语教育。

农民工子女与城里孩子之间存在的差别，反映出城乡孩子实际获得的教育并不平等，对他们区别教育也许是短时间内实现农民工子女与城里孩子“平起平坐”的有效途径。如果一味地强调坐在一个教室，看似平等，但因为本来知识“底子”较薄，农村孩子难免会出现“吃不消”，跟不上，甚至产生自卑心理，导致事与愿违等结果。由此可见，形式上的平等，并不一定就会带来结果的平等。

我这样讲，并不是给农民工子女单独编班的做法唱赞歌，只是觉得，在农民工子女与城市孩子学习实际情况差别较大的现实面前，作为一种尝试，农民工子女单独编班未尝不可，只要这种努力有利于提高农民工子女的教育质量。当然，一旦分班，学校在教育环境、师资力量方面对农民工子女只能加强，否则，就是另一种形式的教育“壁垒”。农民工子女入学不仅仅是教育环境改变的问题，里面还有许多细枝末节需要我们去努力探索，只有农民工子女的学习质量提高了，能够跟城市孩子一样共同进步，才是最大的平等。也因此，我赞成有关进城农民工子女教育的一切努力和尝试，其衡量的标尺是——有利于提高农民工子女的教育质量。

（禾　刀）

难甩歧视的影子

从国民教育的公共性上说，享受教育没有身份差别。《中华人民共和国义务教育法》第五条规定：凡年满六周岁的儿童，不分性别、民族、种族，应当入学接受规定年限的义务教育。义务教育经费投入实行国务院和地方各级政府根据职责共同负担，省、自治区、直辖市政府负责统筹落实的体制。这样，教育资源的公共性彻底摒弃了受教育者的身份差别。但由于种种原因，中国农民直到今天也没能享有完全的国民待遇，城乡间在生活方式、思想行为等方面的差异也一时难以消除。在城乡日益融合的今天，尽管我们不得不冷静面对城乡差异的鸿沟，但必须以缩小和消弭这条鸿沟为原则，而不是继续漠视甚至扩大这条鸿沟。既然“性别、民族、种族”等都不是“接受规定年限的义务教育”的条件，学校按城乡身份给学生编班当然有违法治精神。

从少年儿童的天性上说，孩子们来自不同的环境，性格、习惯甚至口音的差异是必然现象。混合编班的歧视，与其说是来自城里的孩子，倒不如说来自老师、家长和学校。天真的孩子只要玩得投机，无需多时就全没有了身份的意识。孩子们尤其是低年级的孩子，其性格、习惯甚至口音等具有极大的可塑性，倒是来自成人的身份歧视一时难以消除。

我们知道，即使同是城里孩子，由于受家庭状况、性格习惯等因素的影响，孩子与孩子之间、成人与成人之间也难免会有歧视。仅就家庭经济、文化背景而言，城里孩子之间的差别要比农村孩子之间大得多，况且如今城里的贫困家庭，经济、文化状况甚至比某些农民工家庭更差。为什么城里孩子入学时，有关部门不去考虑孩子间的歧视问题，不为躲避歧视而按家庭背景等因素分别编班，而对于农民工的子女入学，却要花费那么多的心思呢？笔者不否认武汉市教育局独立编班的试点工作有为农民工子女着想的因素，但也必须指出，给农民工子女按“出身”单独编班，不管你愿不愿承认，从根子上说还是身份歧视。

社会发展让城乡融合成为大趋势，融合也必然要面临“磨合”，这是我们必须面对的。而类似“独立编班”的做法，则不但是对“磨合”的逃避，更没有甩掉歧视的影子。

（赵炳臣）

再议“教师忌语”

据媒体报道，山东省安丘市教育局将选出的“我看你啥也学不会，没出息！”“把嘴闭死！”“笨蛋，看你那熊样！”“我看你没救了！”“你再学也是那样！”等最伤害学生的20句话作为“教师忌语”，印发到每个教师手中，明确这20句话不能在课堂上出现；而取而代之的是“我看你挺有潜力，只要努力一定能学会！”“请同学们安静！”“试试就能行，拼拼就能赢！”等“教师寄语”。本期话题就请几位一线教师来说说这个新闻事件。本期话题——

作者小档案

徐　冰　浙江省兰溪市游埠初中

陈小勇　云南师范大学

彭　富　四川省广元市市中区赤化中学

刘　红　河南省桐柏县平氏镇中心小学

蒋文汇　江苏省丹阳市运河中心学校

李　慧　山东省潍坊诸城市舜王初中

刘光科　山东省寿光世纪学校

何　韧　湖南省汨罗市教育局

“教师忌语”背后的真实意义

日常教育教学中，教师对学生的评价通常存在两种极端现象。

第一种是教师将批评语推向极致而成为带侮辱性质的话语。

具体表现有几种：将学生形象丑恶化，如“我看你什么都不行，就是一只猪”；将学生的能力降为负数，如“我看你跟别人怎么比？学习不行，体育又不行，没有一样好的，就连怎么扫地都不知道”；顺带批评学生的亲属，如“你父母亲怎么把你生出来的，这么没出息，我看他们也不会好到哪里去”。这些评语是极其危险的。它损害了学生的尊严，同时贬损了教师在学生心目中的地位；它增强了学生的逆反心理，极易造成师生冲突；它带有很强的压制性，起不到任何教育作用，充其量只是教师自身情绪的一种发泄。

第二种是教师将表扬表面化，为表扬而表扬。

这种表扬看似尊重学生，张扬了学生的优点，实际上它并未真正触及学生的优点和不足，并不具有说服性，反而会让学生觉得教师没有眼光，做老好人。

只有那些时机选择正确，“不露痕迹”的表扬和鼓励，才能打动学生的心，真正发挥教育作用。怎样选择教育时机，怎样创造教育时机，用怎样的方式评价，怎样正确的理解学生是非常有意思的令人着迷的工作，值得每个有责任心的教育工作者一生为之奋斗。

山东省某地教育局将“教师忌语”及“教师寄语”印发到每个教师手中，无疑有利于防止教师过度批评学生，却也有可能出现为表扬而表扬的状况。但不管怎样，它促使我们思考：教师到底怎样说话，才能发挥最大的教育效用？就这个意义而言，推广是非常必要的。

（徐　冰）

教师可以这样说吗?

作为一名师范专业的大四学生，从今年9月份起，我在一所县城中学高一年级实习了40多天。在实习期间，我经常对学生讲：“你们现在才进入高中不久，每天要把所学的知识巩固复习，不懂的就多问老师或成绩好的同学。”但很快就有几个学生对我说：“陈老师，我们不敢问了，我们有的老师在我们问他题目的时候骂我们‘弱智’、‘白痴’，说这么简单的题目连初中生都会做，你们还不会，真是无药可救了。”学生不是不想学习，但他们怕挨骂，不敢问，被骂了之后，不但题目还是不会做，连自信心也没了。

有一次在检查早自习时，发现一位学生在打瞌睡，找他了解情况后才知道，这位学生因违反纪律，昨晚睡觉之前在宿舍被老师批评了一个多小时。这位学生最后很认真地问我；“陈老师，难道老师就可以用那样的话来骂我吗，说我吃人饭，不干人事。我太难过了，一晚上都睡不着。”

被他这一问，我沉默了很久，不知道该如何回答他。

教师在对学生进行批评教育时不注意言语的选择，这样只会严重地伤害学生的自尊心，使他们一点点地丧失自信，一步步地走向自卑。

我想学生对这样的教师，不会心存感激和尊敬。

我希望有这种行为的教师能多为孩子想想，能照顾到孩子们的感受。在批评学生之前能扪心自问：“作为教师，我可以这样说吗?”

（陈小勇）

“忌语”好，“寄语”忌

山东省某地教育局把“最伤害学生的20句话”和一些能激励学生上

进的常用“教师寄语”印发给每个教师，说明教师的侮辱性语言在当地已较为普遍，成为一个社会问题。教育局能发现身边的“问题”并及时提出整改措施，自然是一件好事。

不过，“教师寄语”，多少有些鹦鹉学舌之嫌。即使教师能像一台精密的仪器那样“准确”地说出这些激励语言，但在实际的教育实践中，重复的次数多了，学生就会以为老师只会说这几句表扬人的话，激励功能将大打折扣，说不定还会被学生当笑话讲呢。我们当地某学校的一位领导最爱说的一句话是：“搞得好！年轻人，好好干。”本来是想激励身边的同事，但用得太烂。后来，这句话被同事当成取笑对方的笑话，逢人便讲。

（彭　富）

一句话，一辈子

我上初中时，班上有个同学叫刘大逡，他个子矮，学习成绩也不好。但是，他唱歌特别棒。刘大逡的梦想就是考上音乐学院，做一名专业歌手。对于自己喜爱的音乐，刘大逡非常痴迷，经常在自习课上轻声哼唱自己跟随录音机学会的新歌。有一回，他又在自习课上唱歌时，被语文老师发现。语文老师气急败坏地走到他面前，用手指点着他的前额，轻蔑地说，“就你那德行，还想当歌星哩，也不撒泡尿照照自己的影儿”。全班同学哄堂大笑。刘大逡被羞辱得面红耳赤，无地自容。此后，活泼好动的他变得沉默寡言，郁郁寡欢。第二学期，刘大逡转学到了外地。

我和刘大逡是邻居，他转到新学校后，我们还保持着联系。他初中毕业后，竟然考上了当地的重点高中！这是我完全没有想到的，因为以他转学前的成绩，上重点高中根本不可能。我中专毕业后，到一所乡镇小学教书，而他，却梦想成真，考上了天津音乐学院。“幸亏我换了一个新学校，老师常常鼓励我说‘只要努力，你肯定行’，这给了我很大的自信心和动力”。刘大逡说着说着，禁不住潸然泪下。我知道，初中时语文老师对他的伤害，可能是他心中永远的痛。

教师是学生增长知识和思想进步的导师，他的一言一行都会对学生产生深远的影响。有时候，老师不经意的一句粗话，就有可能毁了一个孩子的一生！所以，对那些打击学生积极性、伤害学生自尊心的教师忌语，所有的老师都应该禁止说出口。

（刘　红）

有助于让教师自我控制不良用语

两年前，我们学校也推出了“教师忌语”。当时就有教师说：“真是不看不知道，一看吓一跳。平常随口说说、骂骂学生还不觉得有什么不适，一写到纸上怎么看怎么不舒服。确实有伤‘大雅’，与教师为人师表的形象不符。”还有的教师说：“教师本不是什么圣人，也是普通人，也有一些自己控制不住自己的时候，特别是碰到让自己‘气急败坏”的学生或事情时，就会脱口而出一些辱骂学生的话，当时也只有这么一种解气的办法。现在用‘教师忌语’的形式将骂学生的话列出来加以禁止，这种方法很好，可以促使我今后再碰到那种情况时自我警示、三思而行……”

“教师忌语”推行后，我校教师使用不良用语的情况的确得到了很好的控制，教师、学生、家长都给予了很高的评价。

现在，某些地方的教育行政部门借用“教师忌语”这一特殊的形式，来促使教师很好地自警、自律，着力提升教师自身品格修养，努力以良好的个人魅力来昭示和影响我们的学生，是个大好事，应该提倡！

（蒋文汇）

教师有些话就是不能说

记得我孩子在上一年级的时候，一天回家对我说："妈，俺老师说，谁如果上课说话，老师就要拿把钳子把牙拧下来，我害怕。"我听了之后，心里真不是滋味——孩子信以为真了。下午放学回家，孩子又说："妈，俺老师今下午没拿钳子。"可见老师的一句唬人的话让孩子担心了一下午。看起来，是一则笑话，其实不然。

有些教师在平常的教学中，经常使用这样的语言，以达到让学生听着害怕、认真学习自己任教学科的目的。所以我觉得"教师忌语"很值得推广，因为这是教师职业的底线。

（李　慧）

作用不能高估

文明的教师用语，能呵护学生幼小的心灵，给其以人格上的尊重，这对增强学生自信心、建立和谐的师生关系有积极作用。应该说，出台"教师忌语"的出发点是好的，但我们也应该看到，"教师忌语"所起的作用有限，不应该被过度高估。

教师语言暴力的问题出在嘴巴上，根子却在思想上。"应试教育"下学校看升学，家长看成绩，教师看分数，当加在教师身上的压力达到一定极限时，歧视、讽刺"差生"等现象便在一部分功利心很强的教师身上表现出来，虽禁不止，渐成积习。

有的老师说：校长天天看成绩，比分数，老师分数低了不是罚款就是讽刺批评，你不以师为本，叫我们怎么以生为本？如果不改变"应试型"的考核和激励机制，功利、浮躁难免左右着部分教师的情绪，"教师寄语”对于以分数和成绩惟重的教师心态来说多少有些理想色彩。

教育是“感动与被感动”的心灵互动过程，是以人格培养人格、以灵魂塑造灵魂的特殊劳动。教育有“禁区”，但过多过滥的“忌语”加在教师身上会适得其反，语言上的噤若寒蝉势必会消减教师的育人能力。难怪老师说：学校禁止我们不能讲这，不能说那，面对违纪学生我都不知道该怎么说话了。试想当教师习惯“口是心非”的时候，和谐的师生关系恐怕永远只是镜中花、水中月。

出台“教师忌语”容易，可实际操作中监督“教师忌语”的实施情况却很难。怎样让“教师忌语”成为一种教学常态？如何让教师说文明用语成为一种习惯和职业素养？倘若教师说了“忌语”，到底由谁来监督？如何处罚？又由谁来惩戒？……如果这些现实的问题不能解决，就无法让“教师忌语”起到应有的作用。个别老师说：我今天心情不好，骂了学生几句，学生不敢说，家长不知道，学校能把我怎样？所以，以一种刻板的、形式化的方式来规范教师的言行，表面上轰轰烈烈，实际上往往会沦为一种摆设。

一个有良好修养的教师，“忌语”绝对说不出来。教师不说忌语，还得从转变教育观念，改变教学方式和评价机制，加强教师自身修养做起，从灵魂上重塑教师形象，使教师发自内心地与学生平等相处，才能避免因失语而造成对学生的身心伤害。

（刘光科）

关键在于心中有“爱”

从其初衷来看，无论是推出“教师忌语”，还是推广“教师寄语”，目的无非是让学生受到必要的尊重，获得应有的尊严，享有平等的人格。

但是，要达到上述目的，关键不在于选出多少句“教师忌语”或者推广多少句“教师寄语”，而在于教师心中是否有大“爱”，在于教师心中是否装着自己的学生，在于教师能否把他们当做自己的亲人来对待。

汉语博大精深。如果教师心中没有“爱”，那么很有可能这里最伤害学生的20句话被禁了，那里教师嘴里又“口吐莲花”，还是使学生受到了伤害，出现“按下了葫芦浮起了瓢”的尴尬局面！

况且，即便我们真的能把所有“教师忌语”都给废除了，可我们又怎能保证“教师寄语”不会言不由衷呢？若是这样，教师的虚伪一面岂不就在学生面前暴露无遗？其教育效果岂不是适得其反？

所以，从实际效果来看，推出“教师忌语”或者推广“教师寄语”只能治标不可治本，有时甚至可能连治标都会感觉心有余而力不足！

（何　韧）

是唤醒生命还是摧残心灵

据媒体报道：杭州拱宸桥小学特级教师王崧舟在作文课上，让小学六年级学生把自己最爱的五位亲人逐一划去，让孩子们体会生离死别的痛苦，从而唤醒他们埋藏在心底的亲情，体验到心灵的震撼，从而达到让学生写出感情充沛、言之有物的作文的教学目标，完成在课程中渗透思想教育的教学任务。这件事经媒体披露后在社会上引起轩然大波，人们褒贬不一。本期话题就来说说这个事件——

作者小档案

李建波 河南省南阳农业学校

侯明甫 深圳市南山区南山小学

苏丁一 湖南省桃江县灰山港镇中心学校

魏伯河 山东省宁阳行知学校

顾文东 江苏省高邮市临泽中心小学

李圣雨 山东省郓城县水堡乡中学

乔昌利 山东省高密市第二实验小学

莫让噩梦伴终生

“嘭”，一声枪响，五花大绑的罪犯应声倒下，殷红的血从头顶汩汩流出，瞬间染红大片土地，双腿剧烈地挣扎着……

这不是电视画面，也不是电影场景，而是我十几年来每年要做无数次的噩梦。每次被噩梦惊醒都是呼吸急促、大汗淋淋、心跳加速。这个梦是我初中时接受“重要的一次法制教育”结出的恶果。

17 年前，我 15 岁，上初三。一天，班主任通知我们第二天去接受一次重要的法制教育课，同学们不能迟到、早退，更不能无故不参加。

第二天早上 8 点，镇上一个空旷的地方，警笛长鸣，人们翘首观看。前几辆卡车上满是被绑着的犯罪嫌疑人，最后的一辆车上几名武警押着一名罪犯，被绑得很严实。老师说这个是要枪决的……

这节“课”在枪响之后并没有结束，也许是为了提高教育效果，组织者还要同学们围着已死的罪犯转一圈观看。胆小的不只我一人，我班十几名学生不知何时成了“逃兵”。他们虽然“逃掉”了一场噩梦，但他们也付出了沉重的代价——学校以早退为名给他们以警告处分。

以后，这个噩梦就一直追随着我，这么多年过去了，仍然如影随形，让我痛苦不堪。与我一起共同经历这场“惨剧”的学生中，不知道现在还有没有人和我一样，仍在做噩梦，但愿就我一个。

时下，中小学生的法制教育、生命教育已经引起了学校、家长和全社会的高度重视，并付诸行动。可是有些学校和教师“画”不惊人誓不休，以为悲惨的画面、触目惊心的现场，才能震撼人心唤醒心灵，才能起到警示、警告、警戒的作用，从而达到良好的教育效果。殊不知，这种不顾及孩子的身心发展特点和教育规律的教育，带给孩子的只能是心灵的摧残，造成的伤害甚至会伴随孩子终生。

但愿，教育者能从我的噩梦中得到启示，在孩子的心灵上多种植仁爱，不要再让孩子们去看行刑的场面，不要再让孩子们去玩亲手“杀”掉自己亲人的游戏了。

（李建波）

“残忍”的成分更多些

王菘舟老师的这节课，无论给学生还是亲临现场的老师都带来了巨大的心灵震撼，具有强烈的“刺激性”。我们看一节课好不好，有许多标准，但我觉得他这节课的确过于“残忍”。

首先，老师为了追求“心灵的震撼”，要学生列出自己“最爱的五位亲人”，然后逐一划掉，并且说“划去后，这个人就等于不存在了”。这一过程，需要学生的情感判断、态度判断，尽管老师在“模拟生活”，但仍然是一种超现实的恐怖。而此时的学生，完全被一种真实的价值判断所左右，在“划去”的时候，有“不舍得”、“痛苦”的心理体验。但是，在老师的强烈要求下，他们必须选择，这可能造成学生在思想认识和情感态度上的无端、鲁莽、残忍。

其次，学生在这样一节课上，到底是得到了“情感的塑造”，还是“情感的创伤”呢？我觉得后者多于前者。课堂上，为了让学生获得“丰富的情感体验”可以在虚拟的环境下给学生一些伤痛、一些悲哀，但它仅仅是在“体验”的层面上。王老师让学生用笔划掉自己的亲人——“等于不存在了”，我不明白王老师此时的用意何在？如果是为了让学生获得“必要的情感体验”，那学生在现实中可以这样做吗？如果现实不可以的话，我们让学生获得这种“体验”又是为了什么呢？太为“技巧而技巧”的教学，是一种“虚无”，也是一种“张狂”，不值得提倡。

（侯明甫）

一堂好课

语文教学有两大功能：一是人文功能，一是工具功能。在教学目标中具体体现为三维目标，即知识与能力；过程与方法；情感、态度与价值观。我们先来看看王老师的作文课在人文方面所要达到的情感、态度、价值观目标是什么。我没有现场听课，只能从记者的文章与学生的作文中所流露的情感进行分析：记者写到“丁怡不假思索地划去了表妹琪琪，——‘她总是比我多讨到一份压岁钱，还和我抢外婆’。可划完之后，刚觉着有点解气的丁怡马上就开始难过了。‘琪琪这个小不点儿，有时真的挺烦人，但她对我撒娇的样子又很可爱。’”前后不难看出丁怡对表妹琪琪的复杂情感变化，由不爱到很可爱，没有王老师设计的“这个不存在了”，丁怡对表妹是很难有这样的情感转变的。可以想象，这节课后，丁怡对表妹琪琪的态度、价值取向都会有好的转变。还有“坐在不远的周佳嘉想都没有想，就划掉了爸爸——‘爸爸是个工作狂，感觉不亲近，爸爸在不在身边几乎没什么区别。’划完之后，她也后悔了，感觉自己心上被划开了一个口子，视线有些模糊，与爸爸在一起时的一幕幕在脑海中一一浮现。‘以为我们很陌生，但我竟记下了这一个个微乎其微的细节，并且记得那样清楚！我是爱他的。’她想着，忍不住小声抽泣起来。”没有王老师，周佳嘉平时会为想念爸爸而哭吗？能想到爸爸的好而为爸爸“小声抽泣”？

再来看看王昕颖同学的文章，“……妈妈、爸爸、外婆、外公、奶奶。老师说：我们写下的不止是十个汉字，更不是十个符号。对呀，我们写下的，是亲人给我们的爱，是我们之间的情感。在纸上的那十个字，此时此刻，我感觉它们的周围散发着圣洁的光芒。”王老师在告诉学生什么？学生又想到了什么？体验亲情啊！这位王同学还写道：“直至划去最后一个汉字，不，它不仅是个汉字，还是一段真挚的情感。汉字周围圣洁的光不见了，取而代之的是一片黑暗，阴影笼罩着心房，心里充满了恐惧、惆怅与孤独。”这段文字表达出来的感情更是得到了升华——见字就如见到了它所代表的人，就如同感觉到了两代人真挚的情感，相反则“心里充满了恐惧、惆怅与孤独”。

人的生命是短暂的，也是脆弱的，一次车祸，一场急症，一次意外，就可能撒手人寰，离开自己的亲人。因此，生活在这个世界上的每一个人，都应该很好地珍惜自己的亲人、朋友、师长，珍惜好与他们之间的亲情、友情，珍惜好与他们相处的每一天。王老师的课是从这个角度去启迪学生的，也收到了预期效果。所以这节课的人文教育目标是完成得比较好的。至于有人硬要说“残忍”，我觉得夸张了！我们还是要多一点宽容吧。

一堂课的工具性方面所要达到的目标，从学生写出的作文不难看出，无论是知识、能力目标，还是过程及方法目标都落实得很好。

（苏丁一）

为“残忍”的作文课一辩

我感到这是一种教学思想和方法的创新，应予肯定。尤其在我们的独生子女成了“草莓”一族、不知责任为何物、不懂感恩为何情的今天，这样的教育很有必要。但驾驭这样的课堂并非易事，不宜机械模仿，更不可形成套路。

有人认为，“残忍”的办法确实使一些孩子写出了感人的作文，也可能使一些孩子从此珍惜亲情；但从另一个方面而言，也在一些孩子心灵深处埋下了“残忍”的种子，他们从此知道了用什么办法“对付”与自己不和的人。

社会上青少年杀父弑母的案例不少，这些当事人并不是因为上了这样的作文课才走上犯罪之路，恰恰相反，是因为他们缺乏这方面的教育造成的。

有人指出，“亲情测试”有很大的副作用，让心智还未发育完全的小学生承受这么大的感情压力，未必合适。还有论者认为“亲情测试”的对象应该是高中以上的学生群体。

我认为，这类教育最适宜的年龄阶段恰恰应该是小学高年级或初中年级。这时候形成的东西，才真正能终生不忘。

写到这里，我不由感叹，在中国的教育领域里，需要改革探索的东西是如此之多，而进行任何一点改革探索又是如此之难。王崧舟老师是著名特级教师，他执教的这一堂课如此成功，尚且受到这样多的非议；如果执教者是一位年轻教师，课堂效果又有某些差距，其改革探索必然会胎死腹中！这才是值得我们，以及所有关心中国教育的人们所应该忧虑的。

（魏伯河）

既非天使也非恶魔

任何一种教学手段都有它的积极与消极效应。课堂现象与教学效果是教学评价的主要依据。眼泪与哭泣，文字与心声，证明了这是一节有效的作文课。

中国人讲究忌讳，言谈中往往回避死亡、性等现象。然而，到了信息时代，如果还坚守传统，未免显得有些可笑。生命是灵与肉、情与理的综合体，王老师不避讳，引导学生面对生命的脆弱与归宿，这是最好的人文关怀，对踏进青春期门槛的孩子是适宜的。“许多事物人们只有失去了才懂得去珍惜！”——孩子有感而发的理性思考不正是这堂课的价值所在吗？

从作文教学的角度看，该课重在创设情境，激荡情感，生发理性，倾诉心声。“言为心声”是作文的重要原则，王老师帮学生解决了“写什么”的问题，在 15 分钟时间内，学生一气呵成完成习作，效率还是很高的。当然，作文教学的任务是多重的，学观察、学立意、学叙议、学评改……但一节课无法成为一部作文教学辞典。毕竟，40 分钟的时间，它承载的很有限。

王崧舟是名师，名师固然有名师的示范引领作用，即便他的课没有异议，在普通教师身上能产生多大的作用力，还要“拜托”听课者本人。就这一节哭声一片的作文课来看，教者王崧舟既非天使也非恶魔。

（顾文东）

好一把手术刀

《泰坦尼克号》中也有死亡而且死得很惨，全世界那么多人看，那么多人为之流泪，请问给谁留下了伤害？所以说，不要看到学生在课堂上被教师引导着进入情感深处，有所触动、有所流泪，就说对学生造成了伤害。

其实，这一节课就像一把手术刀，解决了作文教学中的两大顽疾。

首先它直接解决了一个困扰教育界多年的问题——学生不会写作文：写得不真实，不感人。试想，学生对事物不用心体验，没有身临其境的感悟，怎能写出真实动人的作品？学生想象亲人失去了，用心体会亲人平时对自己的关爱，对自己的帮助和那份亲情，才会倍感惋惜和留恋，此时的哭声和眼泪代表着学生内心情感的涌动和升华，这样的作文怎能会没什么可写？写出的作品怎么能不感人？

还有就是，这样的作文教学很好地体现了新课程倡导的精神——情感、态度、价值观在课程中的渗透。现在的小学生大多是独生子女，平时在长辈的呵护下，生活在“蜜罐”中，生活得到无限满足。这样环境下成长起来的孩子不知道去关心别人，认为向亲人索取都是理所当然，稍不顺心就会以死相要挟，不知道生命的珍贵，体味不到亲情，不知道感恩。这样的课堂会让他们更加珍重亲情，懂得感恩。

（李圣雨）

一个成功的教学范例

王菘舟通过创设与教学内容相关的情境，让教学进入情感领域，激发起学生的学习兴趣，并凭借情境把知识的教学、能力的培养、智力的发展以及道德情操的陶冶有机地结合在一起，是一个理想的教育境界。实践证明，好似生死抉择的心路历程最终幻化成了一篇篇饱蘸真情的作文——这不正是我们语文老师梦寐以求的境界吗？

尽管人们不喜欢这样的事情在生活中发生，但没有人能阻止生活中的悲剧，更没有人能随意抹杀文学艺术殿堂中“悲情”的审美教育功能。鲁迅说得好，悲剧就是把美的东西毁灭给人看。而我们的孩子大多在家长的呵护下过着“喜剧”般的生活，“悲情”教育渐渐地远离了他们。从长远来看，这对孩子的成长是不利的，现在，是我们应该为孩子们补上这一课的时候了。

有人说这种教育对孩子们来说是一种“残忍”，不应该让单纯的孩子过早地背起沉重的情感包袱。我们当然反对那种泯灭儿童天性的教育方式。但是，正像王菘舟老师对孩子们所说的：在这个世界上，有些事你必须选择。更何况有些事也容不得你选择！既能对孩子心灵进行一次砥砺，又能让孩子在悲情中感悟到亲情的好课不多，王老师的这个教学案例无疑是一个范本。

（乔昌利）

一起校园公开检讨引发的争论

本期对话是一起入室盗窃行为的当事学生“自愿”在学校广播中，向全校师生做公开检讨而引发的争论。在这场争论中，我们不仅看到了家长教育行为的失当，也看到了教育者法制观念的淡薄和教育方式的粗放。依法治校仍然任重道远……

作者小档案

吉静娟 江苏省无锡市惠山区玉祁中心小学

张富群 陕西省丹凤中学

宋秉霞 湖北省老河口市第三小学

廖忠钰 湖北省宜昌市李家湖小学

杨金星 山东省沾化县富国三中

张一山 江苏省仪征中学

王玺玉 黑龙江省肇东市七中住宅

数码相机激起的“酸涩浪花”

周二课间，班主任吴老师发现本班学生杨某在玩一架崭新的数码相机，凭直觉，觉得有问题。吴老师便打电话给孩子的妈妈核实情况，妈妈在电话里迟疑地说，相机是自家的，可忘了牌子。吴老师还是觉得不对劲，又打电话给孩子的爸爸，孩子的爸爸说自家没有数码相机。

面对两个完全不同的答案，吴老师感到事情严重，便围绕相机的问题在班内展开了调查，事实的真相使人大吃一惊。

两星期前的一天，杨某捡到了同班同学殷某家的一串钥匙。隔天刚好是星期天，他就利用这串钥匙和同村的小伙伴汤某一起私自入室，窃得高档香烟若干；第二个星期天他又和汤某在另两位大同学的把风下窃得数码相机一架和若干高档首饰；第三个星期天杨某和汤某又一次入室窃得高档香烟等物品。

吴老师把此事上报给学校德育处处理，在德育处老师的帮助教育下，几个孩子意识到自己犯了很严重的错误。被盗家长报案后，派出所的民警闻讯赶来，也对这几个孩子进行了一番教育帮助。

从与杨某和他妈妈的交流中我们得知，孩子第一次偷拿别人东西是在小学二年级时。那次，他看到婆婆家的鱼竿很漂亮，想借，可人家不肯，他就乘人不备拿回家了，妈妈为了顾及孩子和自己的面子，就把鱼竿折断，丢了，并告诫孩子下次不能这样了。后来，杨某又拿了小伙伴的游戏机，妈妈帮着他对别人说，没拿你们的游戏机。儿子还和几个大孩子一起到工厂里偷过锌、铁出去买，然后去玩电动游戏，妈妈仍然认为是大孩子的错，自家孩子只是不懂事。就本次事件，妈妈还觉得应该保护孩子和自己的面子而不对老师说实话。

根据杨某和汤某平时一贯的表现，在他们自愿的基础上，让他们在学校红领巾广播“小刺猬”栏目中作了自我批评。

事情发生后，杨某的奶奶质问学校：“孩子在家发生的事情，我们自己解决了，该还的已经还给人家了，学校为什么还要揪着不放？学校为什么同意派出所来给孩子做笔录？”奶奶的话令人痛心。

（吉静娟）

公开做检讨十分必要

杨某和汤某伙同他人屡次潜入民宅偷盗贵重物品已经触犯刑法，是一种违法犯罪行为。在失窃者报案、派出所参与、班主任发现线索、学校德育处老师调查的情况下，才将其违法犯罪事实查清楚。因此，这几名学生是在被动的情况下被揭露出来的，况且已经走向违法犯罪的道路，性质严重。在这种背景下，学校让其在学校广播中公开做检讨十分必要。这样不仅可以教育本人，触动其灵魂，使其能够尽快改邪归正，而且可以教育更多的学生。

中小学生缺乏辨别是非能力，最容易被社会上违法犯罪分子勾引和利用。家庭教育的失当又会使孩子进一步滑向犯罪的边缘。

在这种背景下，教育下一代的重担主要落在了学校和教师的肩上。学校没有采取勒令退学或开除学籍的处理，而只让其在学校广播中作公开检讨，这是一种对学生和社会高度负责的态度。

（张富群）

会毁了孩子的一生

我上初中的时候住的是集体寝室。一个爱美的女同学乘人不备，拿了别人的鞋子。这件事情被查出后，学校在校园内张贴大字报，予以通报批评。这个女同学一连几天都没有来上学。有一天晚上，她来撕大字报，被老师发现，派出班干部逮她，我也是其中之一。当时我就想，如果我看见她了，也不告诉别人，还要帮她离开学校。可惜我没有看见她。从此她便再也没有来上学。她和我是一个村子的，我们是一起考上那所重点初中的，但她的大学梦从此破灭了。如果学校当时换一种方式解决问题，她的人生也许会是另一番景象。

我的孩子也曾丢失了钥匙，被同楼的丽丽拣到。她乘我们不在家几次拿走我们家的钱、物。事实终于在一天傍晚被证实。我想了又想，还是把这事告诉了她的家长，我们对她进行了教育。这件事情虽然只有我们五人知道，但是丽丽每次见了我们都很不好意思，也尽量躲着我们。事情虽然已经过去三年了，她还是那样。

有时学生的错误越严重越不能让他们作公开检讨。我们班的鹏鹏有一次撒连环谎，被我揭穿。我非常生气，问他："愿意在同学们面前公开检讨吗?"他说："老师，你怎么罚我都行，就是不要让我在同学们面前公开检讨。"我没有让他在同学们面前公开检讨。后来他也变得能认真听讲，积极回答问题了。

老师，请给犯错学生留下反省、改正的机会。为了孩子的一生，请不要让犯错学生在校园广播中做检讨。

（宋秉霞）

给学生留面子给家长揭底子

看了这个案例，我想到了前年曾经亲手处理过的一起"盗窃事件"。居民小区里新修了很多垃圾屋，垃圾屋的门都是铁板做的。一天放学后，几个高年级的学生将三个垃圾屋的铁门偷偷拆下，准备卖到废品收购站，被社区的几个老婆婆发现后，打电话到学校，让我们去处理。到现场后，我们将铁门交还给了社区居委会，学生被带到了学校。经过详细询问，五个学生承认了整个偷盗事实，认识到事情的严重后果，并表示一定痛改前非。学生将事情经过写了下来，也写了保证书。然而，当我们打电话将五个家长请到学校后，其中两个家长认为我们是小题大做，小孩子犯点小错误没什么大不了的，没必要请家长，更不用写悔过书。

于是，我们将学校的法制副校长（当地派出所副所长）请到学校，请他为学生和家长上了一堂法制教育课，明确告诉这些家长：孩子偷门板是不良行为，监护人必须尽职严加管教，而且用事实举例，把“小时偷针，长大偷金”的道理告之家长。这两名家长当即转变了态度，表示一定要好好管教孩子，免得以后后悔。

从本案例中也可以看到，真正不知悔改的是家长，而不是学生。学生已经明确地表示知道错误，并痛下决心去改正了，家长却还在争面子。所以，我认为，要给学生留面子，给家长揭底子。让学生在校园广播中检讨错误没有必要，相反伤了学生的自尊心，更重要的是，要让家长明白其纵容的严重后果，让家长多一份法律常识，才能双管齐下，彻底地断了孩子违法的侥幸心理，取得满意的教育效果。

（廖忠钰）

让我们共同修好那扇窗子

美国心理学家詹巴斗曾进行过一项有趣的试验：把两辆一模一样的汽车分别停放在两个不同的街区。其中一辆原封不动地停放在帕罗阿尔托的中产阶级社区；而另一辆则摘掉车牌、打开顶棚，停放在相对杂乱的布朗克斯街区。结果，停放在中产街区的那一辆，过了一个星期还完好无损；而打开顶棚的那一辆，不到一天就被偷走了。于是，詹巴斗又把完好无损的那辆汽车敲碎一块玻璃，结果刚过了几小时，这辆汽车就不见了。

以这项试验为基础，美国政治学家威尔逊和犯罪学家凯林，提出了一个“破窗理论”。他们认为：如果有人打坏了一栋建筑上的一块玻璃，又没有及时修复，别人就可能受到某些暗示性的纵容，去打碎更多的玻璃。

完好的东西，便没有人去破坏；而破坏了的东西，就会遭受更大的破坏。在上述事件中，孩子的母亲和学校似乎都明白这一点，但他们的做法，却有可能导致相反的结果。

首先，学校公开的“维修”承认了破窗的存在，强化了学生自我是“破窗”的意识。教育以人为本喊了好多年，可是做起来却还是独断专制，真叫人痛心。虽然文中一再提到公开检讨是学生的自愿，但是对于这一行为的后果，学生也许估计不到，可老师应该是能预见到的。如果本着“幼吾幼以及人之幼”的态度，这件事肯定会是另外一个结局。一个检讨就能帮人改错吗？肯定不会。况且检讨之后，同学们有意的疏远、异样的目光，甚至嘲讽的话语，有可能致使这两个同学重蹈覆辙。

其次，孩子的母亲和奶奶在极力地维护这窗子的完好，虽然明知上面有裂痕，却在做着自欺欺人的遮掩。相信她也知道一旦给孩子打上“偷窃”的标签，肯定不是什么好事情。古语云，父母之爱子，则为之计深远。真正能让孩子母亲幡然悔悟，来一个 180 度的大转弯，也许学校是无能为力的。派出所应该是教育孩子母亲的合理、合法的主体。

当然，“破窗理论”也不是没有破解的方法。威尔逊和凯林在提出这个理论的时候，就指出了它的必要前提，那就是“没有及时修复”。也就是说，只有在“破窗”没有得到及时修复的时候，“破窗理论”才会应验。所以，我们一定要敏锐地发现，巧妙地修补。爱不能以伤害为代价，否则，就不是真爱。

（杨金星）

学校的处理方式违法

学校把进行公开检讨当做处理犯错学生的主要过程、主要方式、主要手段，则是一次带着很大风险的教育行为。本案例中，学校实际是用公开“污辱”、“打击”、“丢脸”的方式，让学生“就犯”，我觉得这是教育“低能化”表现。学校没有想到在检讨之后，会给当事人带来什么样的心理影响，他能够经得住负面影响的考验吗？众多的教育案例告诉我，学生根本不会自觉自愿地去在大家面前“丢脸”。因此，从未成年人心理发展历程来看，这种教育行为，太过简单粗率。

从家校教育衔接的角度来看，如果学校要对这名学生进行教育，也应该是在取得家长同意之后，以家校协作的方式进行。学校教育如果不能与家庭教育有效地衔接，其教育效果是要大打折扣的，特别是这种“严重”的错误，更要取得家长的支持，这样才能真正让犯错者明白错误的严重性，错误的危害性。没有家长的支持，仅凭学校一相情愿的公开检讨是无法真正挽救一个犯错学生的。

教育惩罚不能替代公安部门的专业处理。这名学生进入同学家“窃得若干条高档香烟，数码相机一架和若干高档首饰……”从法的层面上来看，处理这种行为的主体应该是公安部门，而不是学校。应该是公安部门对这名学生按照未成年人犯过的处罚方式进行，而不是学校进行单方面处理。

从学校单方面处理的过程来看，相关人员还处在“法盲”的水平上。因为在《未成年人保护法》中我们国家对未成年人的过错处理有更为明确的规定：“十四周岁以上不满十六周岁的未成年人犯罪的案件，一律不公开审理。十六周岁以上不满十八周岁的未成年人犯罪的案件，一般也不公开审理。对未成年人犯罪案件，在判决前，新闻报道、影视节目、公开出版物不得披露该未成年人的姓名、住所、照片及可能推断出该未成年人的资料。”对着规定来审视这所学校的教育行为，显然违法。这个案例告诉我们，教育不同类型的犯过学生，我们应该以不同的教育处理方式进行，同时也要由不同的部门来协作执行，而不是由学校大包大揽。

（张一山）

“公开检讨”并不过分

杨某和汤某，用人家的钥匙偷开人家的门，多次入室行窃，也算是有预谋、有计划、有步骤实施的违法行为。在其个人自愿（同意）的前提下，让他们公开检查也不过分。

反面教材作用不可低估。召开公审大会，其实就是杀一儆百，就是利用反面教材教育人。放弃反面教材，其实也是在怂恿犯罪。应该让孩子们从小就懂得应该为自己的言行负责，必须遵纪守法，违法乱纪就应该受到应有的制裁。

公开检讨既能猛击当事人，又能警示众人，有何不妥？

（王玺玉）

检讨书该不该退出历史舞台

作为惩戒学生的一种手段，检讨书被许多教育者经常使用，但许多人对于在学生时代写检讨书给自己带来的心理伤害记忆犹新。随着教育教学改革的一步步深化，检讨书是否还有存在的必要？有没有更好的方法替代之？本期话题——

对话小档案

王梯延 山东省莱阳第一中学

倪胜利 河南省孟州市明珠小学

刘昌志 山东省昌邑市北孟后朱学校

陈　莉 湖南省浏阳市关口中学

林金炎 广东省潮安金石大寨中学

田治虎 山东省东营市广饶县大王镇中心初中

时巧玲 河南省新郑市教师进修学校

石东生 山东省郓城县水堡乡中学

朱海燕 江苏省如东县掘港一中

陈　谦 四川省南充市西华师范大学

朱海林 湖北省江陵县能河镇永兴中学

宫希友 山东省临朐县上林中学

陈　良 江苏省宝应县城南小学

重新审视检讨书的教育功能

我本来不认为写检讨书是个大问题，因为这种教育方式已经实行多年了，但在上网搜索后，我才发现检讨书带来的问题远远超出了我的想象。

下面是从百度贴吧里抄录下来的部分学生反应，太极端和尖锐的言辞我还没摘录。

“现在的老师真变态，上课迟到 2 分钟就要我写 300 字的检讨。真命苦啊!”

“我简直不想活了，我们班主任今天被上级骂得心里不爽，回到班里，看我不顺眼就……老师说我留长发，每天不穿校服，上课又爱找同学说话，天天不交作业……这老师已经说不管我了，居然还拉我去办公室写 5000 字检讨再走。今天写不完第二天字数翻倍，明天要写 10000 字，我怎么写得来!”

“凭什么让我们学生写检讨书，这样会伤害我们的自尊心。如果老师以正确的方法教育我们，以不伤害我们为前提，那么我们还能够忍受，可有些老师不仅让我们写检讨书，还用难听的话伤害我们，我们又没有犯下不可挽回的错误。”

“老师是不讲理的，他们以为自己至高无上，可事实上在学生心里却恰恰相反……”

在百度帖吧里，有人专门建立了“检讨书帖吧”，跟帖者有 8 页之多，而“百度知道”中竟然还有 13 页是关于“检讨书”的，上网的学生大多是来找现成的“检讨书”的。我边看边统计了一下，写检讨的理由五花八门，可学生写检讨时的心态却出奇的一致！

我自己多年没有让学生写过检讨书了，所以忽视了还有这个东西存在。如今检讨书仍然这么流行，真是超出我的想象。据说还有人将检讨书作为范文编入校本教材，以此来教育学生！

我不知道外国有没有检讨书这个东西，但以上事实却表明，我们的学校还是流行写检讨书的。有人说，读过书而一生没写过检讨书的人，怕是少数。从上学那天起，孩子们就开始接受写检讨书的教育，轻则写了就算，重则老师会将你叫上讲台，让你当众检讨。

老师这样做为了什么？好像标准答案应该是：为了学生——为了教育学生，让学生认识到自己犯下的错误，以后不再犯类似的错误。可老师达到目的了吗？看看上面这些学生的表白，就知道这样的教育效果并没有达到甚至产生相反的作用，而且它的负面作用之大，超出想象。

由于要求学生写检讨书而导致师生之间产生对立情绪和对抗态度，这种损害还是轻的，而对被罚者心灵造成的伤害才是更严重的后果。可怕的是，许多教师还没有意识到这一点！

也许是到了认真审视检讨书是不是该淡出历史舞台的时候了！

（王梯延）

检讨书不能走

我认为检讨书不能退出历史舞台，其原因有以下两点：

其一，写检讨书作为帮助学生反思和查找错误产生的原因、过程、后果及其补救措施的一种方式，其功能是其他教育方式不可替代的。空口无凭才会有立字为据，学生仅仅从口头上承认错误很容易，但要从根本上杜绝某种错误的再犯，靠口头教育往往只是“雨过地皮湿”。把错误行为用文字表述出来，会引导学生从内心深处寻找自己出错的原因，教师也才能更好地“对症下药”!

其二，现在的教师是越来越难当了，对学生违反纪律的行为几乎没有什么惩戒手段，在各种激励措施无效的情况下，写检讨书往往成为教师最后的“杀手锏”。

我赞成检讨书留下来，但并不认为它完美无缺，它也需要在形式、内容等方面不断完善。很多人反对写检讨书，就是因为现在的检讨书几乎成了“八股文”，动不动就是“这一切都是我的错”，这样的检讨被学生唾弃是理所当然的!

在内容上，我认为检查书的文体应该以记叙文为主，而不是说明文。要求学生写出事情发生的时间、地点、原因、经过、结果等即可，不必强求其写出对错误更深刻的认识，那样的上纲上线会引起学生的反感。还要切忌不可事事都要求学生写检查，那样只会适得其反。在检讨书的保存形式上，应争取和学生商量后再做处理，最好是教师保留一段时间后还给学生。

学生就像一棵棵枝叶茂盛的小树，除了阳光普照和充足的营养，那些善意的惩罚像是一把锋利的剪刀，为他们剪去多余的枝枝杈杈，虽然有一点痛，但毕竟能使他们更加健康茁壮地成长。

（倪胜利）

检讨书，心中永远的痛

我上初二那年，由于各种原因，我所在的班级先后换了三位班主任。那段时间，班内经常空堂，秩序混乱。

记得第四位班主任王老师出现在教室时，我们还以为是哪个同学的家长，仍然旁若无人，各行其是。直到她断喝一声“全体起立”，并自我介绍后，我们才惊得呆若木鸡。望着课桌上未下完的军棋，手中握着的扑克牌，来不及合上的武侠小说……教室内的空气仿佛凝固了。王老师没收了棋牌和小说，随后把班委成员连同组长一齐带出教室，一阵疾风骤雨般的批评后，令我们全体写检查。第二天，我们把东拼西凑的几句话交上，王老师眼皮未抬，从牙缝里挤出几个字："不彻底，重写。"如是改了五六遍后，检查的内容大多过了一千字，王老师说："准备检讨吧！"

终于到班会课了。首先，班干部几乎声泪俱下地依次作了检讨；然后王老师倒出那天没收的物品，让我们自行销毁。玩具棋子砸碎，扑克牌和课外书被撕开焚烧。教室内静得出奇，多数同学眼含泪花，我们的心被揪作一团，越来越紧。那一次次扬起的锤子，纷飞的纸灰，刺鼻的浓烟，在我脑海中定格为一段永远悲怆的记忆。最后，王老师满意地进行了总结。

事后，我们安静多了，甚至连课堂提问也懒得回答。每到课外活动，其他班的同学在外面又蹦又跳，我们却走进教室读书、背书。即使这样，我们的成绩也没有多大起色。新学年开始后，学校把我班拆散，同学们都被分开安排到其他班里去了。

现在想来，也许是校长给王老师下了硬任务，也许是王老师用心良苦，我们不得而知。但每每与同学小聚，忆及此事，大家都唏嘘不已，难以释怀，成为心中永远的痛。为人师 20 年来，我批评过学生，也惩罚过学生，但从未让他们作过一次检讨，因为我深深地知道，孩子的心灵可以触动，但不能伤害。

（刘昌志）

学生眼中的检讨书

"我认为没必要写，因为每次犯了错误之后就写保证，多次之后，我也不当回事了。让写就写吧，无所谓。”“写了检讨书后，家长或老师就会拿这份检讨书来‘威胁’我们，我们反而会更加想去做那些事，想气气他们。”“只要真心改正，有无检讨书无所谓。老师和家长要相信自己的学生和孩子，不要逼我们，否则的话我们就对着干。”“其实我也没有完全承认自己错了，只是怕老师或家长接下来暴风骤雨式的教育，权衡利弊后先写一份保证书以求得暂时解脱，以后的事以后再想办法。”“只要家长或老师真心地与我交流，我真正认识到自己做错了，就会改正。但写检讨书的事千万别告诉别人，尤其别贴出来。”

上面的这几句话，是我从对学生的调查反馈里摘录的。

从这个调查中可以看出，学生犯错后，希望得到老师和家长的真心帮助，而不是被逼得按照大人的意愿去写保证。因此有些错误只是学生的一种反叛行为——你不让我做，我偏要做!

学生也有自尊，在其犯错的时候更需要关心、帮助，否则他们就有可能走向极端。所以我建议，别把检讨书作为惩戒的手段，设身处地为学生想想，根据其心理和行为，对症下药，指导其从根源上改正缺点，这才是我们所要的。

（陈　莉）

尴尬的检讨书

“林老师，你班的黄佳上英语课总是说话，被我扣了两分。”黄老师生气地说。

我一听便火冒三丈。这个黄佳啊，真是不争气，上次才苦口婆心地跟他说了不少，可如今又……

放学后，我把黄佳叫到办公室，狠狠地对他说：“上次你答应我上课不再说话，才几天的时间，就忘得一干二净?”他耷拉着头，也不争辩。

“你回去给我写一份检讨书，把自己犯错的过程以及以后要如何做都写下来，要写深刻点!”我愤怒地抛下这句话。

第二天早读课，他来找我，并把检讨书交给我。我一看，那检讨书上只写了一句话：“我觉得自己已经改了很多，但英语老师对我有偏见，我不服!”这哪里是检讨书？分明是为自己辩解，做错事还死不认账!

“亡羊补牢，为时不晚。男子汉大丈夫就应该有承担责任的勇气。”我说。

“老师，我真的只说了一句话，可英语老师就不问青红皂白，在课堂上把我批得一无是处。我自认为自己的确不是个好学生，但自从上次你对我说‘缺点并不可怕，缺点也可以缩小’这句话后，我真的改了不少，不信你可以去问问同学。”他一脸无辜地说。

我陷入了两难的境地，如果他说的是真的，那么，英语老师就……而我自己也“不问青红皂白”，我们两人就这样冤枉了一个正在进步的学生，我还让他写检讨书，这很可能会扼杀一个正在回头的浪子。

班长告诉我黄佳说的都是实话，并向我透露黄佳近来有很大的进步。

后来，我对英语老师说，黄佳在检讨书中向你诚恳道歉，希望你能原谅他。其实，这是我自己撒的一个谎。

（林金炎）

把“检讨书”改为“说明书”

我写过检讨书，那是 25 年前上初中时。可那次我是被冤枉的。

我忍屈写了检讨书，但由于“认识不深刻”，被迫三易其稿。最可怕的是将检讨书拿到 50 多岁的母亲面前时，她的失望和悲愤抑制不住地爆发出来，根本不容许我辩解半句。

25 年过去了，当年发生的事情似乎早已烟消雾散，老师、同学和母亲都忘却了，但那满天的烟云最后都凝聚起来，只缩落到了我的心里，成了不时硌我一下的一粒砂子。

后来，我亦为人师。由于心中对“检讨书”的抵触情结，在处理违纪学生时，我将“写检讨书”改为了“写事情说明书”。经过十几年的实践，我觉得这招儿是管用的。

一开始，对违纪学生我只要求其详细、准确地叙述事情的过程，并允许当事人为自己的行为进行辩解。

“说明”交上来，其辩解的理由只要能说得过去，我即判“做法虽不好，但情有可原”；如果找不到理由，学生一般都会主动承认错误，我就大张旗鼓地表扬一番，诸如“能认识到错误，勇于承认错误，是一个敢于承担责任的人”，等等。慢慢地，再有违纪者，让其写“事情说明”时，他们一般就不再竭力地寻找理由为自己开脱了。

以后，我尝试着更进一步的方法。比如：两个同学闹矛盾、打架，我先不判是非，只是让两人分别写“事情说明”，然后互相交换批改，指出对方的不实之处，直到双方都认可为止。试想：如果是写检讨的话，你不先判明是非，就要求写检讨，各打五十大板，那不成了糊涂虫吗？而要准确地断是非，谈何容易！况且教育学生，目的在“毖后”而非在“惩前”。

后来，我将学生们写的“说明”收集起来，并给起了一个名字——《我们的青春成长记录》，当学生毕业时，再分发给本人。

不久前，与过去的几个学生坐在一起，一名毕业十几年现在已成了某企业集团中层领导的学生，谈起现在工作时，对我感慨：“老师，不论发生什么事情出现什么样问题，我都不逃避，不推卸责任，不为自己寻找开脱的理由。这是当年你让我写‘说明’时就学会了的，我也凭着这一点赢得了职工和领导的信任。”他还对我说，他至今保留着当年写的“说明书”。

我曾比较过“写检讨书”与“写说明书”的区别，觉得有以下几点：

“检讨书”是认定某人有错之后，让其写的认错、悔改性的文字；“说明书”是在明确界定谁是谁非前，客观地叙述事情经过的文字，它是中性的，它甚至可以是一种申诉性的文字。

写“检讨书”，是在老师的帮助抑或强制下认识错误的过程，这是一种外在教育，在这个过程中学生是被动的；写“说明书”，是学生自己在分析事物的过程中自省的过程，这是一种自我教育，在这个过程中学生是主动的。让学生写“检讨书”时，老师扮演的是“裁判员”“法官”的角色；让学生写“说明书”时，老师扮演的是“教练员”“领队”的角色。

写“说明书”比写“检讨书”易于推行。“把事情的来龙去脉说清楚”，比“认真、深刻检讨自己的错误”容易使学生在心理上接受，不易产生抵触情绪，显得更人性些，也避免了因教师失察而造成判断错误，危害学生心理健康。

写“检讨书”落脚点在“罚”；写“说明书”落脚点在“教”。写检讨，容易让学生形成“我是坏孩子”的先入为主的自我意识定势。让学生写“说明书”，可以使老师在处理问题时有更大的伸缩余地，也更能起到教育其他人的作用。

我建议大家试试，把写“检讨书”改为写“说明书”。

（田治虎）

一次被谢绝的书面交流

本学期我担任初中英语教师培训班（脱产培训）的班主任。一天上午，一个参训教师来到教室就趴在桌子上睡觉。通过了解，知道他是因前一天晚上参加同学聚会喝多了酒头晕，于是我让他上午回家休息，下午到校学习。

可下午他并没到校。对于这些老师学员，为了照顾他们的面子，我一般不采取当众批评的办法，而是喜欢通过书信的方式与他们沟通。针对这件事，我给他写了一封信，谈了对他的关心、欣赏和我眼中他的缺点，婉转地对他旷课的行为做了批评，并且希望他也能够以书面形式说明旷课的原因。

接到我的信后的第二天，他很早就到了学校，见到我就叫住了我，但他没有给我信件，而是说："老师，谢谢你对我的关心和帮助，我能不能和你直接谈谈？上学时，老师让我写了太多的检讨书，现在我一坐下来写东西，心里就很难受，根本写不下去……"

我欣然同意直接交谈，他像受到了莫大的鼓舞似的，几乎完全敞开了心扉，和我谈了许多许多，从事件本身谈到他的理想、事业、家庭，进而谈到他内心的困扰、他的秘密……我们有了第一次深入的触动心灵的交谈。自那次谈话以后，他仿佛一下子成熟了许多。他夜以继日、废寝忘食地主动学习提高自己，并且积极主动地参加班级的各项活动；十多年的学生生涯他的眼睛没有近视，而参加培训一个月他的眼睛就近视了。渐渐地，我们有了更多的交流和沟通，成了愉快合作和共同成长的同伴。这一切应归功于相互的理解和尊重！

以前我就对教师让学生写检讨书持反对态度，他的巨大变化使我把检讨书完全否定了：检讨书是教师对学生的一种惩罚手段，这种惩罚只会使学生略去内疚、自责的心理体验，徒增他们的叛逆之心，最终使学生成为教师的敌人。这完全背离教育的目标和方向。因此，教师们应积极寻找科学有效的方式方法，让检讨书尽快淡出历史舞台，真正追求一切为了学生、为了一切学生、为了学生的一切的教育目标和理想。

（时巧玲）

检讨书，我恨死你！

说起检讨书，又勾起我少年时的回忆。那是1985年春节后，我糊里糊涂地从高三下来回初中母校复读准备考小中专。临近毕业，学校又要照毕业合影。可能是虚荣心作祟吧，我们几个从高中回来的“老油条”不愿再露脸，可班主任不愿意，硬逼着我们几个留下光辉形象。就在摄影师给我们排位置的时候，我和另两位同学离开队伍翻墙而逃，不料被远处的王副校长看见了。当天他就找到我，让我供出其他两位同学并写出深刻的检查，理由是翻墙违反了学校的纪律。我“宁死不屈”，不但没有出卖朋友，就连检查也只字未写。他好像要挽回面子，也给我较上了劲：天天找我要检讨书，并扬言如果我拿不出检讨书，中招预选就不让我参加。那天晚上镇上有电影，他把我扣在办公室里亲自监督我写检讨。我一气之下，洋洋洒洒四五页纸的检讨书交到他的手里。当他看了以后，大发雷霆，气势汹汹地对我说：“你这哪里是检讨书啊？这分明是表功书！”当时我写的大部分内容已记不清楚，可开头的几句仍记忆犹新，历历在目：自从我上学以来，我从没做过错事和坏事，我从没有被老师骂过和罚过。我不知道什么是检讨……

自那以后，我赌气离开初中母校，因为我知道，即使我能参加中招预选，那个被我气歪鼻子的副校长也不会给我好果子吃。

光阴似箭，一晃这件事已过去20多年，现在我已是在三尺讲台站了十几年的中年教师了。在我所教的学生中，我从没有让我的学生写过检讨，可能是由于那次写检讨书事件对我的影响太深的缘故吧。

（石东生）

教师为什么钟情检讨书?

学生违反了纪律，触犯了校规班规，并且导致了不良后果当然要予以批评教育。现在学校中通行的批评教育方式有：1. 点名提醒；2. 诫勉谈话；3. 写检讨书（检查）；4. 约见家长；5. s学校处分。经过长期的教育教学实践，我发现：在这些批评教育方式中，最令学生害怕的是约见家长，其次是学校处分（一般情况下，学校对此在操作上很谨慎），而作检讨，是令学生叫苦不迭的教育方式。因为怎样写检讨往往由老师“自由裁量”，原因可大可小：上课迟到写，作业拖拉写，甚至连上课无意的一次转头也要写；字数可少可多，少则300多则数千，不合要求，撕掉重来。学生一旦领命，就得为芝麻大的甚至是莫名其妙的事寻词找句、搜肠刮肚从而倍感煎熬和折磨。而最受学生欢迎又有良好教育效果的就是“诫勉谈话”，但这一方式既需花大量时间又须讲究技巧。广大教师教学任务繁重，面对不懂事的学生层出不穷的违纪和错误，大部分采用了“写检讨书”这种及时而“高效”的方式。

人的人格成长都有一个从他律到自律的过程。学生犯了错误后，让其写检讨，可以让他们进行深刻的自我分析，找出自己所犯错误的思想根源。从这一点看，写检讨不失为一种自我教育的好形式。但是，许多教师在实际操作中，却不是抱着这样的初衷。有的教师让学生写检讨是为了“惩一儆百”，其表现为：当众宣布写检讨、张贴检讨书、公开朗读检讨书等，全然不顾学生的自尊和人格。也有的老师，片面迷信写检讨的批评教育功能，滥施检讨，用写检讨的“折磨之苦”来暂时压制学生。在教学工作为学校首要甚至是唯一任务的今天，简单便捷的“检讨书”无疑是保障教学秩序稳定的首选措施。至于检讨书的思想教育功能，则往往视而不见。许多教师见了送上来的检讨书，要么搁于一旁，要么粗泛浏览，对学生有何思想认识漠不关心（有的本来就莫名其妙，说不出原因）。他关心的是字数有没有达到，书写认真不认真，其实质就是看他们态度好不好，听话不听话，因为只有听话了，教学秩序才有保障，教学成绩才能上去。

也许只有到了当学校教育真正育人，不再育“分”时，教育才不再这么急功近利，教师才不再这么急躁冒失，孩子们才会在教师的循循善诱中健康成长，检讨书也才会真正实现其“自省”功能。

（朱海燕）

老师，请不要再自欺欺人了

老师让犯错误的学生写检讨，无非是想让学生更深刻地认识到自己的错误，进而改正错误。那么现在的检讨有用吗？现在还有多少学生把检讨当做一回事？当你认认真真地看学生的检讨书时，他心里也许只有一种看戏般的嘲笑。

试问，我们当年写了这么多检讨，有几篇是真心的？哪次不是慑于老师的淫威而写的？老师们，不要再骗自己了！学生认错首先是在自己心里认为错了，然后表现在行动上；而不是在检讨中用“请老师监督我”、“我会用自己的行动证明自己”等堂而皇之的话来敷衍。其实，表面的妥协带来的也许是内心更严重的叛逆！

记得高中时的一位同学，在犯错误之后，第一件事就是主动把检讨写好，交给老师。后来甚至一下写好几篇，随时准备拿出一篇交到老师那里去，以致后来全班学生的检讨书都从他那里抄。现在想起，真的为要求写检讨的老师感到悲哀了。

有的老师对检讨的要求是，大错一千，小错八百。字数不够、态度不诚恳还得重写，有时还要向全班同学宣读检讨书，简直让犯错同学无地自容，颜面扫地。这些方法，不可能让学生正确地认识和改正错误，只会让一些学生产生强烈的对立、逆反心理，让很多学生觉得老师愚蠢、无知、荒唐，甚至会使学生隐约产生一种教师就是强权的心理，破坏老师在同学们心中的形象。

老师，是否可以在学生犯了错误后，与学生心平气和地谈一谈，不带个人的急功近利思想，把学生当做您可亲的朋友，充分尊重学生，给学生说话的权利，让学生从心底里产生对您的尊敬，认真反思自己的错误，进而改正错误，不要再非写成检讨书不可，更不要当着同学的面让学生去宣读。不知老师们以为如何？

（陈　谦）

从韩晓鹏的尴尬说起

近日，都灵冬奥会冠军韩晓鹏接受了央视“名将之约”栏目的采访。主持人在纵谈了这枚金牌的来之不易后，采访了韩晓鹏的启蒙教练。教练讲述了许多背后鲜为人知的故事，也展示了一份少年韩晓鹏的检讨书，让我们看到了一个真实的韩晓鹏。当主持人读着这份早已发黄的检讨书时，韩晓鹏的尴尬在镜头下表现得极为明显。

谁都知道读检讨是想展现一个更为真实的韩晓鹏，更想说明韩晓鹏的知错能改才有今天的成就，但韩晓鹏的尴尬却说明了这份检讨书缺乏保存的意义。

真的很不欣赏那些保留他人检讨书的行为，保留的目的无非会在需要的时候拿出来证明什么。当一批批学子走了又来后，那一份份记录着历史的检讨书会成为留存的最好证明，一旦有韩晓鹏式的学生出现时，检讨书会成为他当年调皮的证明，从而表现出自己的用心教诲；一旦学生再次犯错时，检讨书马上便成了讨伐书，在学生与家长面前成为了一次次犯错的罪证。这样的检讨书，不要也罢。

真的很不欣赏那些动辄罚写检讨书的行为，当发现学生一点小错误后，我们往往紧盯着不放，检讨书成了记录错误的最好证明，追求教育无痕的目标在此刻成了空话。

当韩晓鹏以一种尴尬的心态面对自己的检讨书时，我们还真得认真反思了。（朱海林）

用好“检讨书”

有一天，班内王海同学和邻班同学打架，我十分生气，责令王海同学在班内作公开检讨。不料第二天，王海同学竟然没来上课。利用午休时间，我到王海同学家去家访，走访的结果出乎我的意料：王海自尊心强，昨天公开检讨一事，受到同学们的讥笑，让他感到很失面子，不敢面对同学，因此他选择了逃学。

回校后，我做了一番调查，结果令我吃惊：100％的学生反对公开检讨。面对调查结果，我陷入了沉思：在特定的历史时期，检讨被认为是“坏人”的专利，特别是在学校，学生一旦作“公开检讨”，就被认为是“坏学生”，而受到同学们的讥笑、家长的批评。这种偏见抹杀了检讨书作为一种教育手段的作用。

看着办公桌上的调查结果和脑海中王海同学那张沉重的面孔，我突然感到心里沉甸甸的。我意识到之所以造成这种结果，有受传统思想影响的原因，更是我们的部分老师不分青红皂白，粗暴、滥用检讨书的结果。要改变这种偏见，重要的是要让学生明白检讨书的教育意义。恰巧前天李杰同学因为帮助别人推车而迟到，受到我的批评。结合这件事，我精心设计了一份检讨书，在班会上面向全体同学，向李杰同学做了公开检查。面对全班同学惊奇的神情，我向全班同学讲起了检讨书的教育作用。让学生们明白了检讨书并不是对自己的否定，更不是说自己是坏人，而是自己勇敢面对错误的一种勇气，是人生的一种自我修养，是促进自己健康、全面成长、走向成熟的一种有效措施，而畏惧检讨、企图遮掩错误的做法，是不敢面对错误、逃避现实、不敢承担责任的消极行为，只能使自己偏离正确的人生轨迹。

经过这次班会后，同学们逐渐接受了检讨书，一直到现在，检讨书仍是我治理班级的有效措施。

（宫希友）

切忌投下阴影

前年，我班转进一个学生小A。他的学习习惯极差——上课不带学习用品，也不交家庭作业，很让老师生气。据说有一个老师，为了帮助他端正态度，一口气责令他写了30份检讨书，结果非但没有收到预期效果，他甚至开始逃学。

正在我为此事发愁的时候，小A的同桌向我反映：小A有时书包里明明有书可他就是不愿拿出来，上课也故意讲话。真是这样吗？竟然有这样的学生？通过谈心，我终于弄清了他经常犯错的原因。原来，他上四年级时，因为一次上课忘了带语文书，被老师责令回家写检讨书，而且字数要达到500字。那是一个寒冷的冬天，他回家搜肠刮肚，忙至凌晨两点多钟，都没有写好。第二天，因为交不出检讨书，又被狠狠批评一顿并罚重写……

成长的幼苗需要和风细雨的滋润，不当的惩罚将会在他们心灵的天空投下阴影甚至会扭曲一个稚嫩的心灵。教育是一个润物细无声的过程，是教师以真情引导学生心灵向善的过程。明白了这些，就该懂得，这个分量不是一份“检讨书”所能承载的。

（陈　良）

“孟母堂”：传承还是复古

据报载，7 月 17 日，以诵读经书为主要教学内容的“孟母堂”被上海市教委认定为违法办学，紧急叫停。然而，“孟母堂”的学生家长以及社会舆论对市教委紧急叫停做法的激烈争论却持续升温。“孟母堂”的创始人和学生家长坚持认为这种教学方式没有违背义务教育法。“孟母堂”的学生家长表示，将在 9 月 1 日前，以行政诉讼和民事诉讼分别起诉上海市松江区教育局和上海市教委。今天，请几位一线教师来说说这个新闻事件。

对话小档案

刘桂林 江苏省邳州市实验小学

李玉分 河北省大名县王村中学

吴玉萍 山东省临朐县东苑小学

赵新芳 河南省开封求实中学

张　嵩 湖北省黄石市下陆区石明甲 5 号

刘古平 江苏省徐州师范大学奎园校区

“孟母堂”的背后

中国现代教育制度的确立，原意是推行科学教育、转变科举制度的选拔功能为大众平民教育的普及，以促进“富国强民”。可是发展至今效果如何？张鸣教授在《私塾消失背后的黑洞》一文中写道：

“晚清以来，传统和现代的二元对立日益凸显。传统就意味着旧，意味着落后，现代则代表着新，代表着进步，体现着进化的方向。只要是现代的，就意味着具有道德上的正当性和行动上的可行性。更可悲的是，作为被西方逼上现代化路径的中国人，我们几乎忘记了在所谓的传统和现代的二元话语中，事实上隐藏着的是中西文化冲突的命题。西方的传统和现代命题，和我们的并不是一回事，他们的传统与现代是一个脉络里的延续，现代里也包含传统的东西，现代对于传统，更多的不是悖反，而是扬弃，甚至现代性的启蒙，也可以借复古的名义进行。但是，到了中国的语境里，事情则发生了变化，传统意味着中国，而现代则等于是西方；现代化的过程，不管我们有无自觉，事实上都包含有以西方替代中国的意义。”

教育改革又何尝不是如此。以语文教学为例，现在我们绝大多数的语文教师都没有意识到汉语实际上根本就没有主谓宾定状补这些所谓的语法成分。从小老师就告诉我们王安石的名句“春风又绿江南岸”之所以有名，是因为他把形容词“绿”当动词用。而实际上，汉语原本就没有什么动词名词形容词之分，之所以我们的现代汉语里有所谓的语法词性，其实只是西方语言学逻辑分割的结果，这实际是一个教育上的“以夷变夏”的过程。退一步说，即使我们接受了“以夷变夏”，那么，以西方文化思维逻辑对具有两三千年文化基础的东方思维模式下的汉语系统进行改造，就是一个科学的过程吗？以科学名义，行反科学之举，误导的怕不是语言学层次的改革，而是文化属性的变质。所谓的中国，不是一个种族的概念，而是一个文化的概念，不知失去了汉语承载着的传统文化的中国，以后还会叫“中国”吗？

固然，古代私塾存在着诸多的缺陷，但这不足以判定它“百无一用”。它是古代汉语教学的常态机构，几千年的教学经验使它合乎汉语学习的规律。从方法论上，汉语的学习，不仅仅是语言的掌握和运用，而且培育了独特的思维方法。清末民初时期，在社会科学方面，康有为、梁启超、胡适、钱钟书等大师级的学术领袖层出不穷；在科学技术方面，庚款留学所造就的詹天佑、竺可桢、钱学森、杨振宁等科学巨匠，取得了震惊世界的科学成就；还有精通数国语言的语言大师辜鸿铭、吕叔湘等，个个都有私塾里奠基的深厚的国学功底。可是实施现代化教育近百年来的中国，出过几个大师呢，有过与之比肩的辉煌成就吗？这些都证明，在私塾教学形式中，也蕴涵了合理的成分。现代教育应该去借鉴吸收这些合理的成分以完善自己，这才是辩证法的态度；而不是将它摆在矛盾的对立面，动辄以简单的取缔了事。

不仅如此，汉语教育，原本就和中国文化的母体息息相关。当中国文化逐渐被边缘化的时候，学生对汉语的掌握不可能好，甚至，对汉语本身都不会太在意。随着现代教育改革的推进，英语的地位渐趋强势，汉语的处境已岌岌可危，这完全可在全国各地大中小学校甚至幼儿园中得到见证。从这个意义上说，私塾的接连出现以及联系到世界各地华人“孔子学院”的建立，就不是简单的对落后教育形式复辟的问题，也不是因循守旧的开历史倒车，而是经济日益强大国际地位日益提升的中国对曾经辉煌的民族传统文化的追忆和重建。中国的现代化进程到底要不要传统，到底该怎样对待传统？这是我们在面对传统教育模式——私塾复现的今天，所不能不审慎思考的问题。

（刘桂林）

文化传承的有益尝试

教育本身是需要不断探索，不断实践的。在我看来，“孟母堂”并非一无是处，至少在传承和发扬中国传统文化方面，它比任何小学教育都做得到位。

今天的中国是昨日中国的发展，纵观中华民族的五千年历史，我们就是依靠了强大的中华文明，才抵御住了外来文化的冲击，经受住了几番割据、战乱和外族入主中原的考验，顽强地将中华文化传承并延续了下来，构成了当今鼎立于世界的中华文化圈。

在我们这个越来越开放的国度中，孩子们吃的是“西点”，过的是“洋节”，穿的是“洋装”，这倒没什么，最不可思议的是，现在一些家长喜欢把孩子送到“双语学校”去学习，大多的学生也都喜欢讲究“名牌”，而那些一流的世界级品牌多数是国外的。“日韩风”吹遍中国大地，“哈韩”、“哈日”大有人在！那么，中国文化还有多少人在传承，在发展呢？

“孟母堂”的学费颇高，也许有商业目的，但是从课程设置、师资力量安排等方面看，它并非在开家长的玩笑，并非打着国学的旗号欺骗家长。很多家长确实感到了孩子在接受“孟母堂”教育后的变化。我想，这也是为什么教师和商人会选择这个私塾的原因，因为他们是对国学比较敏感的群体。但是在当代，国学以全日制私塾、每天上下午半天的方式来学习，是否是最佳的选择，这是值得思考的问题。国学教育应当与素质教育结合起来，虽然我们还在不断探索着结合的途径。比如，国学中思想、修养、精神层面的教导多，而对科技重视得不够，而我们又怎么能放弃对孩子科学素养的培养而单纯地进行复古式读经教育呢？

孟母是孟子的母亲，“孟母断织”的故事让我们记忆犹新，以“孟母堂”来命名私塾体现了办学人的良苦用心。

对于古训厚典当然要有所取舍，精华的要吸收，糟粕的要剔除，将蕴含在“传统文化”中的合理内核择其善者而从之，而不能一棍子打死。从这一点上说，“孟母堂”的开办，不失为一个祖国传统文化教育的良好基地。当然，怎样把规定的学校教育与“孟母堂”的特色教育结合起来，在学习西方文化的同时，牢牢掌握本国传统文化，这些都是需要我们好好思考的。

（李玉分）

又见私塾

熟悉的字眼，久违的文化，又见私塾，心底亦喜亦忧。说起私塾，人们心里自然而然地浮现出鲁迅笔下的三味书屋：极方正极渊博的先生，终日里提心吊胆而又总不安分的学生；“秩秩斯干，幽幽南山”琅琅的读书声依旧，却早已不再是“事事关心”。

当“革命”“西学”“新文化”呼啸而来，以秋风扫落叶之势，席卷旧的教育体制时，囿于危楼、闭门制艺的老学究单薄的衣衫再也不胜寒意了。

时间翻到了21世纪，这是一个多元的时代、融合的时代、理解的时代、宽容的时代，又是一个生机盎然、四处求索、多方汲取的时代，在这个时代多种多样的文化异彩纷呈，人们开始自由地思考自己，思考社会。不管是热热闹闹的出国留学，还是悄然萌生的“私塾学堂”，都是人们思索后的选择。不管是历久弥新的重新玩味，还是重温旧梦的脉脉虚情，不管是立于时代顶端的终极思索，还是吸引大众眼球的秀场炒作，不管是对旧式文人人格魅力的折服，还是仅仅对“长衫服饰”这一古怪样式的偏好，至于这些文明的碎片到底能折射出时代的几多容颜，我们大可以放心地交给时间去评判。毕竟，这是一个冷静的时代，一个理智的时代。

（吴玉萍）

“孟母堂”私塾不足取

我是一贯主张中国的小孩子从小读点“经”的。但是，不主张将我们的教育方式、方法恢复到私塾的陈旧方式上去。

“孟母堂”私塾的做法，却不仅要小孩子以背诵经典为主，而且这么小的年纪就读《易经》，可能会违反孩子的认知规律。三个月背完《易经》，表面上好像是很成功的，其实效率并不高。一个智力正常的儿童，三个月背诵五千言的《易经》，按其字数的量来衡量不算太大：《易经》全文不足五千言，再减去六十四卦中每一卦都有的“初爻、二爻……六爻”12个字，合计768个字，其实，《易经》真正需要记的文字不过4100余字，除以三个月的90天，每天不到45个字，还不到一首七律古诗的分量。按“孟母堂”私塾老师的说法，孩子们读80遍就可以记牢，4100字用正常播音速度的180字每分钟来算，读一遍需要23分钟，80遍需要1840分钟，不到31小时。基本上是一周的课时时间。

一周的工作量，要三个月来完成。为什么？因为它违背了人的认知规律——小孩子的人生积累根本无法理解《易经》，对于他们来说，学《易经》和学英语一样，近似于记忆符号。这样的方法，我国古代的私塾也觉得勉为其难。因此，古代一些教育上的有识之士就变通教学内容，把《五经》《四书》的内容通过一些他们编撰的适宜于儿童学习的启蒙读物来让孩子们学，比如用于识字教育的《千字文》，用于品德教育的《弟子规》，用于综合启蒙教育的《三字经》等韵文来让孩子们读。

但是《易经》不行。就算是你让他记住了“亢龙有悔”（《易经·乾

·上九》)、"包荒，用冯河"(《易经·泰·九二》)、"贯鱼，以宫人宠"(《易经·剥·六五》)，你怎么给孩子解释？牵涉到的文、史、哲、理知识都讲给他们听，岂不是又回到了我们现在的中小学课程设置？

因此，我主张在小学开设读经课，选择比较适合儿童的经典读物让孩子读诵，比如《弟子规》、《三字经》、《增广贤文》、《千字文》以及《四书五经》部分章句。但是，这些内容不应考试。

现行教育制度需要完善和改革，并不说明过去摈弃的教育教学方式都是合理的。"孟母堂"私塾的教学方式、方法，要重新证明它的科学与落后之处，会贻误多少孩子的青春？因此，我认为"孟母堂"私塾不足取。

（赵新芳）

给儿童"读经热"降降温

近年来，各地中小学"重新诵读《四书》《五经》"的消息越来越多地见诸报端，尽管社会反响褒贬不一，但仍有不少中小学校对此趋之若鹜。据报道：近十年来，儿童读经运动已经"惠及"全国数百万儿童。

《四书》《五经》作为儒家经典，是中华民族传统文化的一个重要组成部分，是一笔宝贵的历史遗产，应该继承和弘扬，但弘扬民族优秀文化，应该剔除其糟粕，吸收其精华。然而，作为少年儿童来说，他们有没有能力做到这些呢？从教育的角度来讲，少年儿童尚不具备这种分析鉴别能力，让其如此"直面经典"，在不能充分理解和分辨的情况之下，去死记硬背照单全收，后果令人担忧。

翻开《四书》《五经》，无处不充斥着"君君、臣臣"，"父父、子子"的尊卑等级观念，字里行间总离不开对"人治"的推崇和褒扬，其中所隐含的奴性文化，只能使人的思想僵化麻木。而这些正是和我们当今大力倡导的“政治文明”与“依法治国”理念背道而驰！小学生读经的危害，还不仅仅在于可能会吸收《四书五经》中的封建糟粕，还在于抑制了科学逻辑思维形成，拟制了科学、法制、民主观念的形成，从而限制了一个人的发展，进而抑制整个社会的发展。

我认为，经是要读的，但不是《四书》《五经》，而是要读现代的经典作品。中国的现代化理念姗姗来迟，到“五四”时期才开始传播积累，虽然不厚实，但还是形成了一些经典的作品，如鲁迅等人的作品。中学生可以有选择的读一部分，小学生可以读注入这些思想的各种文体的人文读物。另外，还需要读西方的名著，体味其博大的人文关怀和思想。

传统的封建文化奴役了中华民族几千年，再不能让我们的孩子受这种奴役了。

（张　嵩）

在开历史倒车

有论者认为上海叫停“孟母堂”是典型的行政乱作为，是国家垄断教育的体现。

可我觉得上海叫停“孟母堂”不是乱作为，是有法律依据的，这个法律就是《义务教育法》。社会舆论不能替代法律，办好义务教育是国家的责任。家长的义务就是依照法律送孩子到学校接受义务教育。这种教育是国家意志下的教育，国外称为“强迫教育”。因此家长或者社会力量不能提出与义务教育法相违背的教育途径和方法。

“孟母堂”的教育形式是把对适龄儿童的教育倒回去接受私塾教育。清朝末期，欧美各国以及亚洲的日本大都普遍实行了义务教育。1900年，由管学大臣张百熙拟定的清朝《钦定学堂章程》（旧称“壬寅学制”），就体现了义务教育的思想。“孟母堂”的教育实际是要把现代教育整整往后倒退一百年，是在开历史的倒车。

教育是一个培养人的事业，义务教育是国家意志下的教育，是一个实现人的全面发展的教育，我们不能允许这种教育退回到私塾时代，因此就不会给私塾以任何宽容。但是现代私塾的出现从另一个角度触动了今天的义务教育，这种触动让我们反省几十年来义务教育出现的各种问题。我国的义务教育规定了统一的学制和规定的教材，但这种教育更重要的是应当满足适龄儿童少年的生理和心理的需求，儿童少年的个性发展需求在义务教育中也都应当予以满足，这是中国教育最值得反省的问题。

（刘古平）

校园该唱什么歌

校园歌曲作为校园文化的重要组成部分，有着重要的育人功能。成人流行音乐在商业化、市场化推广手段的支持下，一步一步走进校园，对传统校园歌曲带来了不小的冲击，引发了许多教育者的忧虑。本期话题——

对话小档案

陈大鹏 陕西省彬县新民中学

张民树 湖南省浏阳市大圣中学教科室

段志东 湖南省冷水江市红日实验学校

王艳芳 山东省威海市鲸园小学

冒继承 江苏省如皋市丁堰小学

刘炳明 山东省寿光台头一中

hsj 某校

校园歌曲成人化现象亟待关注

近日，我路过一所小学，恰巧到了预备上课时间，教室里歌声嘹亮，一群稚气未脱的孩子正在尽情地唱着《谢谢你的爱》、《两只蝴蝶》、《2006 新回心转意》等流行歌曲。我的脚步再也挪不动了，心底升起一股深深的忧虑。

我是中学教师，每次上课前，孩子们都用歌声迎接教师的到来，他们所唱的和我在这所小学听到的大致相同。一次，我班团书记和文体委员组织了一次歌咏比赛，学生们唱的都是当下流行的爱情歌曲，他们群情激昂，欢呼雀跃，场面很是热闹。可当我提议唱一些传统的革命歌曲时，学生都哑然了，他们你瞧我，我瞧你，一脸茫然。教室里沉默了，我的心也凉了。

以上情况并不仅限于一两所学校，而是一个普遍现象。校园歌曲的成人化，应当成为教育者以及全社会必须关注的一个问题。

据《扬子晚报》报道：我国有 2 亿儿童，但专门从事儿歌创作的专业队伍基本没有。儿童在日常生活中听到的都是些情爱方面的成人歌曲，他们就会自觉不自觉地在校园中传唱这些成人流行音乐。而传统的经典歌曲作为校园文化的一个重要组成部分，如今却被我们忽视了，这样的状况很令人担忧。

（陈大鹏）

音乐教材要适应教学现状

我认为当前中小学校园成人歌曲、流行歌曲泛滥，与我们现行的音乐教材不能与时俱进有重要关系。虽然中小学的音乐教材也在逐步调整，但还是与学生的实际需求及我国当前中小学音乐教学发展水平有着较大差距，特别是对于现代化教学设备还未配备的农村就更是如此。

当前的音乐教材过分强调审美目标的培养。

在现行音乐教材中，高雅音乐所占比例普遍偏高，如湖南文艺出版社出版的课程标准音乐实验教材（2002 年版）八年级下册就安排了“世界民族之声”、“民乐奇葩”、“协奏曲品茗”三个单元，编者试图以精美的经典音乐达到快速提高学生审美素质的目的。比照当前我国音乐教育现状我们不难发现，这种急功近利的做法与“不经过孵化就想得到小鸡”的想法是没什么差别的。

当前的音乐教材过分强调音乐的教育作用。

教材由于过分强调音乐的教育作用，所选曲目多以“爱祖国”、“爱人民”、“爱劳动”等崇高思想为主题，忽略了音乐的娱乐作用，不能满足学生的兴趣需求，学生当然就“移情别恋”了。

因此，改革教材内容，从学生的生活实际去安排教学内容与形式，是抑制校园情歌泛滥的良方！

（张民树）

关键在于学校的教育和引导

尽管流行音乐的媚俗倾向在一定程度上促成了这种不良现状，但关键还在于学校的教育和引导！

中小学生爱唱流行歌曲（大多是爱情题材），并不是他们真的就陷入了“爱情的旋涡”，也不是他们真的如歌里所唱的“没有你我就不能活”，而是青少年成长过程中普遍存在的“渴望长大”、“从众”、“好奇”等心理使然，这也正是我们能够提供正确引导的基础。

笔者所在的学校两年举行一次“三歌”（国歌、团歌或队歌、校歌）

合唱比赛，从学唱、排练到演出，一般历时两个月。期间，满校园都是铿锵雄壮的歌声。不少学生在回家路上甚至在家里都唱“三歌”，很少听到所谓的流行歌曲。每天早晨和中午上课前，学校十多个室外音箱播放优秀少儿歌曲、经典戏曲片段和中外名曲，许多曲目学生都耳熟能详。我校还每年举行一届校园文化艺术节，音乐方面的节目每年有一个主题，如“教材歌曲”、“中外儿歌”和“经典戏曲”等。这些做法我们坚持了很多年，形成了“优秀作品鼓舞人，经典音乐感染人”的优良校园文化，潜移默化中塑造了少年儿童纯洁的灵魂，产生了“先入为主”的教育效果，使学生从小就知道，什么才是“真正的音乐艺术”，能够自觉抵御不良流行音乐的侵蚀。

当然，流行音乐也并非洪水猛兽，有些符合学生年龄特点、内容健康向上的歌曲，不仅可以学唱，而且可以引入课堂。这样一则可以满足青少年对流行歌曲的好奇心，二则可以因势利导地教育学生辨析音乐的优劣，亲身感受流芳百世的经典艺术与昙花一现的快餐文化的本质区别，有利于青少年形成正确的审美观，树立高尚的审美情操。

（段志东）

流行歌曲进校园，让我欢喜让我忧

流行歌曲进校园，喜的是这些歌曲让孩子们的音乐视野大开，不再局限于书本上仅有的几首歌曲。比如好多孩子喜欢臧天朔的《朋友》，还有《拨浪鼓》、《蜗牛与黄鹂鸟》和《外婆的澎湖湾》等格调清新旋律优美歌颂亲情的歌曲也是孩子们的最爱。我还真切地记得当时孩子们听说我要教他们演唱《让爱住我家》时那种欢呼雀跃的神情，记录歌词时那认真主动的样子，用心演唱时那种可爱的神情。这些都令我深深感动。我想，通过这些歌曲的传唱，爱的教育就像春风一样，已经悄悄走进了孩子们稚嫩的心灵。

前些天我对三年级两个班的孩子进行了书面调查：让他们说出自己喜欢的歌星和歌曲，并说出理由。有近一半的孩子喜欢刀郎和周杰伦，理由是他们唱得很有个性、活力和动感；有些孩子特别喜欢周杰伦的《双节棍》，下了课嘴里就“嘿、哈”着手舞足蹈；有的孩子喜欢歌星庞龙，说他的声音很特别；还有的孩子喜欢田震的《月牙泉》，因为她唱得很有感情，告诉我们要好好保护我们的家园；还有的孩子喜欢光良的《童话》，说他边弹边唱，很动听，就像自己真正走入了童话世界；还有孩子喜欢韩红的《天亮了》，说听完都哭了，很感动。还有几个孩子喜欢宋祖英的《大地飞歌》和《爱我中华》，多数孩子们对《大风车》主题歌和新近播出的儿童卡拉 OK 歌曲都很喜欢，《哪吒传奇》片头、片尾曲和《蓝猫淘气三千问》的主题歌，他们唱起来更是眉飞色舞。这些歌曲对于培养孩子的音乐素养和审美情趣是有好处的。

但有些孩子还喜欢演唱一些如《情人》、《爱情三十六计》、《两只蝴蝶》和赵薇的《小冤家》这样的爱情歌曲，这些缠绵悱恻的歌曲就像给天真的孩子注射了一针“催熟剂”，任由这些成人爱情歌曲进入校园让人忧虑。

音乐老师要为孩子的健康视听撑起一把保护伞，及时选用那些适合孩子演唱欣赏的流行音乐和歌曲，不要让那些影响他们身心健康的低俗音乐乘虚而入。我也盼望着广大的作曲家创作出如《让我们荡起双桨》、《同一首歌》这样孩子喜欢的经典歌曲来。只有全社会都来关心孩子的音乐世界，他们的音乐素养才会得到真正提高。

（王艳芳）

积极应对流行歌曲

流行歌曲，作为一种时尚文化，深刻影响着孩子们的生活。我们应该采取积极的应对措施，让流行文化成为学生健康成长的助推剂。

筛选。流行歌曲因创作水准、视听群体等诸多因素的影响，导致其既有健康向上的时代节拍，也有低俗颓废的靡靡之音。因此，我们要教育学生加以甄别，正确对待。引导学生传唱那些积极向上的流行歌曲，让时代的音符激励他们前行。比如，《爱的奉献》让我们懂得了爱，学会了奉献；《中国人》、《龙的传人》让我们的爱国之情、报国之心更加强烈；《常回家看看》让我们为浓浓的亲情孝心所感动……老师要做个有心人，深入到学生中间，了解学生正唱些什么，及时加以调控。同时，老师也可以定期向学生推荐优秀流行歌曲，让积极向上的流行歌曲成为学生生活中一道亮丽的风景线。

改造。有的流行歌曲，旋律非常优美，但是歌词不太适合学生，我们就可以发挥学生的聪明才智，新编歌词。比如，在幼儿专家许卓娅所著的《幼儿歌唱活动》一书中，就讲述了一个成功改编流行歌曲的事例：孩子们把《对面的女孩看过来》的歌词进行了改编，改成了“对面的兔子看过来，看过来，不要被我的样子吓坏，其实我，很可爱……”扮成大灰狼的男孩们边跳边唱，向对面由女孩们扮演的兔子发出“邀请”。听到大灰狼如此表白之后，女孩们迅速还击：“我上看下看左看右看，看来看去你都是个大坏蛋，我想了又想，猜了又猜，做朋友的问题可真难办……”就这样，用孩子感兴趣的流行歌曲旋律，填上不同的歌词，既避免了“成人化”的尴尬，又很好地呵护了孩子们的童心，真是一举两得。

经过筛选和改编的流行歌曲进校园，和经典音乐相映成趣，相辅相成。我们相信，有音乐相伴的童年，一定更精彩。

（冒继承）

开足开齐音乐课

在很多地方的中小学，音乐课很少上甚至从来没有上过，这也是成人流行音乐在校园大行其道的重要原因。因为除了少数几个想通过音乐特长考高中的学生在中考前临阵磨枪学上几招外，其他学生学了也没用。学生倒是愿意学，但包括中考、高考在内的所有考试不考音乐，于是音乐课随着年级的升高，节数越来越少，到了小学毕业年级和初中八、九年级，音乐课便只在迎接上级检查期间的假课程表上有那两个字，而原先的音乐老师早改行了。初中、小学的低年级，考试一近，音乐课也都被要考试的科目占了；因为考试不考音乐，家长也认为学音乐是不务正业，对学校的做法也便表示了理解。

可见，要使校园歌曲回归绿色与健康，最重要的是教育者要从根本上转变观念。教育者不能“嗜分”如命，唯分是图，而是要为孩子一生的幸福着想。不仅要关注青少年儿童的物质生活、学习生活，也要关注他们的精神生活和文化生活。而开足开齐音乐课，不仅可以培养学生的审美情趣和提升学生的音乐素养，还能丰富学生的精神文化生活，切实促进少年儿童全面、和谐、健康地成长。

（刘炳明）

让班歌成为主旋律

流行歌曲、特别是成人爱情歌曲充斥校园，一定程度上影响到学生的身心健康，不利于学生正直、坚强、友爱等优良品质的培养。我采用了与学生唱班歌的方式，让健康歌曲引领校园歌曲主旋律，收到了良好的效果。

有没有一首班歌，能让学生天天唱，处处唱，人人都爱唱呢？

我先到班里问：“你们在初中时有班歌吗？”“有。”“都是什么歌？”学生说出了很多他们曾经的班歌：《真心英雄》、《老鼠爱大米》、《我的未来不是梦》，还有《少年壮志不言愁》、《我的中国心》、《2002 年的第一场雪》……其中有积极向上的歌曲，也有缠绵的爱情歌曲。

问第二个问题："你们原来经常唱班歌吗?"有的说根本不唱，有的说很少唱，有的说班主任要求时才唱，也有个别的说经常唱，并且很喜欢唱。我问原因，有人说"太土了"，"难听死了"，也有人说"根本就不适合集体唱"，"与我们的代沟太深了"……

"要是有你们喜欢的班歌，你们愿意唱吗?"我问。"愿意!"学生们齐声回答。

我先让学生推荐自己喜欢的歌曲，要求歌曲必须思想积极向上，适合集体唱。马上有很多人响应，推荐了《壮志雄心》、《青春日记》、《相信自己》、《凝聚每份爱》、《相亲相爱》等等。我也从网上搜了几首歌曲，一并交给文艺委员，让学生从中选了 8 首，再将这 8 首歌下载到教室的电脑里，将歌词打印贴在教室墙上。

于是，每天上午、下午及晚自习打预备铃时，文艺委员就播放一首歌曲，全体学生学唱，多数时候我也到教室里一起学。每周学一首，我们用了两个月的时间把这 8 首歌学会了。

为了选班歌，我们特意开了一次主题班会，最后《壮志雄心》在表决中脱颖而出。

每天晚自习预备铃后，文艺委员打开电脑，同学们全体起立，一起合唱《壮志雄心》。

接下来的几天，我又给《壮志雄心》加上了图片：给全班 69 名学生都照了照片，每个人都给自己或同学留一句话。我把这些图片和"名言"做成 flash 动画，然后又找了学校升旗的照片、学校"希望之星"的照片、学校艺体大会的照片、主题班会的照片、学生刻苦学习的照片、班级流动红旗的照片、班级文明宿舍的照片……把这些照片都做成动画，和《壮志雄心》一起播放。

此后我们又举行了以宿舍为单位的歌咏比赛，通过这些活动，学生接触和学习了很多健康的歌曲。这些有丰富内涵的歌词、流畅韵律的歌曲，对学生的学习和生活态度起到了积极的影响，这些歌曲也渐渐地成了校园歌声的主旋律。

(hsj)

资料链接

研究发现：音乐课能提高学生智商。

加拿大的研究者发现，学了音乐的儿童智商要比没有学音乐的同龄人增长更快。

这项发表在《心理学（Psychological Science)》杂志的研究显示，整学年上了钢琴课或声乐课的儿童，其智商的增长要比没有上音乐课的儿童多 3 分。

“音乐课，单独授课或小组授课，能使得智商得到额外的提高。因为上音乐课就像上学，但它还能使儿童在学习中体验快乐。”该研究的实施者，多伦多大学的心理学教授格伦·斯切尔伦博格说，“此外，音乐课给儿童带来的多重体验还有助于他们其他能力的提高。”

为实现这项研究，研究人员通过报纸招募了 144 名年龄在 6 岁的儿童，并为他们提供每周一次的免费音乐课。这些儿童被随机分成四组，其中三组分别上键盘音乐课、声乐课、戏剧课，另一组则没有安排音乐课。

这些儿童还接受了一系列心理测试，包括上音乐课之前和之后的智商测试。整个研究的时间跨度为一年。

研究发现，在这一学年中，四个组的儿童平均智商都上升了，但上了音乐课的儿童智商增长最为显著。

上声乐课的儿童平均智商增加了 7.5 分，从 103.8 分上升到了 111.4 分；上键盘音乐课的儿童，智商平均增加了 6.1 分；上戏剧课的儿童，智商平均增加了 5.1 分，而没有上音乐课的儿童智商平均增加了 3.9 分。

斯切尔伦博格博士介绍说，研究已反复显示，上学有助于提高儿童的智商，像音乐课和戏剧课这样的小组教学对提高儿童智商特别有效。

（摘自 2004 年 7 月 28 日出版的本报《海外》版）

关注“留守学生”我们能做什么

他们是一个严重缺失父母关爱的群体；他们是一个常常让教师伤神费心的群体；他们数量庞大，给教育者带来了空前的压力和挑战；他们被称为“留守学生”。本期话题——

对话小档案

范　刚　安徽省太和县胡总乡中心学校

陈福英　山东省临朐县龙岗镇陈家楼小学

夏立新　江苏省镇江市丹徒区上会中心小学

范振芳　山东省潍坊滨海经济开发区滨海三中

周善耕　江苏省高邮市临泽镇中心初中

王宝莲　湖南省永州市冷水滩岚角山中学

曹金星　湖北省宜昌市兴山县水月寺中学

张清华　四川省三台县百顷镇初级中学

刘树义　山东省青州北关初中

杨国新　山东省广饶县花官乡中心小学

刘大玲　江西省永丰恩江镇中心小学

武胜利 河南省夏邑县高级中学

方　琴 江西省乐平市双田二中

“留守学生”问题堪忧

我所在的中心校2004年学生总数为2100人，其中留守学生522人，占学生总数的25%；2005年全校学生总数2070人，留守学生536人，占学生总数的26%；2006年全校学生总数2028人，留守学生650人，占学生总数的32%。从这三年的统计数字中可以看出，留守学生的数量有逐渐上升趋势。

这些几岁的、十几岁的学生，在他们成长的关键时刻，却失去了父母的关爱，没有了家庭的温暖；加上许多留守学生家长习惯用金钱来弥补自己感情的缺失，纵容了子女不良行为习惯的养成。因此，许多留守学生自私自利，性格孤僻，感情脆弱，缺乏辨别是非的能力，集中表现为“三多三少”：品学兼优者少，违规违纪者多；勤俭节约者少，挥霍浪费者多；自主自立者少，依赖他人者多。调查还发现，80%的留守学生每年和父母生活在一起的时间不到30天，86%的留守学生靠电话与家长联系，67%的留守学生与祖父母生活在一起，甚至有23%的学生家长根本说不清楚子女的性格，8%的留守学生自己照顾自己，有10%的留守学生家长根本不与子女联系。留守学生作为学校教育中的特殊群体，给学校管理和教育工作带来了很大的压力和挑战，这无疑使本来就很艰难的农村教育“雪上加霜”。

作为教育者，面对这些“留守学生”，我们能做什么呢？

（范　刚）

一枝铅笔显真情

如何关注“留守学生”，我认为关键是老师要对他们有爱心、有真情。上学年我们班共有六个“留守学生”，我的做法是从身边的小事入手来关心他们，让学生感受到实实在在的关爱。如“五个一”活动就收到了较好的效果：一开学，我给每人发了一张“名片”，上面有我的电话号码、家庭住址等，便于学生及家长和我联系；我又统计了他们六人的生日，在每个人的生日这天，师生共同为他唱“生日歌”；“六一”节时给每人发了一枝铅笔作为节日礼物；“清明节”时我特意给每人煮了一个鸡蛋；我的电话随时为他们服务，还规定每人每月必须给家长打一次电话。当然，平时还有很多的“一”，如每天多一次会心的微笑，多一个信任的眼神，多一句鼓励的话语，等等。俗话说“心动不如行动”，关注“留守学生”得从点滴做起。

（陈福英）

校外辅导站——“留守学生”的家

“留守学生”的存在已经是一个普遍的社会现象，由于监护人是上了年纪的老人，他们文化素质比较低，教育观念落后，过度的溺爱使得许多“留守学生”的学习、生活习惯较差，这已是一个不争的事实。我校在去年专门进行了一次关于“留守学生”的大规模调查，显示的结果令人触目惊心，仅生活习惯一项达到合格的只占 12.6%，低于其他同龄学生 38 个百分点。

学校经过多方面的努力，取得各村关工委的大力支持，决定成立校外辅导站。辅导站以自然村为单位，辅导老师以退休老师为主，还有一些是有文化的家长志愿者，工作时间是每天下午四点到六点，刚好与学校放学时间衔接。因为所有的工作都是义务的，我们为了取得广大退休教师的支持，发动全体教师逐一登门拜访，说明建立辅导站的目的和意义。经过一星期的努力，一个定点定人、有章有法的农村校外辅导站就上马了，“留守学生”每天放学后就可以在这里做作业、看书、搞活动……

此举受到家长的一致赞同和拥护，纷纷打电话来表示感谢，还有更热情的家长专门赶到学校，向我们反映孩子在家发生的变化。

（夏立新）

爱心对对结

我所在的学校位于临海的郊区，周围村里的人几乎家家出海，有的夫妻常年在外，一年只回家一两次，有的青壮年劳力常年在海上生活，这样就造成了大量的“留守孩子”。这些孩子由于常年远离父母，大多跟年迈的爷爷奶奶一起生活，享受不到一般孩子应有的父母关爱，形影孤单。

为了帮助这些孩子摆脱生活上的困难，促进孩子的身心健康成长，我们学校建立了“爱心对对结”活动。这项活动由学校牵头，联系这些“留守孩子”的父母，让他们拿出一定的生活费（大约每月300元，这些孩子的父母年收入一般在5～6万元左右），学校联系这个班任课的老师或校内其他老师，认领这些“留守学生”，也就是让这些孩子寄宿在老师家中，老师担当孩子的“临时父母”。刚开始的时候大多数老师不愿意收留这些孩子，觉得太麻烦。可经过一个学期的试验，老师们都争相认领孩子。因为现在的孩子大多，是独生子女，生活比较孤单，认领这样一个年龄相仿的孩子，也同时给自己孩子找了一个相伴的朋友，有利于自己孩子的健康成长和性格养成。学校还规定每个“留守孩子”每周给父母写信，汇报自己一周来的生活思想状况，老师也要定期与学生交流，指出他在生活上或学习上的问题，帮助他更好地改正错误。

“爱心对对结”实施两年来，取得了很大的成效，受到了家长和孩子的欢迎，也为解决“留守学生”问题找到了一条切实可行的路子。

（范振芳）

焊接亲情

“留守学生”之所以出现大量的问题，主要源于亲情的缺失、监护的缺位和家教的缺乏。彻底解决它显然是个社会系统工程，但农村学校无疑也是有责任的。实践证明，在焊接亲情、打造家校纽带上，学校能够大有作为。

话吧漾亲情。对于天各一方的父母与孩子，现代通信可以实现“天涯共此时”。学校不妨因地制宜设立校园话吧，方便学生接打电话。“母亲节”的第二天，我们举行了一次特殊的班会：感受亲情。实际是全班学生一起聆听九个家庭的孩子与父母的公开电话。按照事先约定的时间和话题，由家长从外地打进。电话通过话筒、录音机放大给全班同学听。每个电话约四分钟，先由孩子们向家长汇报，朗读课文或讲故事，说成功的喜悦或失败的启迪……再由家长介绍最近的工作。在孩子与家长对话时，教师也插进一两句，或赞扬，或勉励，或鞭策。教室里荡漾着浓浓的亲情，有的孩子禁不住流下了眼泪。小宁在一篇日记里说：当爸爸告诉我说他的手指被电刨锯断，我的手也不禁颤抖起来……爸爸挣钱多不容易啊，我应该努力学习才对得起爸爸。

通讯工具的普及使得“亲情话吧”极具推广价值。有了“亲情话吧”，孩子们可以时常感受远方父母的关注，而远方的父母也可以跨越万水千山倾听自己孩子的心声。通过电话，情感沟通了，信息流通了，孩子的幸福感强了，家长也强烈地意识到养育孩子的责任，更自觉地参与到对孩子的教育中来。

困难求助热线。留守学生的教育是长期的事业，建立档案、跟踪管理是非常必要的。考虑到工作的专业性与效能，我们学校打破了班级界限，实施分班负责与集中管理相结合的方式。建立“留守学生”咨询中心，聘请责任心强、心理辅导能力强的教师作为辅导员，八小时内可当面咨询，八小时外可热线求助。“留守学生”经常会面临学习上的困难，生活上的烦恼，安全上的问题，设立求助热线给他们开辟了一个可以寻求帮助的渠道。学校，对于留守孩子来说，也不再单单是学习的场所了。

设立咨询中心，开通求助热线，拓宽了学校的教育、护导范围，填补了父母监护的空缺。

家书写精彩。传统的家书蕴含着丰富的教育契机，《傅雷家书》便是成功的典范。亲子分居两地，鸿雁传书是最为经济的联系手段。为了引导、规范和激励学生的书来信往，老师的“穿针引线”很重要。

“妇女节”那天，小兵给在城里打工的妈妈写信讲述了一个故事。老师在信后附言：小兵上课听得真入神，故事比老师讲得还好呢。妈妈在回信中激动地说：儿子，你长大了！等到儿童节我也送你一个礼物。也谢谢老师！小玉在给爸爸的回信中说：爸爸，要是让你看看小兵妈妈的信，准吓你一跳，字多认真，内容多具体！老师附言：其实，是小玉要求太高了，你的字写得蛮认真的。小玉爸爸后来的信书写工整多了，还郑重地向女儿作了保证。

为了推广家书，我校各班板报开辟了“鸿雁传书”专栏，展览学生与家长的信件。学校每学期举行一次家书大赛，分别评选出孩子与家长的优秀书信，隆重地表彰奖励，更增强了书信写作的氛围。值得注意的是，为了尊重个人隐私，家书公开前都征求了作者同意。“鸿雁传书”还为家长的写信创造便利，有些班让孩子寄信时捎上空白信纸和回寄的信封，是个不错的办法。

留守，决不能失守。为“留守学生”焊接亲情，需要与时俱进，更需满腔热情。学校唱主角，相关部门再伴奏，一定能谱写出和谐的交响乐。

（周善耕）

把更多的爱给他们

田甜是我班上的一个“留守”学生，两年前父母去了广东打工，留下一个哥哥在家照顾她。哥哥对她很好，她的成绩也不错，如果努力，有可能考上重点高中。但是到初二第二个学期，我发现她有些不对劲了，上课不太用心，甚至有逃课现象。一定有什么事发生了，我意识到。一天我借故喊她去我这里帮我拿作业本，过去她也经常来我这里坐坐，把我当大姐姐似的谈心。“这个学期你好像变了，有什么心事跟老师说说，好吗?”田甜一直很信任我，因为我从不把学生跟我说的话传出去。一听我问，她不由鼻子一酸，眼泪就出来了。原来这个学期哥哥也去了广东，把她丢给年迈的外婆。她的心一下子空荡荡的，不知所措。外婆家附近有一个已弃学的男孩，经常找她玩，少不更事的她觉得这样很开心，但玩后又觉得空虚不安。我沉默良久，她一下子失去哥哥的照顾，现在有一个男孩像哥哥一样地对她好，这正是她所渴望的。可是这男孩的爱不是像哥哥一样的爱啊！我问她的真实想法，她说想摆脱这段感情，可那男孩老是缠着她，她也总身不由己，就这样矛盾着，上课也没心思。“老师，我该怎么办?”她用信任的眼光看着我。“老师理解你，”我拉着她的手，“但你一定得专心读书，决不能再与那个男孩来往!”她说千万别让班主任和父母知道。我答应帮她保密，她也答应我不再和那个男孩来往。

我让她当了我的课代表，时时给她打气，她对学习又充满了信心。那个男孩到学校来找她时，她按我的主意，把他带来见我。我郑重地对他说：“田甜是我们学校的学生，我们须对她负责。如果你再来找她，学校就要采取措施了，如果她在外面出了什么事，你将是最大的嫌疑。”后来，那男孩没再来找她，田甜也顺利地考上了市重点高中。

（王宝莲）

我们这里的做法

我们学校地处鄂西山区，由于山大人稀，交通不便，经济比较落后，不少的农民兄弟离开家园外出打工。特别是近几年，出门打工的人数越来越多。家长外出打工，把孩子留在家中由老人看护，或托付给亲友照顾。这些农民兄弟虽然也挣到一些钱，可孩子们的学业却荒废了。有些孩子虽然有人照看，但在外打工的父母也是一心挂两头。近几年来，政府、学校、社会共同想办法，基本上解决了这一问题。下面是一些具体做法。

基础设施，政府投入。政府部门想尽各种办法，通过各种途径来筹措教育经费，努力改善学校的办学条件，不断加强基础设施建设，学校面貌得到改观。但是，由于学生数的不断减少，不少校点合并，不少的村级小学撤销，这样一来，乡中心小学人满为患。尽管县乡财政已捉襟见肘，但政府部门还是想尽办法投入了大量的人力物力来扩建乡中心小学，集中资金为学校建起了新的教学楼、学生公寓和学生食堂，开辟了新的运动场，尽可能地让这些农民兄弟的孩子能够进入乡中心小学寄读。

集体用工，村级统筹。村级小学撤销并入乡中心小学后，各村负责组织农民义务工帮助学校开辟建房用地和学生运动场等。另外，由有30个寄读生以上的村出资聘请一位生活老师，工资由村委会负责解决。生活老师通过公开选拔的方式录用，由学校培训，竞争上岗。各村推荐1～3人参加学习并试用，经考试考核合格后，由学校正式聘用。他们的待遇由各村出资300元后，其余的由学校来补贴。

加强管理，一流服务。这些生活老师被聘用后，由学校设定岗位及职责，按月考核，按月发工资。她们的工作主要是为孩子服务，照顾孩子们的饮食起居，与孩子们同吃同住。特别是学前班和低年级的孩子，连穿（脱）衣服、洗澡洗头和上厕所都要由生活老师帮忙。有的孩子夜晚尿床、生病，更需要一些特殊的照顾，她们陪孩子吃饭，陪孩子睡觉，陪孩子看电视、唱歌和游戏，还要负责他们的安全。孩子们上课后，她们要整理床铺，打扫卫生，还要定期洗衣服，洗被子等。有的生活老师还要到厨房去帮忙，比如打热水、维持秩序、看管孩子吃饭、帮助整理餐具等，工作十分辛苦。她们工作之余还要学习一些保健知识和护理知识，不断学习带孩子的本领。

政府和学校尽管做了不少的工作，但还存在一些不容忽视的问题。一是部分孩子虽然享受了“两免一补”的政策，但对大多数的孩子来讲，他们的生活仍然十分困难，有的孩子是带着粮食和蔬菜来学校寄读的，给学校的管理带来不少麻烦。不少家庭无法完全承担孩子的生活费用，学校给予这些困难学生的补助也是杯水车薪，社会捐助也远远不够；二是学校设施不配套，功能不齐全，学生吃、住、喝水、娱乐还有很多不方便的地方；三是活动场地非常狭小；四是这些生活老师超负荷工作，人手不够，学校负担不起太多的费用，生活老师薪水太低；五是学生路途安全令人担忧。这些问题都制约着学校的发展，只有解决了这些问题，才可能真正解决“留守学生”的教育问题。

（曹金星）

关注优点，引导他们积极向上

留守学生长期存在的现状是难以改变的。留守学生教育难这一问题，我们不能回避，只能正视。正视就要理性分析留守学生的优点和缺点。而现在的情况是，许多农村教师对留守学生的缺点看得多，优点看得少。

留守学生有哪些优点呢？我们对本校的调查显示：在205名留守学生中，约有86%是自己煮饭、自己洗衣、自己买学习用品、自己到医院看病，而非留守学生的此项比例连50%都达不到。在205名留守学生中，有21人能自己买米、买菜，自己请人为家里的庄稼追肥、喷药，自己请人维修家里的房子等，这部分人约占留守学生总数的10%，而在400余名非留守学生中，这样的事一例也没有。在205名留守学生中，有22人能在毕业报考、参加兴趣小组、是否寄宿、借钱缴书本费等问题上自行做主，这部分人约占留守学生的10.7%，而在400余名非留守学生中却只有20人能做到这一点，连5%的比例也不到。可见，留守学生的生活自理能力比非留守学生强得多，而且很有主见。

笔者还发现，与留守学生自由散漫的缺点互生的是他们善于反思审视各种规矩，各种现象。在一定程度上，这是一种民主意识的体现。同是他们更具有坚定和勇敢的特质。在我校2005年冬季运动会上，取得名次的30名学生中有10名留守学生，占到了30%。

留守学生因孤独而敏感，加之自理能力强，使得自尊心特别强，其攻击性强即是自尊心强的一个折射。留守学生还有一个特点——容易被感动。因为他们内心较为孤独，缺少父母的关爱，很容易被感动，感动之余，常有巨大的热情释放。

近几年，我校根据留守学生的这些特点，引导教师根据这些学生自身优点因材施教、因势利导，做了一些尝试，取得了不错的效果。

2003 年秋季，我校首先在留守学生比较多的 04 级 2 班举行了一次生活技能比赛，项目有炒菜、洗衣、购物，15 名优胜者中本班的 9 个留守学生全部上榜。从此，班主任经常表扬留守学生的这些优点，特意让这 9 人（学习成绩均在中、差，平时表现也不怎么好）轮流代理劳动委员、生活委员、体育委员和组长。结果这些人把工作都做得很出色。老师借此鼓励留守学生积极向上，该班风气越变越好。

此做法以后便被作为经验在全校推广，一些班级还根据留守学生更容易对班级生活提意见的特点，安排留守学生参与班规的制定和修改，参加班上的纪检组。教师们纷纷把留守学生动手能力强的特点往理科实验和劳动技术、体育技能上引导，把留守学生勇敢、自尊心强的特点往挑战困难、挑战竞争对手方面引导。

针对留守学生内心孤独，容易被感动，“好人不把他们抓牢，坏人就要把他们拉下水”的特点，从 2004 年起，学校就规定，每个教师定点帮扶几个留守学生，值周教师每天与留守学生同吃同住，从而使教育者真正走进了他们的心灵。

通过这些努力，留守学生教育形势渐趋良好。2004 年秋季的期末考评，200 名留守学生中，成绩被评为优的人数达 15%，被评为差的留守学生只有 10%，剩下的 75%的都是良或中。2005 年春季，毕业班 60 名留守学生中，有 10 名升入了高中；2005 年秋季期末考评，208 名留守学生中，成绩被评为优的达 35 名，被评为差的留守学生人数只占总人数的 8%，剩下的都是良或中。

留守学生的优点还有很多，利用优点引导他们积极向上的良方更是不少。只要教育者用心擦亮他们的亮点，就能照亮他们的心灵。

（张清华）

霞长大了

霞这两天上课老是打盹，我悄悄把她叫到一边，问怎么回事。霞的眼圈红了："奶奶病了，感冒发烧好几天了。"这个懂事的孩子，原来这段时间是她做饭、洗衣，照顾生病的奶奶。每天忙完这些再写作业，能不累吗？难怪上课这么没精神。

"怎么不告诉老师？"我拍拍她的肩膀，"忘了我是你的朋友了？"

说到这里，我不由得想到了一年前的那一幕。那时，我刚刚接手这个新班，在批改的作业本中发现了一张纸条："老师，我学习一直很刻苦，可是成绩却不好。回到家，也没人帮我复习功课，我该怎么办？"

看看后面的名字，是霞。我这才知道，霞的父母外出打工，霞一直和年迈的奶奶一起生活。记得当时我们俩在操场谈了很长时间。我告诉她：飞越大海的是看起来有点笨拙的海鸥，而不是那伶俐的小鸟，提醒她学习要靠自己的努力和毅力，表扬她是个懂事的好孩子……离开操场时，我们已成了好朋友。霞说以后不管遇到什么事情都会在第一时间告诉我。

以后的日子里我默默地关注着她。作业里的小纸条成了我们交流沟通的纽带。有时放学后，她磨蹭着不离开，跑到办公室找我聊几句，我就顺便给她"开小灶"。霞的成绩仍然提高不快，但学习对她来说不再是一件难事了，我感觉她轻松和快乐了许多。心直口快的霞很容易满足，同事结婚，我拿了几块喜糖给她，她就高兴半天。家里有了好吃的，她也悄悄带了来给我。

奶奶病了，霞竟然不告诉我。我嗔怪她忘了我们的约定。

"没忘，我想试试自己的能力。"霞咧咧嘴巴，笑了，"你看，我能行。今早上我给奶奶量了体温，她已经不发烧了。"是啊，霞已经不是一年前父母刚离开时的霞了，她坚强了许多，已经懂得独自用柔弱的肩膀挑起生活的重担了。

霞，她长大了。

（刘树义）

我的心病

我班学生小华，父母都外出“淘金”去了，把他扔给了年迈的爷爷奶奶。起初我并没有发现他与其他同学的不同之处，可问题慢慢地就暴露了出来：上课迟到，不完成作业；中午也不回家，经常惹事。小华成了问题学生。

我们学校的学生都来自附近的村子，距离学校都很近，学校不允许学生中午在校就餐。但小华的爷爷奶奶经常中午在农田里干活不回家，所以小华也常常在中午滞留学校。这不，下午预备铃刚响过，校长就把我叫到他的办公室里；“小华又在学校就餐了，他还到家属区‘惹是生非’——把家属区的一户窗玻璃砸坏了。”

小华的爷爷也因为小华惹事来过学校多次。谈及学校的管理制度时，老实巴交的老人就很谦逊地说：孩子不听话，我管他又不听，全凭老师费心了。你还能说什么呢?

“校长找你有什么事啊？小华又为你‘邀功请赏’去了吧?”同事笑着跟我说。我苦笑着，又想起了小华那双无助的眼睛。

小华让我这个当班主任的操碎了心。我每天到校第一件事就是看看小华来了没有，往往是十有八九不在，然后就往他邻居家打电话，接着就看着钟表计算他到校的时间。终于来了，又不得不为他的中午饭操心。我跟他曾“约法三章”：一、中午饭必须从家带来，可以放到我办公室里；二、吃完饭不能随意走出校门；三、在学校里不要随处走动，最好留在教室里补习作业。下午放学后，我还得陪着他站在学校大门口等他爷爷来接。我们总是盼望他爷爷蹬着那辆人力三轮车在夜幕中早点到来，听到的总是他爷爷那句充满愧疚的话：老师，又让您费心了……

第二年分班时，他没有分到我的班里。在校园里碰到他时，他总是对我笑笑，并不说话。但从那双眼睛中，我能读懂他的感激和爱戴。

（杨国新）

小熠“闹”肚子

“老师，我肚子好疼，哎哟哟!”开课不到十分钟，一个小男孩的叫声打断了我的教学。循声望去，只见小熠手捂着肚子，眉头紧锁着，看上去很痛苦的样子。

我不敢大意，急忙走下讲台，摸着他的小脑袋轻声问道：“肚子很疼呀，吃了什么不该吃的东西没有?”

小熠头摇得像个拨浪鼓，只说肚子好疼。

“要不要上医院”？他还是直摇头。

“那就叫家长来接你回家，好吗?”

小熠的眼睛一亮，眉头也随之舒展：“老师，还是叫我爸爸妈妈来接我吧。”

我一路小跑着来到办公室，给家长打了电话。

终于盼来了小熠的家长们。孩子的爸爸妈妈站在校门口，只有姨妈和姨父跟我到教室。

小熠见来了亲人呻吟声更大了，双手紧捂着肚子，一副十分痛苦的样子。

姨妈摸摸他的小脑袋：“小熠，你早上吃的是我做的饺子，吃得饱饱的，又没有着凉，怎么会突然肚子疼起来了呢？是不是听说爸爸妈妈今天去打工，不想让他们走，就说谎呀！你先在这里上课，待会儿放学的时候，你爸爸妈妈来校门口接你，好不好？”

小熠突然精神起来了：“真的吗？我爸爸妈妈会来接吗？”

“傻孩子，是真的。他们现在去帮你买新衣服，放学时一定会来校门口接你的。现在肚子不疼了吧？”

“不疼了。”小熠狡黠地冲他们一笑，“我去听课，要我爸爸妈妈一定来接我哦。”

小熠走后，他姨妈告诉我：孩子寄居在她家，上次他妈妈打工外出时，也这样闹过一次，这一次又故伎重演。他的爸爸妈妈不敢进校园，就是怕他们进来了，孩子会跟着他们走。

我的心里不禁为之一怔：孩子哪是肚疼，分明是心痛呀！一个刚满六岁的孩子，亲情对他有多么重要，他甚至用谎言来骗取父母的亲情，这是在用他自己的方式向离别说“不”呀！

来到校门口，孩子的爸爸妈妈连声说：“对不起，这孩子让老师操心了。”我向孩子的父母提了几点建议：到了外地多给孩子打电话，多和孩子交流；有假期时，尽量和孩子在一起，让他拥有一份浓浓的亲情；平时给孩子买些小礼物，让孩子感受到来自父母的爱……孩子的父母连连点头。

送走家长，我请小熠到校园的文化长廊边。四目相对，他低着头，满脸的惭愧。我捏捏他的小鼻子，笑着说：“小熠，肚子还疼吗？呵呵，你这个小鬼头，今天可把老师吓了一大跳。”

“老师，我骗你呢。我想妈妈，想爸爸，他们今天就要去广东了，我想多和他们说几句话，我还没和他们说再见呢！”

我语重心长地说：“小熠，说谎可不是好孩子哦！想爹妈时就给他们打电话，用你学到的字给他们写信，也可以请老师给你出主意呀！”

小熠挠挠后脑勺，贴着我的耳朵轻轻地说：“老师，你教我写信，帮我寄信，好不好?”

“当然，老师是你的大朋友嘛。”我伸出大手攥住小熠的小手。小熠的小脸又阳光灿烂起来。

（刘大玲）

三招管好留守学生

留守学生是班级中的一个特殊群体，为帮助他们健康成长，我尝试了如下教育方法，效果很好。

帮他们管好钱。家长外出务工时，往往会把几个月乃至半年的生活费一次性交给孩子。受外界不良环境的影响，加上孩子自制力较差，经不起诱惑，手头又有钱，很容易染上玩游戏、摸彩票等不良习惯。为帮助他们理财，我在班上设立了学生银行，动员留守学生把钱存到我这里，需要的时候再来取。他们每次取钱我都认真记录，这样他们花钱的情况就成了日常行为的晴雨表，如果一段时间内孩子取钱较多或者较频繁，则说明孩子的生活出现了异常，应及时给予关注。

引导他们利用好时间。留守学生在校时间长，如何用好这些“多余”的时间，是防止他们走向邪路的关键。很多留守学生正是在别的同学已经回家、他们留校的这段时间里走向网吧和游戏厅的。为此，我根据班级中几名留守学生的特长，安排了不同的班务工作，既给他们提供成长和为班级服务的机会，又让他们品尝奉献的幸福。比如让文学功底好、有演说才能的王艳主持班会，让擅长书法、美术的周红波负责班级板报，让勤劳善良、热心助人的李远担任生活委员，让活泼好动、精力充沛的谢鹏鹏组织体育活动……

引导他们自我教育。成功的教育是自我教育。对留守学生教育的落脚点和归宿也应当是培养他们的自我教育能力。为此，我在留守学生中开展每天一篇日记，每周给家人通一个电话，每月寄一封信的活动。让他们在日记中反思自己、剖析自己、鼓励自己、鞭策自己，在电话中感受亲情和父母的期望，在信中回顾自己的铿锵誓言，检查阶段理想、目标落实的情况。当他们能时刻与家庭保持沟通与交流的时候，他们就不会感到孤单，他们就会感到有一双双的眼睛关注着自己，从而增强学习的动力，提高自我管理能力。

（武胜利）

把学校办成温暖的家

兵兵是一名管理能力很强的班长，学习也非常出色。老师在私下里谈论时，都认为他升上重点高中没有问题。

兵兵在初三的最后一个学期成了留守学生，但老师及他的家人对此都没有太在意。大家认为他的管理能力那么强，自我管理更没问题，再加上平时又是住在学校里，父母的远离基本上不会有什么影响。

然而，我们都错了。这样一名品学兼优的学生，中考的成绩却出乎人们的意料：他们班有十多名学生考取了重点中学，但他距分数线却有十多分的差距。

后来，我们发现，问题就出在中考前的一个月。那时他要求不再住校，要到他小姨家住，因为那里在食宿及其他条件上都要好一些。学校觉得也有道理，加上他长得比较高大，又显得比较成熟，自我管理能力也很强，还觉得有他小姨的监管，应该不会有什么问题，就同意了他的要求。

谁知他小姨经常上夜班，根本就没空照顾他。住到小姨家后没几天，由于好奇，他走进了网吧，迷恋上了上网，学业就荒废了。幸亏时间不是很长，最后勉强考上了一所普通高中。

从上面的事例中我们看到，对于留守学生，加强对他们的监管非常重要。

中学生对父母在感情上的依恋已不是特别的强烈，关键是对于他们的管理要到位。学校外面的世界很精彩，对他们有着很大的吸引力，只有让他们将心思放在学习上，才不会有太大的问题。

如果学校的条件允许，让学生住校应该是一个不错的方法。通过教育者与他们的沟通和交流，把学校营造成为留守学生温暖的家，帮助他们以积极的心态面对留守的现实。这样，就不会再出现像兵兵这样的遗憾了。

（方　琴）

让校园远离暴力

校园暴力几乎在每所学校都不同程度地发生着。近来，从媒体的报道中可以发现，发生在校园里的学生暴力现象有愈演愈烈之势。本期话题——

对话小档案

高善斌 江苏省阜宁县明达中学

陈　辉 江苏省泗洪职教中心

赵　军 宁夏固原市阳光英语培训中心

许　君 安徽省黄山市旅游经济学校

李建波 河南省南阳农业学校

王　勇 辽宁省锦州市太和区平和小学

谢　媛 湖南省长沙浏阳市葛家中学

宫希友 山东省临朐县上林中学

陈孝花 山东省青州北关初中

朱定军 江西省乐平市新乐中学

廖忠钰 湖北省宜昌市李家湖小学

马先勇 河南省唐河县城郊乡谢岗学校

尹玉义 山东省寿光市王高真常家小学

关注管理真空

由于受各种因素的影响，中小学校园暴力问题越来越突出。作为学校，除了要做好学生的思想品德教育，狠抓常规管理外，尤其要关注管理过程中的“真空”地带，谨防校园暴力。

时间上的真空要有人守点。学生放学离校时是管理环节上的真空，也是校园暴力高发时段。这时候，老师和学生都急于回家，给部分有预谋的学生或社会不良青年造成机会。针对这种情况，我们学校一直坚持保卫科和部分老师守点蹲候制度，即学生放学时，校园里安排值班老师巡视；学生回家的主要路段有人检查，既检查学生的路规，也注意观察，发现问题立即向德育处和有关部门报告，并设法解决。课间也是管理不易到位的真空时间，很多暴力行为就发生在课间那几分钟时间内。对此，我们建立了年级组联管制度，每个年级按楼层每天安排值日老师进行“全天候、全方位、全流程”巡视，对于有暴力苗头的现象，做到早发现、早处理。

区域上的真空要有人守位。在校园里，有些偏僻区域容易被老师和学校的管理人员遗忘，造成管理上的真空。一是宿舍。由于宿舍是学生的休息场所，很多班主任和管理人员认为学生进了宿舍就没事了，从而放松了对学生的要求。在这方面，我们建立了宿舍管理员制度和联管老师值日巡查制度，学生没有休息，宿舍管理员和联管老师必须坚守岗位，对宿舍、楼道、楼梯间、厕所等容易发生暴力问题的区域重点检查、巡视。学生休息后，宿舍管理员、保卫科干部仍定时巡视，不定时检查。二是厕所和楼梯间。在课间，厕所和楼梯间往往是老师顾及不到的地方。

因为这两处这时候学生特别多，易摩擦碰撞，激化矛盾，有暴力倾向的学生也会抓住这一点，在厕所和楼梯间对别的同学施暴。我们要求当天值日的联管老师对这两处重点防范，发现异常，立即设法着手处理。三是操场的边缘地段以及校园内一些视线不及的角落。这些地方往往是活动课期间会发生问题，除了要求活动课老师负责外，还安排学校保卫人员到指定区域，观察学生的活动情况，预防一些突发事件的发生。

心理上的真空要有人守候。校园暴力仅仅依靠管还不是办法，更重要的是针对学生的心理特点进行疏导，只有防微杜渐，把事情处理在萌芽状态，才是最有效的做法。我们学校针对易产生暴力倾向学生的特点，定期举办法制讲座、图片展，充分运用画廊、广播、板报，定期宣传实施暴力的后果和危害。同时，在校园内开设校长信箱、悄悄话信箱以及心理咨询热线，既给学生提供了心理宣泄的载体，又给师生提供了相互交流的平台。有几次学生预谋在校园外打架，就是知道内情的同学通过信箱和电话告诉德育处的，德育处查清事情的真相，及时对参加预谋的同学进行了教育和处理，避免了一些校外暴力事件的发生。

实质上，在一个校风正、教风严、学风浓的校园环境里，校园暴力事件发生的几率很小。只要经常与学生交流，做好学生的思想品德教育工作，方法得当，人员安排到位，不留管理上的真空，制止校园暴力就不是一句空话，就一定能给孩子们营造一个轻松、和谐的学习氛围。

（高善斌）

一慎、一少、一冷静

慎用“潜能生”做干部

一些教师喜欢任命表现较差的学生（即所谓“潜能生”）做学生干部，可能一方面想促使一部分后进生加强自律意识，另一方面可能也是因为这类学生要比优秀学生更有“时间”去管理班级事务，更能担负起班主任班级管理的“小助手”，因而使得班主任的班级管理更加“省事”、“省劲”的缘故。

其实，任用“潜能生”做学生干部的“副作用”是很大的，不少校园暴力事件的发生都和学生干部有或多或少的联系。如去年某校学生会干部勒索几位新入学学生，致使这几位学生伤亡的事件，以及不久前发生的某校班长、团支部书记因“看不惯”本班某同学，唆使其他学生在学生宿舍对该学生实施长达三小时的殴打，等等。毕竟学生干部要比其他同学更有机会接触外界，更有犯事的时机与条件。而且任用这类学生做干部，还很可能会给学生造成出人头地不需要努力干事的素质优秀，只要会“混”和能“横”就行的不良思想意识。

少“杀鸡吓猴”

个别教师在处理校园暴力事件时常常采取“杀鸡吓猴”的方法，有的甚至采用“定点清除”政策，以求达到“杀一儆百”的效果。其实对于校园暴力行为应该少“杀鸡”，多“吓猴”；而“定点清除”则完全不该用。且不说“杀一”能否真正“儆百”，仅从法律角度来说也是不允许的。只要学生没有触犯法律，只要他没有被司法机关限制人身自由，任何人都无权剥夺他的受教育权。

再者，一旦这类学生被推向社会，他们便失去了被教育改正的可能。其中的一些人很可能从此走上了更加危险的歧途，这就给社会带来了更大的祸害。可以说把有暴力行为的学生推给社会，完全背离了教育的初衷，是一种极不负责任的行为。

对于校园暴力行为，使其承担相对等的惩罚是必要的，否则不足以“震慑”他人。但应该尽量少“杀鸡”，多“吓猴”。并且在日常的教育教学行为中就要努力去“吓猴”，“吓猴”的方法应贯穿教育教学的全过程。教师要不厌其烦地讲清暴力行为对他人及其自身带来的危害；也可以针对一些典型的暴力行为进行分析讨论，以警示那些有暴力倾向的学生。这样使其逐渐认识到暴力行为的危害以及施暴所应承担的后果，从而使得他们能够自我约束。

直面暴力冷处理

有暴力行为的学生大多性格暴戾怪僻、容易冲动，处理不当，很可能会适得其反。特别是那些与教师直接发生的冲突，更应冷静对待。面对学生的拳头，如果教师真的高喊“最好是冲着我的胸口来，老师就站在这里”的话，个别失去理智的学生也未必就不敢来它一下子！要是真的给你一下子，你也很难拿他有什么办法。

遇到这类暴力行为，教师最好是冷静处理。要先“避其锋芒”，后“挫其锐气”，等学生暴力倾向消失后，询问事情缘由进而“秋后算账”：可以请其到办公室等能避开其他学生的地方进行处理；可以间隔一段时间等其心平气和后再行处理。这类做法一方面避免了暴力冲突的升级，另一方面也体现了教师的宽容与爱心。不犯过错的学生是没有的，重要的是教师要用一颗宽容的心对待犯错误的孩子。

需要注意的是，对这类事件的处理绝不能“虎头蛇尾”，更不能既往不咎、不作处理。一定要让其承担与其过错对等的惩罚。这也是教师对学生的爱，一种特殊的爱。要知道，纵容学生过错是对学生更大的伤害，无论对教师自己良好形象的树立还是学生自身发展都很不利。

（陈　辉）

及时进行心理疏导

老师针对学生的批评和教育一定要建立在掌握他们心理特点的基础上，否则，很难取得应有的效果。

需要注意的是，一些老师在处理这类事情时往往会忽视受侵害一方的感受。对这些学生来说，即使只是一次，也会给他们带来长时间的恐惧和痛苦，受辱的经历在他们的心灵深处很容易留下难以抚平的伤痕，进而严重影响他们的心理健康。这部分学生往往缺乏自我保护意识，在受到暴力侵害时不知道如何应对。他们稚嫩的心灵不足以辨别是非曲直，不足以承受由此带来的恐惧和痛苦，其结果是导致这些学生的心理变化，甚至会产生使用暴力解决问题的倾向。一旦这种思想在他们的内心生根，他们再遇到问题时就自然而然地采取暴力方式。这时，原来的受害者也就变成了施暴者。因此，老师一定要对受侵害的学生及时地进行心理疏导，使他们懂得暴力不是解决问题的唯一办法，要教育他们面对问题时要通过老师或家长寻求解决的最佳方法，而不能简单地通过暴力的方式。

可以说，校园暴力是一些学生道德沦丧的具体表现。针对这类学生，老师需要通过耐心细致的工作去化解和弥补他们的心理缺陷。总之，老师在防止这类事情的发生方面有着不可推卸的责任，不能一切以成绩为主，把师生关系简单地变成教与学的关系。发生在校园的暴力事件不论大小，也不论严重程度如何，作为教育者的老师都要给予足够的重视。只有这样，校园才有可能成为学生安全成长的乐园。

（赵　军）

隐性受害者不能忽视

校园暴力现象具有复杂的社会心理背景。发生校园暴力事件后，人们往往把目光投向被欺负、敲诈、身心受到严重伤害的学生，因为他们是校园暴力的显性受害者。事实上，校园暴力事件后还有两类受害者值得我们关注。

一类受害者是那些尚未受到侵害的普通学生，他们遵规守纪，享受宁静而充实的校园生活。他们在校园集体生活中不仅学习知识，还尝试与他人相处，体验沟通与合作的喜悦，品尝矛盾与冲突的烦恼，为将来走入社会做好一切准备。但日益频繁的校园暴力在普通同学中造成极大危害，它严重扭曲了孩子的心灵，甚至给他们带来一种不良的暗示：邪恶比正义更有力量，武力比智力更有价值。

另一类校园暴力的受害者其实就是那些施暴者，他们不应该简单地被钉在校规甚至法规的“耻辱柱”上，而应该得到更多的关怀和帮助。因为通常情况下，施暴者多来自离异家庭、隔代抚养家庭或家庭内部暴力不断的家庭。因为成长过程中缺乏正确的引导和管教，在社会不良文化的影响下，他们便常处在违法犯罪的边缘。这些很少能享受家庭温暖的孩子难道不应该得到更多的关爱吗？还有一些施暴者是单一、片面教育评价的“牺牲品”，他们承受了太多的压力，有些压力甚至不亚于成年人生存和竞争的压力。据世界儿童发展组织对 75 个国家进行的调查，学校生活带给青少年的不良压力多达 20 项，如学习压力、升学压力、家长压力等。得不到正确指导的孩子将压力转嫁，或希望通过暴力行为获取社会的肯定和关注。

因此要彻底解决校园暴力的问题，除了全社会的共同努力，更需要教育工作者对学生进行科学分析，做好细致入微的工作。

（许　君）

建立新型师生关系

为何选择以暴力解决学生之间的矛盾，而不选择其他更好的方式呢？我想这与我们的教育有关。在传统教育中，学生是受教育者，要服从学校、家长的教育，老师和家长是教育者，是智慧、知识的化身，老师和家长说的都是对的，学生们必须按照老师和家长的要求去做，没有任何理由讨价还价，没有任何理由不做。如学校制定的规章制度学生只能无条件地服从，“教师就是这样说的”，无论老师错得多么明显，家长说得再正确，孩子总是用这句话进行反驳，学生对教师的话奉为圣旨。师生关系的不平等造成了学生与教师之间的服从与被服从关系、“压迫”与“被压迫”的关系。学生长期处于这种关系之中，一方面使一些学生学会了霸权，在他们心中种下了一颗崇尚强权的种子；另一方面又使一些学生学会了服从和忍让，干什么事都是唯唯诺诺唯命是从。

“学生是学校的主体”，现在多数教育者已经意识到建立民主、平等的师生关系对教育的重要意义。但认识只是改革的第一步，更重要的是坚持不懈地走下去。

（李建波）

教师必须公正

我组织学生体育训练的时候，发生过一起打架事件。问他们为何打架，他们也不回避，各说各的理；问他们为什么不找班级老师解决，他们低头不语。站在旁边围观的学生说出了实情：“老师根本不管，说了也没有用。”

回到办公室我静静地思索，为什么说了也没用？在这起校园暴力的背后我们教师应该是怎样一个角色定位呢？在社会上我们要有健全的法制和正直的法官来维持正常的社会秩序，在校园里我认为也应该有一个法官，来为学生公正地解决问题，而那法官就应该是教师。

学生之间有了矛盾甚至有了敌对的情绪，需要一个中间力量帮助化解，但是这个中间力量现在看来力度不够。学生没有一个说理的地方，但问题还是要解决，他们在不冷静的情况下就会很容易选择用拳头来解决。

教师要深入地了解学生，发现问题要及早解决，虽然有些问题很复杂，有些工作会很难做，但那是我们的责任。我们都不管他们了，他们就会对我们校园里的公正失去信心，进而用极端的手段来自行解决；校有校纪班有班规，这些规则摆在那里就是一种文字，教师应该用这把正义的尺子，来丈量学生和管理学生。有些学校的各种规章制度形同虚设，使得学生有规不依，有规不行，问题的关键就是部分教师还没有重视这问题，没有很好地帮助学生理解校纪班规的意义；教师与学生之间的关系还存在一定的距离，主要表现为学生之间出现问题的时候不是主动找教师进行解决，没有把老师看做是可以信赖的人。这说明教师还应在平时的工作中多下功夫，努力营造一种和谐平等的班级乃至校园氛围，让学生知道老师是可以帮助他们解决问题的贴心人，并且解决问题公正而彻底。有很多的暴力事件在发生前教师也许做过工作，但是由于工作不够细致，只停留在表面上，缺乏实效性，学生没有得到满意的答复，怏怏离去，其结果与没有解决别无两样。

因此，教师面对校园暴力时应该调整好自己的角色，不要敷衍，更不能回避。做一名正直的教师，坚持公正的原则，切实为学生处理实际问题，我想校园暴力事件会得到很好的控制。

（王　勇）

摘除校园“火药桶”

连续当了三年班主任，我发现每届学生中都有几个性格特别暴躁的。这样的孩子往往是校园暴力的制造者，他们好像是“火药桶”，随时都有“爆炸”的危险，随时会给学校带来麻烦。班主任该如何清除班上的“火药桶”呢？我的做法有以下三点。

弄清“火药桶”中火药的种类

问题学生的叛逆性格不是一天两天形成的，班主任必须弄清楚原因。

一般情况下，每接手一个新班级，我就会到此类学生的家里做家访，倾听家长和孩子的呼声。据我了解，这样的“问题学生”看似是喜欢称王称霸，其实内心非常自卑脆弱。我班的刘志同学在七、八年级时就是学校出了名的“火药桶”，经常和别人打架，并且下手相当狠。我找他谈心，问他为什么那么任性。他告诉我：他的父母对他十分严厉，做错了事往往会遭遇“男女双打”；随着年龄的增长，他产生了强烈的逆反心理，就开始和父母对着干。家里和学校似乎都是优秀孩子生活的地方，没有他抬头的机会，所以他看到什么不顺眼的人或不顺眼的事情，就想发泄。

当然，“火药桶”的摘除并不是一次家访或谈心就能成功，只是弄清楚情况，后面的工作就能有的放矢。

及时给“火药桶”泼冷水

学生的叛逆性格一旦形成，很难一下改过来，“火药桶”随时都有“爆炸”的危险。每接手一个新班级，第一次班会课我就会向学生说明：“我最不能容忍的事情是同学之间为一点小矛盾就打架。”我会告诉学生：同学之间难免有一点“摩擦”，如果别人侵犯了你的权益，是无意的请多宽容，是有意的请告诉我，我会为你妥善解决，千万不能以拳头相对。我们的拳头只能对准敌人和犯罪分子，请珍惜难得的同窗、校友之情。当然，并不是我这么一说，“火药桶”就没了，只是我发现，以后“火药”桶即使爆炸，威力也大大减弱了。我的声明就好像是在向“火药桶”泼冷水。

巧妙摘除“火药桶”

“火药桶”在教室，在学校，终究是祸。对付经常打架的学生，很多老师常用的方法是“以暴制暴”。这种方式也许能暂时奏效，但认真倾听学生的心声，然后对症施教才是最好的办法。我班刘强强同学以前经常顶撞父母和老师，打架的事总有他的份，不是直接参与，就是做幕后

“遥控器”。到我班后，他的问题依然不断，每次犯了错误，我从不骂他，而是和他平等交流。随着时间的推移，他的暴力倾向渐渐减弱了，在我面前从未顶过嘴，再没有制造过暴力事件。

（谢　媛）

不仅仅关注成绩

突然收到以前的学生小刚写来的一封信，他在信中说：“职高毕业后，经过三年的打拼，我已经在县城有了自己的小店，虽然挣不了大钱，但养活家人已经足够了。这几年的经历让我深深感到知识的不足，我很后悔上学时没有认真学习。但很庆幸在我人生最紧要的关头遇到了您，您把我从邪路上拉了回来……”

一席话，把我拉回到五年前。那时我刚当班主任，不少同事告诉我：小刚分在你的班，有你好受的。我虽然不认识小刚，但其大名却如雷贯耳：结成“五义帮”，自认老大，抽烟、喝酒、打架斗殴，无所不为；曾经因为打架，被派出所传讯过，是学校、老师、同学、家长都头疼的人物。

该怎么办呢？我首先对小刚进行了一次家访。在家访中我了解到，小刚的父母经常吵闹、打架，根本无暇顾及对小刚的教育，导致在这种家庭环境下成长起来的小刚形成了乖戾的性格，又由于他经常与社会上的不良青年接触，染上了不少坏习气。我一直在想，作为教育者，我能做什么？经过一番准备后，我找了一个适当的机会，约小刚到校外操场散步。望着小刚充满敌意的目光，我没有直奔主题，而是谈起了小刚感兴趣的足球。一谈起足球，小刚兴奋起来，话也多了很多，我趁机把话题转到上周日泰山队大败大连队的比赛。小刚气愤起来：“泰山队踢得太乱了！进攻压不出去，防守又回不来，不败才怪呢！”我趁热打铁地问：

"你认为泰山队失败的根本原因是什么?"小刚不假思索地说:"场上队员思想不统一,组织太乱,一盘散沙。"我趁机说:"这就像我们的班集体,如果思想不统一,组织太乱,是不是也是一盘散沙呀?"兴奋的小刚一下子沉默下来。我没有继续追问,而是向他谈起了我自己在初中、高中、大学时与同学们之间互帮互助、刻苦攻读,结下深厚友谊的往事。我最后对他说:"同学之间的友谊是最纯洁的,容不得一点沙子,如果友谊掺进了其他一些不健康的东西,那就不是友谊了。"望着沉默的小刚,我鼓励说:"今天我很高兴有你这个球迷朋友,希望我们今后能继续交流。"

以后的几天,我有意识地约请其他科任教师在课堂上提问他一些简单的问题,多给他一些鼓励。一周后我们终于见到了效果:小刚交作业了!老师们在办公室里纷纷相传。

面对小刚的进步,我加大了转变攻势:大胆地把一些集体活动交给小刚,充分发挥他的组织才能。冬季篮球赛,小刚率领队员刻苦训练,一举夺得了我班自升入初中以来的第一个冠军。同学们首尝冠军的滋味,高兴地把小刚抛了起来。第二天,我宣布任命小刚为体育委员。此后的小刚自动解散了"五义帮",热心组织班内的各项活动,团结同学,一直到毕业再没打过一次架。

初中毕业时,由于功课落得较多,他听从了我的建议,上了职业高中。他的父亲,一位朴实的农民,在小刚毕业时,拉着我的手,激动得热泪盈眶。

对比小刚的转变,我们不难看出:学校里出现小刚这样的校园暴力制造者,很大程度上是因为家长、学校、老师、社会把目光都聚集在学生的学习成绩上,而忽略了孩子其他方面的发展。特别是在孩子的心理出现问题时,我们缺少相应的关心,更没有为他们提供引导和帮助。实际上是我们一步步把他们推向了谁都不愿意看到的境地。因此,学校出现暴力事件,责任在学校,在老师。通过小刚的转变,我认为:对有暴力倾向的学生，我们要认真分析原因，针对具体情况有计划、有目的地转变他。相信经过我们的努力，暴力终究会远离校园这一方净土。

（宫希友）

正义不是施暴的理由

周一到校，听说我们班学生上周六打架了，而且是以滨为首的好几个人围着国一个人动的手。我先把国喊来询问情况，国却告诉我："是我错了，我不该上课说话。"

原来周六上数学课的时候，国跟后面的同学说话，老师批评了他。接下来的第二节课，又因为国上课睡觉没听到老师的提问，老师一怒之下，干脆不讲课了。一下课，滨和几个孩子就把怒气发泄到国身上了。国当时也很冲动，就打起来了。

我找来滨和参与此事的几个孩子询问，他们告诉我：因为国上数学课经常说话，老师很生气，屡次强调纪律，但国置若罔闻。

"我们有资格保证自己听课不受影响，因为他的屡次犯错，严重影响了老师讲课的情绪，影响了我们大家的学习。"他们的理由听起来很充分。"我们也是为了咱们这个班级"，他们理直气壮。

"你们能这么想我很高兴，可是你们想过没有，打了他，他从此就不随便说话了吗？得让他心服口服才行啊！"

"心服口服？他随便惯了，不打能改吗？老师，你不也经常因为这事批评他吗？可他改了吗？他的心早麻木了，就算你说十遍百遍，他也会照旧，该怎样玩就怎样玩，根本不把老师放在眼里。对于这种人，口头教育根本不管用，必须给他点颜色看看。"滨仍振振有词。

"他上课老说话是不对，可是我们打他就对吗？举个例子：一个小偷在车上偷钱被抓住了，在警察还没来之前，有个人上去三下五除二把他给打伤了，你们说打他的那个人做得对吗?”

“不对。”滨抢着说。

“怎么不对? 他也是因为正义啊!”

滨摸摸自己的脑袋瓜，不好意思地笑笑：“老师，我们知道错了，我们去给他道歉。”

“孩子，记住：正义不是施暴的理由。以后再遇到这样的事情怎么办?”我故意问。

“我们慢慢跟他谈，他犯一次，我们就提醒他一次。”

“这就对了。你们挺聪明的嘛!”

“我拿眼睛瞪他，我的眼睛也是很厉害的。”滨冲我做了个鬼脸。

（陈孝花）

学好《思想品德》课

现在许多地区的中小学校对与升学考试无关的学科如“体、音、美、地、生、劳、计算机”等副科存在着歧视，在课时计算、奖金发放及评优评先方面对副科老师更是不公，《思想品德》课也是如此。这必然导致教这类科目教师的积极性不高，上课也完全是为了应付，反正是副科嘛，乐得自在。有的学校还让一些主科的老师来兼教副科，那必然是主科为主，副科为副了。甚至有的学校是把主课教得差的老师改教副科，把这当做是一种惩罚，《思想品德》课的效果也就可想而知了。

学生的《思想品德》课本中，有关于控制情绪与珍爱生命的课程，如能正确地讲授实行，定能发挥重要的作用。如果能充分发挥课程的作用，正确地引导教育，他们就可以知道情绪是可以调适的，知道有了不良情绪该如何去排解……

如果这些课程都能踏踏实实地开展起来的话，必然能引导学生的心理和情绪向健康的方向发展，不仅能减少这些令人痛心的事件发生，还会促进生生及师生之间关系的和谐发展。

新课程已经全面铺开，新课程强调的是学生的综合发展。愿课改的东风早日吹到我们这些基层学校，使得《思想品德》课也能踏踏实实地上好。

（朱定军）

加强法制教育最有效

我曾处理过一起校园暴力事件：小年的学习成绩不好，小顺和别的同学经过小年面前时，多看了小年几眼，而且还笑着对同学说了两句话。小年虽然不知道小顺说的是什么，但总觉得小顺在说他的坏话，于是揪着小顺一阵暴打，把小顺的脸都打花了。事件正好发生在我上课之前。虽然我不是班主任，但我还是利用那节课的时间，把“侵犯人身权利罪”、“故意伤害罪”和“正当防卫”等法律常识给全班同学讲解了一遍。当我说到“故意伤害他人身体的，处三年以下有期徒刑、拘役或者管制；故意伤害他人身体，致人重伤的，处三年以上十年以下有期徒刑；故意伤害他人身体，致人死亡或者以特别残忍手段致人重伤造成严重残疾的，处七年以上有期徒刑、无期徒刑或者死刑”时，学生发出一阵“啊”声。不用我催促，小年主动向小顺道了歉。自从我上了那节法制课后，学生之间打架骂人的事件少多了。因为打架骂人在一定程度上都“侵害了他人的人身权利”，是要负“法律责任”的。

现在的学生，虽然知识面越来越广，但由于家庭过度地重视和保护，责任心越来越差，而且除了一句“老师打人违法”外，法律知识几乎为零。而一些大众媒介，特别是一些宣扬个人英雄主义的动画片、偶像剧里，对强者的刻画几乎都有武力至上的倾向。学生模仿力强，只知道用武力解决问题，而没有想到使用武力的后果。所以，对学生进行有针对性的法制教育，就应该成为学校德育的一个重点。

（廖忠钰）

引导学生讨论暴力事件

我每接一个新班级，都会先组织一次讨论暴力行为的主题班会。一般先让学生讲自己经历过的暴力事件，然后引导他们设想，如果不使用暴力，应该如何解决问题。当然也会提醒他们认真想想，如果一味采取暴力手段“解决”问题，会有什么后果。我还让学生把印象比较深的暴力事件写下来，他们往往不自觉地会做一点简单的评议，有的甚至还会略加分析，不仅更深入地认识到了暴力的危害，还能从中思考如何解决问题的方法。另外，我也经常引导学生了解各种法纪校规，培养他们的规则意识，使他们在遇到问题的时候能够首先想到法规校纪，引导他们自觉避免暴力冲突。

有时我会让学生讨论社会上发生的暴力事件，在评判对错的同时，更重要的是关注事件的发展后果。因为社会上的暴力事件后果往往比较严重，不仅会造成经济损失，精神方面的影响也很突出。通过对这些暴力事件的讨论，使学生对暴力危害有更深刻的认识：暴力，不仅解决不了问题，反而制造了更多更严重的问题。我曾经给学生讲过这样的一个例子：如果别人打了你，你觉得你不还手的话，不仅吃了亏还会被人耻笑，于是你还手；当然对方也不甘示弱，结果你就又挨了一下；对方挨了打，但你自己也挨了更多打，好像也说不上“沾光”。假如你换一种方式，也许会得到对方的道歉，还有尊重。

我想，要想让学生远离暴力，还是先让学生认识暴力，自觉预想到暴力的后果，然后才能逐渐达到预防暴力事件发生的目的。

（马先勇）

危机在你不曾深入的细微之处

去年的一件事至今让我记忆犹新：两个非常要好的同学因一件小事扭打在一起，事后吃亏的那个学生不甘挨打，又纠集了几个男生把那个打他的学生强行拖到校外的玉米地里一顿暴打，打断了两根肋骨；结果打人的和被打的都受到了学校的处分。这件事教训深刻，作为班主任我认真地反省：首先是我没有意识到校园暴力的严重性，没有做好学生的思想教育，没有以事实来讲明以牙还牙、以暴制暴的危害和后果；其次，班里没有及时的“预警”系统，出现违反校纪班规的不良苗头班主任不能及时掌握信息，贻误了处理的最佳时间；再次，缺乏与家长的沟通，没有通过家长会等渠道奉劝家长不要给孩子灌输“在外面别太老实了，人家打咱咱就打他”的不良思想。通过此事，我充分认识到，校园暴力就在学生身边，就在班级管理中你不曾深入的细微之处。

（尹玉义）

图书在版编目（CIP）数据

课堂问题与争鸣/叶飞编．—济南：山东文艺出版社，2011.4
ISBN 978-7-5329-3455-3

Ⅰ.①课… Ⅱ.①叶… Ⅲ.①中小学-课堂教学-教学研究 Ⅳ.①G632.421

中国版本图书馆CIP数据核字（2011）第030722号

主管部门 山东出版集团
集团网址 www.sdpress.com.cn
出版发行 山东文艺出版社
电子邮箱 sdwy@sdpress.com.cn
地　　址 济南市英雄山路189号
印　　刷 山东新华印刷厂德州厂
版　　次 2011年4月第1版
2011年7月第2次印刷
规　　格 开本/170×240毫米　16开
印张/21　插页/2　千字/267
定　　价 32.00元

发现最能影响中国教育发展最有代表性的理念，发现中国教育最新的最有价值的探索，发现中国教育最新的最具有推广价值的典型，通过专业化解读，帮助教师理解中国教育改革的精髓，提升专业化水平。

教育发现书系隆重推出

《杜郎口"旋风"》（修订版）	李炳亭 著	定价：32.00
《高效课堂22条》	李炳亭 著	定价：32.00
《向阳的智慧》	李炳亭 杨清瑕 著	定价：32.00
《使人成为人》	司家栋等 著	定价：32.00
《我给传统课堂打0分》	李炳亭 著	定价：32.00
《中国当代课改档案》	李炳亭 洪湖 著	定价：32.00
《校长之道》	姚文俊 著	定价：36.00
《高效课堂九大"教学范式"》	李炳亭 著	定价：32.00
《高效课堂导学案设计》	张海晨 李炳亭 著	定价：32.00
《班级问题诊断》	高影 编	定价：30.00
《治班有道》	高影 编	定价：30.00
《治班有招》	高影 编	定价：30.00
《问题学生诊断》	高影 编	定价：28.00
《课堂问题与争鸣》	叶飞 编	定价：32.00
《教师成长密码》	叶飞 编	定价：32.00
《学校管理智慧：教师成长》	吴盈盈 编	定价：32.00
《学校管理智慧：管的艺术》	吴盈盈 编	定价：32.00
《学校管理智慧：找到学校的魂》	吴盈盈 编	定价：32.00
《学校管理智慧：校长成长》	吴盈盈 编	定价：32.00
《问道中国教育：仰望教育的天空》	雷振海 李炳亭 编	定价：32.00
《问道中国教育：撬动教育的支点》	雷振海 李炳亭 编	定价：32.00
《问道中国教育：追寻教育的幸福》	雷振海 李炳亭 编	定价：32.00
《问道中国教育：改变教育的思维》	雷振海 李炳亭 编	定价：32.00
《问道中国教育：追溯教育的原点》	雷振海 李炳亭 编	定价：32.00
《课改立场：一个区域教育的实践样本》	李炳亭 褚清源 张志博 著	定价：27.00
《问道课堂：高效课堂理念与方法的26个追问》	李炳亭 褚清源 著	定价：28.00
《做幸福的老师》	翟幸福 主编	定价：28.00
《教育即道德》	田保华 著	定价：28.00
《李平老师讲语文》	李平 著	定价：32.00
《发现高效课堂密码》	于春祥 著	定价：32.00
《学校智道》	褚清源 著	定价：32.00

地　　址：山东省济南市英雄山路189号山东文艺出版社
邮　　编：250002
购书热线：0531—82098775　82098777
投稿信箱：jiaoyufaxian@126.com
投稿热线：0531—82098789
读者交流QQ群：69362448